KB164315

내 아이
영어 첫 단추

영어유치원을 고민하는 모든 부모를 위한

내 아이

영어
첫단추

김은희 지음

유아이북스
For The Ultimate Information

영어교육의 '맨 처음' 이야기

"영유 보낼까요? 일유 보낼까요?"

맘 카페에 자주 등장하는 질문이다. '영어유치원'과 '일반 유치원'이라는 설명을 덧붙이지 않아도 모두가 알아듣고 답글이 길게 달린다. 그런 걸 보면 영어유치원이라는 존재가 더 이상 특별하거나 생소하지 않은 게 확실하다.

아이러니하게도 조기 영어교육의 중요성은 모두 인정하면서도 영어유치원에 대해서는 석연치 않은 반응들이다. 정권이 바뀔 때마다 또는 교육감이 바뀔 때마다 이리 치이고 저리 치이기 일쑤다. 말 그대로 무시할 수도 인정할 수도 없는 계륵 같은 존재가 되어 버렸다. 정부가 나서서 초등학교 3학년 이후에 영어 공부를 시작해도 늦지 않다고 설득하지만, 그 말을 믿고 그때까지 기다리는 부모는 아무도 없다. 중산층 가정의 유아들 중 90퍼센트 이상은 5세가 되기 전에 이미 비디오, 책, 영어유치원 등 다양한 영어교육에 노출된다는 통계가 나와 있다. 상황이 이렇다 보니 아이가 말을 하기 시작하면 대부분의 엄마들은 영어라는 숙제에서 자유롭지 못하다.

공교육은 기를 쓰고 말리지만 학부모들은 기를 쓰고 영어교육을 일찍 시작하려고 한다. 조기 영어교육에 대한 현실적인 가이드가 없다 보니 그 목적지가 어디인지 과정이 어떨지 깊이 생각하지 않고 일단 시작해 본다. 인터넷 속 얼굴도 모르는 친구들의 성공 사례만 믿고 따라 가다가 '우리 집 애는 왜 이러지?'라는 난코스에 다다르면 속수무책으로 길을 잃고 당황한다. 누구도 다음 단계가 무엇인지 명확히 알려 주지 않는다. 답을 준다 한들 그 답이 정답인지 확인할 길도 없다. '엄마표 영어'는 내 갈 길이 아니라는 사실을 깨닫게 되면 이웃집 엄마들의 조언을 따라 영어 학원을 기웃거려 본다. 상담하는 곳마다 엄마들의 불안감을 솜씨 좋게 자극하며, 좁은 소견과 경험치로 자신들의 프로그램 틀에 맞춘 해결책을 제시한다. 파닉스를 좀 더 강화해야 한다는 둥, 쓰기의 기초가 부족하다는 둥 불안한 마음을 마음껏 주물러 댄다.

부모가 아이의 영어교육을 위해 해 줄 수 있는 부분은 명확하다. 영어교육의 전체적인 흐름을 이해하고 내 아이의 수준을 파악한 후, 적절한 시기에 무리가 되지 않는 선에서 그 다음 단계로 환경을 바꿔 주면 된다. 말과 글 모두 원활하게 의사소통이 가능한 영어 실력을 최종 목표로 잡았을 때, 영어교육의 첫 5년은 기초를 닦는 가장 중요한 시간이다. 그 이후로는 좀 더 넓고 깊게 확장해 나가면 된다.

조기 영어교육에서 '조기'는 이른 나이만을 의미하지 않는다. 시작 시기와 더불어 각 가정의 여건에 따라 달라질 수 있는 다양한 선택의 문제들을 포함한다. 유아들의 인생은 첫 단추, 첫 걸음, 첫 경험의 연속이다. 처음이라는 단어가 주는 무게는 가벼운 듯 무겁다. 위로가 될지 모르겠지만, 부모가 유명한 영어 강사이거나 영문과 교수 혹은 날고 기는 영어 고수라고 해도 내 아이의 영어 첫 단추가 어려운 건 마찬가지이다. 영어교육 전문가들도 맨 처음에는 도무지 어떻게 시작해야 할지 잘 모르겠다는 말들을 한다.

이 책은 영어교육의 맨 처음에 관한 이야기이다. 미국에서 처음 몬테소리 교사로 일을 시작한 이후, 한국에 돌아와서는 놀이학교 담임 교사, 문화센터 강사, 영어유치원 원장, 영어 콘텐츠 회사 교육 팀장을 거쳐 지금은 국제학교의 이사로 재직 중이다. 지난 20년 동안 수많은 형태의 유아 영어교육 기관에서 일해 오면서 한국 조기 영어교육의 현장을 누구보다 가까이서 폭넓게 경험했다. 그 오랜 시간을 직접 경험하고 난 후에야 비로소 유아 영어교육의 핵심과 학부모들의 심리를 알게 되었고, 우리 아이들에게 좋은 것을 구별할 수 있는 눈을 갖게 되었다.

이 책에서는 조기 영어교육 열풍의 현장에서 보고 느낀 바들이 에피소드로 등장한다. 대한민국 조기 영어교육 현장의 민낯을 마주하고 불편함을 느낄 수도 있겠지만, 영어교육이라는 긴 여정의 출발점에서 믿을 수 있는 안내서가 되기를 바라는 마음이다.

2022년 여름
김은희 씀

여러분은 비싼 영어 전집을 산다고 할 때 또는 영어유치원을 보낸다고 할 때 알아서 하라고 그냥 맡겨 버리는 아빠인가요? 아니면 너무 비싸다고 무조건 "안 돼!"를 외치는 아빠인가요?

엄마가 많은 정보를 찾아내고 비교했다면, 아빠도 함께 충분히 논의하고 결정에 참여하면 좋겠습니다. 아이의 영어교육은 부부 중 누구 한 명의 책임이 아니기 때문입니다. 엄마가 중요하게 보는 부분과 아빠가 중요하게 보는 부분은 분명히 다르고, 각각의 강점이 있지요. 그렇기 때문에 아빠도 관심을 가지고 함께 방향을 잡아 주어야 합니다.

인생의 가장 예쁘고 중요한 유아 시기에, 아이의 영어 잠재력을 너무 과소평가하거나 또 너무 큰 기대를 걸어서는 안 됩니다. "나처럼 영어 때문에 고생하지 않았으면…", "영어를 겁내지 않았으면…", "즐겁게 배울 수 있었으면…" 정도의 기대치를 가지고 이끌어 준다면 누구라도 올바른 방법으로 유아기 영어교육을 성공해 낼 수 있습니다.

기대수명은 100세를 바라보지만, 스펀지 같은 언어 능력을 발휘할 수 있는 시기는 고작 유아기 3~4년에 불과합니다. 소중한 이 시기를 알차게 보내고 싶으시다면 이 책을 잘 읽은 후 내 아이의 영어교육에 적용해 볼 것을 권해드립니다.

차 례

1장
부모라면 예외 없는 영어 스트레스

2장
대한민국 유아 영어교육의 현장

1장

부모라면 예외 없는
영어 스트레스

전문가도 고민하는 영어 첫 단추

××××× ◉ ×××××

우리나라에는 외부에 게시하는 것만으로도 벌금이 부과되는 단어가 있다. 보통 어떤 심한 욕을 사용했다고 해도, 바로 공무원이 출동해 벌금을 매기지는 않는다. 하지만 이 단어의 경우, 실수였다고 해도 사정을 봐주지 않는다. 겉으로 보기에 멀쩡한 이 단어는 한국에서 어떤 비속어보다 더 치욕스러운 금기어이다. '영어유치원'이 바로 그 주인공이다. 영어유치원 원장으로 일하고 있을 때, 엘리베이터에 층수를 표시하기 위해 붙여 놓은 '프리미엄 영어유치원' 스티커가 적발된 적이 있다. 갑자기 들이닥친 단속반은 아이에게 훈계하듯 영어유치원이라는 단어를 쓰면 안 된다는 것을 몰랐냐며 200만원의 벌금을 물렸다. 의도한 바가 아니었다는 반성이 가득한 소명서를 제출하고 200만 원 벌금은 60만 원으로 감면되었다. 나달나달 해어진 스티커 속 영어유치원이라는 단어 때문에 내 인생 처음으로 거액 60만 원을 국가 재정에 보태게 되었다.

보편적으로 널리 쓰이는 이 단어가 한국에서 이렇게까지 천덕꾸러기가 된 이유에 대해서는 다양한 뒷이야기가 있다. 대한민국 어느 법령에도 단어 하나를, 심지어 대중들이 사용하는 보편적인 한 단어를 꼭 집어서 외부에 게시만 해도 벌금을 매기는 사례는 없다고 하니 이익 집단의 강력한 로비가 의심되는 대목이다. 몇몇 유명 교수님들이 쓰신 논문이나 인터뷰도 큰 몫을 했다. 아이들에게 영어를 일찍 가르치면 모국어 습득에 방해가 될 뿐 아니라, 심성이 비뚤어지고 스트레스로 말을 더듬을 수 있다는 무서운 글들이 쏟아졌다. 언론이 합세해 "아이들이 병드는 줄도 모르고 한국이 조기 영어교육에 미쳐 돌아가고 있다"라는 여론 몰이를 했다. 덕분에 영어유치원에 아이를 보내는 엄마들은 부러움의 대상이면서, 한편으로는 아이들을 고생시키는 극성 엄마라는 질타의 대상이 되었다. 아이러니한 것은 이런 규제와 따가운 시선에도 불구하고 영유아 영어교육에 대한 수요는 조금도 줄지 않았고, 영어유치원은 오히려 계속 늘어나고 있다. 시대에 맞지 않는 규제가 더 이상 그 효과를 볼 수 없다면 시원히 강둑을 무너뜨리고 다시 판을 짜는 것이 현명하다.

영어교육 열기가 얼마나 뜨거운지 직접 확인할 수 있는 곳은 매해 정기적으로 열리는 '유아교육전'이다. 매트를 깔고 오픈 전부터 기다리다가 정각이 되기 무섭게 돌진하는 엄마들은 결의에 차 있다. 교육 박람회가 진행되는 나흘 내내 긴 줄을 자랑하는 최고의 인기 부스는 단연코 영어 교재 회사들이다. 한두 살 즈음으로 보이는 아기를 유모차에 태워 오는 건 물론, 배가 나온 예비 엄마들도 여기저기 눈에 띈다. 이 젊은 부모들은 혹여 소중한 정보를 놓칠세라 긴 줄에도 전혀 지치는 기색 없이 자신의 상담 차례를 기다린다. 실제로 4일간 진행된 유아교육전에서 한 세트에 300만 원이 넘는 단일 브랜드 영어 콘텐츠가 1000개 이상 팔렸다고 하니 그 열기가 어느 정도인지 짐작된다. 영어유치원에 다니는 이웃집 아이의 유치원 가방에 절로 눈길이 간다거나, 지나가던 아이가 영어로 조잘거리면 반사적으로 고개가 돌아가는 것은 나만 하는 특별한 행동이 아닌 게 확실하다. 영어교육에 대한 한국 엄마들의 열정과 의지는 사그라들 기미가 보이지 않는다.

이렇게 뜨거운 관심과 열정은 도대체 어디서부터 시작된 것일까? 한동안은 영어에 대한 지나친 욕망을 부모의 개인적 경험과 연관 지어 생각해 보려고 했다. '자신이 영어를 못하니까 저렇게 영어에 목을 매는구나' 또는 '자신이 영어를 잘하니까 아이의 영어 실력도 욕심이 나는 거겠지'라는 생각을 했다. 하지만 곧 영어교육 열풍을 한 가지 이유로만 설명하기는 힘들다는 것과, 가방끈이 길든 짧든 한국에 살면서 영어로부터 자유로운 학부모는 없다는 것을 깨닫게 되었다. 우리나라의 영어 열풍 이유에 대해 아주 그럴싸한 이야기를 들은 적 있다. 어느 정도 부의 평등이 이루어진 커뮤니티에서는 소양과 문화 수준으로 다시금 급이 나누어지는데, 영어 구사 능력이 그 바로미터가 된다는 것이다. 초면에 학식을 뽐낼 수도, 학력을 자랑할 수도 없지만 예기치 못한 상황 속에서 튀어나오는 유창한 영어 실력은 그 사람이 가진 교육 환경을 단편적으로 보여 주기에 손색이 없다는 것이다.

자신들이 이미 겪어 본 차별, 열등감을 아이에게 물려주고 싶지 않은 부모들은 자식들에게 좀 더 좋은 '시작'을 만들어 주고 싶어 한다. 내 자식은 처음부터 좋은 환경에서 제대로 시작하기를 바라는 마음으로 부모들은 기를 쓰고 조기 교육에 열을 올린다. 조기 교육 가운데 으뜸은 영어교육이다. 사회적 분위기도 분위기지만 어린 시절 영어만큼 효과가 확실한 교육도 드물기 때문이다.

학습적인 눈으로 영어를 바라보는 부모들의 생각은 비슷하다. 앞으로 펼쳐질 바쁜 공부 가운데 한 과목만이라도 부담을 줄여 줄 수 있다면 얼마나 좋을까? 치열한 경쟁 사회에서 영어라는 든든한 기술을 갖고 한결 수월해질 아이의 인생을 상상하면 어떤 투자도 아깝지 않다. 김연아, 박세리, 손흥민, 방탄소년단 같은 국제 스타들이 영어 인터뷰를 자연스럽게 해내는 모습은 개인의 능력을 더욱 빛나게 해 줄 도구가 바로 영어라는 점을 더욱 분명하게 보여 준다. 본업만 하기에도 바쁜 사람들이 언제 저런 영어 실력을 갈고 닦았을까? 그들의 능력, 업적, 성공에 대한 부러움이 느닷없이 영어로 전이되곤 한다. '혹시나 우리 아이들이 세계적으로 활동할 때, 영어가 발목을 잡으면 어쩌지'라는 데까지 생각이 미치면 더욱 불안하고 조급해진다.

영어는 이제 특별한 기술이 아니다. 밑바탕으로 깔고 가야 할 기본 중 기본이 되었고, 밥을 먹이고 옷을 입히는 기본 양육처럼 부모가 해내야 할 의무가 되었다. 아직 아이가 배 속에 있거나 너무 어려서 학습이나 진로를 논하기 이르다는 걸 인정하면서도 대한민국의 부모들은 앞으로 펼쳐질 교육 경쟁에서 우위를 차지하고 싶다는 욕망을 스스럼없이 드러낸다.

일단 남들이 뛰기 시작하니 같이 뛰면서도 조기 영어교육에 대한 부정적인 기사가 눈에 띌 때 마다 타이밍은 맞는지, 과연 제대로 된 방향으로 가고 있는지 찝찝한 마음이 든다. 아직 한국말이 서툰 아이들이 영어로 인해 혼란스러워지는 건 아닌지, 이러다 한국말과 영어 두 마리 토끼를 모두 놓치는 것은 아닌지 온갖 걱정들이 밀려온다. 확실히 모르는 상태에서 분위기에 휩쓸려 무언가를 하고 있을 때 나타나는 불안감이다.

유아기의 이중 언어 습득에 대한 연구는 전 세계에서 끊임없이 진행되고 있으며, 아무도 그 시기적인 혜택을 의심하지 않는다. 어려운 논문 결과가 아니더라도, 영어로 인해 한국말에 부정적인 영향을 받았다는 이야기는 아이들과 함께한 지난 20년을 통틀어 한 번도 들어본 적 없다. 유아들의 영어 습득이 모국어 구사 능력을 방해한다는 건 보편적인 사례와 너무 동떨어진 주장이다. 유아기에 영어를 제2외국어로 배우는 다른 나라들에 비해 유독 한국에서는 조기 영어교육에 대한 불신과 불안도가 높다. 유아기에 제2외국어를 배우는 것이 얼마나 큰 혜택인지에 관한 사실은 한 번도 변한 적이 없다. 교육을 교육 문제 자체로 보기보다 사회 및 정치적으로 개입하고 해석을 달리했던 사회 분위기 탓이 크다. 오랫동안 한국 사회에서 습관적으로 제기되고 있는 조기 영어교육에 대한 논란은 시간 낭비일 뿐이다. 아무리 규제하려고 해도 대세의 물살은 거스를 수 없다. 하지만 조기 영어교육이 필요하다고 해서 꼭 고가의 영어 유치원을 보낼 필요는 없다. 아이의 성향과 부모의 상황에 맞추어 유아기라는 시기적인 혜택을 놓치지 않는 것이 중요하다. 이제는 그만 '언제' 시작할지에 대한 논쟁을 멈추고 '어떻게' 시작할지에 대한 올바른 방법을 찾아야 한다.

하나 있는 딸아이의 성향도 모르고, 유아기 영어교육에 대한 이해도 제대로 되지 않은 상태에서 불타는 욕심만 앞섰던 나는 아이의 영어교육을 망치고 말았다. 딸에게는 미안하지만, 자식 교육 성공 후 "이렇게 키워냈어요" 하는 자랑 가득한 책들은 많아도 망한 케이스로 책을 내는 경우는 드물 것이라며 스스로를 위로한다. 중학교 2학년, 아이가 사춘기의 정점을 찍고 있을 무렵 특히 영어 과목을 싫어하던 딸아이와 모처럼 탄천 산책을 하고 있었다. 무슨 바람이 불었는지 선뜻 엄마의 산책에 동행해 준 아이에게 감지덕지하며 오랜만에 나에게도 딸이 있다는 느낌을 만끽하고 있을 때, 아이가 툭 던진 한마디가 나의 깊숙한 곳을 훅 찌르고 들어왔다.
"내가 영어를 왜 싫어하는지 알아? 엄마가 이상한 영어 학원에 보냈기 때문이야." 너무 훅 달려들면 모처럼 살갑게 구는 아이가 입을 닫을까 싶어 무심한 척 이유를 물었다. "그때 깜지 쓰는 게 너무 싫었거든." 아이가 초등학교 1학년이던 때, 동네 학생들이 가장 많이 다닌다는 유명 대학 부설 학원에 아이를 보낸 적이 있다. 친구들과 어울려 다니면 좋을 것 같았고, 무엇보다 워킹맘의 입장에서는 학원 버스가 집 앞에 선다는 조건이 흡족했기 때문이었다. 미국에서 들어와 시댁의 작은 방에서 더부살이를 시작하게 된 나로서는 어떻게 해서든지 전세금을 마련해 분가해야 한다는 절체절명의 목표가 있었다. 그래서 내 아이의 교육보다는 남의 아이들을 가르치느라 여념이 없던 시절이었다. 아이가 "영어 싫어", "학원에 그만 다니고 싶어"라며 여러 방법으로 사인을 보냈지만, 못 들은 척 꾸역꾸역 아이를 학원에 보냈던 기억이 났다. 물론 아이 앞에서 섣불리 엄마가 잘못된 선택을 했다고 인정하지는 않았다. 하지만 그날 아이가 한 말은 두고두고 영어를 가르치는 것이 업인 나의 마음에 큰 상처를 남겼다.

  미국에서 태어나 명색이 미국 시민권자인 내 아이의 영어 인생은 순탄치 못했다. 대학생이 되어 최근에 미국 대사관을 방문할 일이 있었던 딸이 해맑게 웃으며 영어를 못해도 다 방법이 있다며, 통역이 있어서 일 처리가 하나도 힘들지 않았다며 좋아했다. 아이가 대학생이 된 후에도 첫 단추를 잘못 끼운 것에 대한 후회의 마음은 조금도 줄어들지 않는다. 한국에서 대학 입시는 넘어야 할 큰 산이고 고비이다. 100세 인생, 평생 교육이 대세인 요즘 고작 스무 살에 보는 시험이 뭐가 대수야 할 수 있겠지만 한국 사회에서 대학 입시가 갖는 의미는 여전히 강력하다. 영어가 절대평가로 바뀌면서 웬만하면 웬만한 점수들을 받는다는 입시 아래서도 우리 딸은 웬만하지 못한 점수를 받았고, 무엇보다 그놈의 영어가 늘 아이의 발목을 잡았다. 아이는 영어 때문에 외국에 나가는 것도 싫고, 유학은 더더욱 싫다고 말했다. 아이의 이런 반응은 '엄마가 영어 선생님이라 영어를 잘 하겠다'는 보편적인 오해와 더불어 나의 마음을 더욱 불편하게 만들었다. 무엇보다, 제일 자신 없는 과목이 영어라는 생각이 아이의 머릿속에 뿌리깊게 박혀 버린 것이 가장 속상하고 후회되는 대목이다.

아이의 영어에 신경을 쓰지 않은 것은 아니었다. 신경을 썼으나 잘못된 타이밍과 잘못된 방법으로 중요한 시간을 허투루 낭비했고, 아이에게는 치명적인 내상을 입혔다. 내가 강의 때마다 진심으로 강조하는 '차라리 안 하는 게 나을 법한 잘못된 조기 영어교육'을 내 아이에게 그대로 실천해 버린 것이다. 첫 단추를 잘못 끼운 대가는 혹독해서 제대로 된 로드맵은 세워 보지도 못한 채 임기응변만 하다가 귀한 시간들을 흘려보내고 말았다. 지난 20년 간 끊임없이 공부하고, 수많은 교육 현장을 경험하고 나서야 어느 대목에서 무엇을 잘못했는지, 무엇을 해야 했고, 하지 말았어야 했는지가 명확히 보이기 시작했다. 때늦은 후회지만 지금 아는 걸 그때도 알았더라면 하는 아쉬움이 짙게 남는다. 그래서 마치 둘째가 있다면 영어교육을 이렇게 시작하겠다는 큰 그림을 그리듯, 내가 가진 경험과 지식을 이 책의 독자들과 나누고 싶다.

영어, 언제 시작해야 할까?

여섯 살 딸의 유치원 입학을 위해 상담을 받으러 다니던 S의 엄마는 화가 단단히 나 있었다. 영어는 아직 때가 아니라는 어린이집 원장의 말만 믿었는데, 막상 '영유 투어'를 다니다 보니 아이의 중요한 시기를 다 놓쳤다는 생각이 들었기 때문이다. 세 살 J의 엄마는 초등학교에 들어가기 전까지 영어를 어느 정도 마쳐야 한다는 신념에 가득 차 있었다. '마친다'의 의미를 묻자, 이 엄마는 기본적으로 읽고 쓰기가 가능하며 어느 학원 시험에도 통과할 수 있는 실력이라고 답했다. 그렇게 서두르는 이유를 다시 물으니 그렇게 해야 학교 가서 영어를 공부할 시간에 다른 공부를 좀 더 할 수 있다는 대답이 돌아왔다. 이 두 엄마의 사정은 다르지만, 불안해하며 영어교육을 서두르는 모습은 서로 꼭 닮아 있었다.

어떤 사람들은 영어교육을 너무 일찍 시작하면 창의성과 모국어 발달을 방해하고, 사회·언어적 발달에 악영향을 끼쳐 초등학교 적응을 실패하게 한다는 극단적인 주장을 펼치기도 한다. 반대로 다중 언어에의 노출이 빠를수록 원어민에 가깝게 언어를 배울 수 있고, 유아들은 낮은 스트레스로 언어를 쉽게 습득한다며 무한한 긍정의 시선으로 바라보는 이들도 있다. 그리고 목표에 따라 교육의 시기가 달라져야 한다는 주장을 펴는 이들도 있다. 만약 제2외국어를 배우는 목표가 원어민처럼 영어를 완벽히 구사하는 것이라면 가능한 일찍 완전히 그 언어만 쓰이는 환경에 들어가는 게 바람직하지만, 그 목표가 기본적인 의사소통 능력을 가지게 하는 것이라면 나중에 교육을 시작하는 게 더 효과적이라는 주장이다.

영어교육 현장에 20년 넘게 몸담으며 가장 많이 듣는 것은 '언제'에 관한 질문이다. 결론부터 말하자면, 언제 시작해야 할지는 당사자인 부모만이 알 수 있다. 영어교육의 시작 시기는 각 가정의 문화, 경제적 상황 또는 영어에 대한 기대치에 따라 언제든지 달라질 수 있다. 저명한 학자들조차 '이때'라고 똑 떨어지는 답을 주지 못하는 이유는 개개인마다 너무나도 많은 변수가 존재하기 때문이다. 이처럼 조기 영어교육에 있어 '언제'라는 것은 최종 목표와 개인적 상황을 고려한 선택의 문제이다. 절대적인 시기가 있다고 단정 짓는 것은 위험한 주장일 수 있다. 한동안, 언어를 배우는 데 결정적인 시기Critical period가 있다는 의견이 지배적이었다. 하지만 최근에는 제2외국어를 포함, 언어를 습득하는 데 시기적으로 도움이 되는 구간이 있다고 보고 이 시기를 민감기Sensitive period로 완화해 부르기도 한다.

　서울 근교 신도시의 영어유치원에 다니고 있던 P는 가르치기 정말 힘든 아이였다. 에너지가 넘치고 집중이 힘들어 늘 친구들을 방해하고 수업 분위기를 흩뜨려 놓았기 때문에 많은 시간을 생각하는 의자thinking chair에 앉아 있거나, 더 심한 경우 불려 나와 원장실에서 시간을 보내기 일쑤였다. 게다가 가정에서의 기본적인 관리도 되지 않아 도시락 통이나 실내화를 빼먹는 데 선수였고, 며칠째 카레 자국이 남아 있는 조끼를 입고 등원하기도 했다. 여러모로 같은 원에 다니고 있던 다른 아이들과는 확연히 차이가 나는 아이였다.
　원비가 적지 않은 곳이라 12월 세금 정산 기간이 되면 엄마들은 빠짐없이 1년치 납입 증명서를 원에 요청하는데, P의 엄마가 희한한 요청을 해 왔다. 아이의 아빠가 정확한 비용을 모르고 있으니 실제 액수의 50퍼센트만 납입한 것으로 서류를 만들어 달라는 부탁이었다. 알고 보니 평범한 회사원 아빠의 월급으로는 영어유치원 비용을 감당할 형편이 되지 않았고, 그럼에도 불구하고 영어유치원을 꼭 보내고 싶었던 엄마는 남몰래 아르바이트를 하면서 첫째 아이의 원비를 보태고 있었다. 일을 하며 어린 둘째까지 돌봐야 했던 엄마는 당연히 아이에게 충분히 신경 쓸 시간이 없었을 것이다. P의 엄마는 영어는 무조건 일찍 시작해야 한다는 신념이 너무 강해 상황을 고려하지 않고 잘못된 시기 선택을 한 것이다.

비싼 영어 교재를 사고 싶어 하는 엄마들의 심리도 비슷하다. 한 세트에 600만 원을 호가하는 외국 브랜드의 영어 전집이 너무나 사고 싶어 속앓이를 몇 달째 했다는 한 살배기 아이 엄마는 반대하는 남편 몰래 할부로 책을 구입한 후 마음고생이 이만저만이 아니었다고 한다. 그 아기가 600만원짜리 교재를 얼마나 잘 활용해서 영어 실력이 어느 정도나 늘었는지 모르지만, 엄마가 그렇게까지 마음고생할 가치가 있었는지는 의문이다. 조기 영어교육이 필요하다고 해서 지금이 아니면 안 된다는 얄팍한 상술에 놀아날 필요는 없다. 너무 조급하게 생각하지 않아도 된다. 여러 상황들을 고려해 시작 시기에 대한 확신이 생겼다면, 적당한 방법을 찾아 무리 없이 진행하는 때가 바로 적기이다.

아이가 두 돌이 막 지났을 때부터 오픈 설명회와 개인 상담을 포함해 총 여덟 번이나 상담차 우리 원을 방문한 엄마가 있었다. 나의 상담 노트에는 '여덟 번째'라는 기록과 큰 별표가 세 개나 그려져 있었다. 영어유치원뿐 아니라 상담이 필요한 대부분의 서비스업 상담 기록지에는 이런저런 고객 평가가 첨부된다. 유명 성형외과에서는 이름 옆 골뱅이 개수로 고객들의 까다로움 정도를 표시한다는 말을 들은 적이 있다. 영어유치원도 별반 다르지 않아 상담 기록지에는 교사 또는 원장들의 한풀이가 담긴 코멘트가 덧붙여진다. 총 8회 상담이라는 기록을 세운 엄마는 매번 다른 지인들을 대동하고 나타나 한 시간씩 개인 상담을 받고는 결국 "아직은 아이가 너무 어린 것 같아요"라고 말하며 자리에서 일어나곤 했다. 이 엄마는 여섯 번째 방문 때 선결제로 자리를 확보하고 남편과 친정 엄마를 대동해 두 번 더 상담을 받은 후, 아이가 꽉 찬 네 살이 되었을 때 비로소 영어유치원에 등록했다. 개인적으로 피곤하긴 했지만 이 엄마가 잘못했다는 생각은 들지 않는다. 아이에 대한 불안지수가 남들보다 조금 더 컸기에, 더 많이 고민하고 계획해서 미리 영어교육 기관을 알아본 것뿐이다. 여러 유치원을 둘러보며 정보를 수집하는 2년 동안 마음에 드는 곳도 있었겠지만, 아이를 영어유치원에 보낼 나이를 마음 속에 정해두고 신중하게 때를 기다렸던 것이다. 어쩌면 누구보다 현명한 엄마일 수 있다.

영어유치원을 염두에 두고 있는 학부모들은 어린이집 또는 놀이학교를 다니다가 영어유치원으로 옮기는 시기를 대략 5, 6세로 본다. 늦어도 6세 때에는 영어유치원을 보내야 한다는 것은 엄마들 사이의 불문율이다. 이렇게 정량화하고 일반화하는 건 위험하지만, 간단히 숫자로 나타내는 것은 언제나 쉽고 파급력이 크다.

영어를 언제 시작할지에 대한 결정은 각자의 몫이지만, 그럼에도 불구하고 생체적으로 영어를 쉽게 배울 수 있는 시기는 분명히 존재한다. 모든 학자들이 이견 없이 지목하는 이 시기는 바로 사춘기 이전이다. 우리나라 공교육에서 영어교육을 시작하는 나이는 초등학교 3학년, 10살로 아슬아슬하게 사춘기 이전이라는 조건 안에 들어온다. 하지만 좀 더 자세히 들여다보면 듣기, 말하기, 읽기, 쓰기에 효과적인 습득 시기는 다시 세분화된다. 듣기와 말하기 같은 음성언어는 읽기와 쓰기 같은 문자언어보다 훨씬 빠르다. 언어 습득 시점을 논할 때마다 생체적인 반응을 토대로 한 다양한 근거들이 제시되는데 이 중 소리 노출(듣기)은 빠를수록 좋다는 근거로 내세울 수 있는 유명한 실험이 하나 있다.

오른쪽 그래프는 일본 아기와 미국 아기가 소리의 차이를 인식하는지 살피는 소리 구별 실험이다. R 소리를 들려주다가 L 소리를 들려주었을 때, 두 아기는 모두 다른 소리가 나는 쪽으로 고개를 돌리는 신체 반응을 보였다. 그 후 각자의 모국어 환경에서 보살핌을 받고 다시 2개월 뒤 같은 실험을 진행하였다. 놀랍게도 R/L 소리에 계속 노출되었던 미국 아기는 그 구분 능력이 더욱 예민해진 반면, 노출이 없었던 일본 아기는 구별 능력이 현저히 떨어졌다. 이후 대만 아이와 미국 아이로 같은 실험을 진행하였다. 6개월 된 두 아기 모두 만다린어에만 있는 특정 소리를 인식했지만, 그로부터 2개월 후에 미국 아기는 구별해 내지 못했다. 6개월 이전 아기들의 귀는 어떤 소리, 어떤 언어에도 활짝 열려 있지만 이후 노출이 적은 소리에는 점차 구별 능력을 잃어 간다는 사실을 알 수 있다.

한 실험에서, 막 태어난 정상적인 새끼 고양이의 눈을 봉합했다가 어느 시점에서 다시 풀었을 때 그 고양이의 시력은 성묘가 되어서도 정상치에 도달하지 못한다고 한다. 시각 신경들이 만들어져야 할 시기에 시각적인 자극을 제대로 받지 못했기 때문이다. 언어 습득 적기에 대한 좀 더 고전적인 예로는 프랑스의 늑대 소년이 있다.

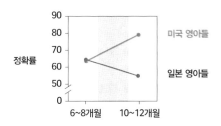

6개월 된 일본, 미국 아기들은 모두 ㄹㅓ 사운드를 구별할 수 있었다. 그 후, ㄹㅓ 소리에 계속 노출된 미국 아기들은 그 능력을 발전시켰지만, ㄹㅓ 사운드를 들을 기회가 없었던 일본 아기들의 해당 음가 구별 능력은 현저히 떨어지게 된다.

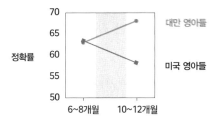

반대로 6개월 된 타이완, 미국 아기들은 모두 tɕʰ-ɕ 사운드를 구별할 수 있었다. tɕʰ-ɕ 소리에 계속 노출된 타이완 아기들은 그 능력을 발전시켰지만, tɕʰ-ɕ 사운드를 들을 기회가 없었던 미국 아기들의 해당 음가 구별 능력은 현저히 떨어지게 된다.

The linguistic genius of babies(TED 강연), Patricia Kuhl

어린 시절 언어 환경에 노출되지 못했던 이 소년은 훗날 여러 노력에도 불구하고 평생 정상적인 언어 구사 능력을 갖출 수 없었다. 비슷한 예로 캘리포니아에서 부모의 학대로부터 13세 때 구출된 지니라는 소녀가 있다. 이 소녀 또한 유아기 시절 정상적인 언어 환경에 노출되지 못했는데, 이후 다양한 노력과 도움에도 끝끝내 제대로 된 언어를 배우지 못했다고 한다.

이런 극단적인 상황이 아니더라도 언어 습득에 있어 생체적인 적기가 존재하고, 이 시기를 놓쳤을 때 돌이킬 수 없는 결과로 나타나는 경우는 수없이 많다. 우리는 이러한 예들을 조심스럽게 제2외국어 습득의 시기적인 문제에 적용해 볼 수 있다. 어린 자녀의 영어교육에 열정을 보이는 엄마들을 극성 엄마로 매도해서는 안 되는 이유도 여기에 있다. 짧게 왔다 가 버리는 적기를 놓치지 않으려고 애쓰는 엄마들은 부지런하고 현명한 엄마이다.

노출, 즉 영어를 들려줄 수 있는 방법은 주위에 널려 있다. 수많은 영어 교재들이 오디오 자료와 함께 판매되고, 영어교육용 유튜브 영상도 무수히 많다. 매번 영상 찾기가 귀찮은 엄마들은 인터넷 TV만 연결하면 단계별, 주제별 시청각 교재들을 무한정으로 제공받을 수 있다. 아이들이 흥미를 느낄 수 있는 영어 동요들을 일상의 배경 음악으로 활용하는 것도 좋은 방법 중 하나이다. 기계음이 많이 들어간 단조로운 음악보다는 청각적 심미감을 채워 줄 수 있는 고퀄리티의 음악이면 아이들은 질리지 않고 반복해서 듣게 된다.

수많은 콘텐츠 가운데 옥석을 가려내는 안목은 부모의 몫이다. 영어교육의 첫 단추 끼우기는 큰 결심이 없더라도 일상 노출에서부터 얼마든지 시작할 수 있다.

  다시 돌아가서, 사춘기가 되기 전 10살 이전의 나이는 여전히 말랑말랑하고 신경이 활발하게 만들어지는 때이므로 어떤 습득에도 유리하지만 언어 기능 발달 측면에서는 시기적인 차이를 보인다. 영어를 배울 때 등장하는 4대 영역(듣기, 말하기, 읽기, 쓰기)은 순서대로 발달되어야 한다. 아이들이 모국어를 배울 때를 떠올려 보면 그 순서가 정확히 일치한다. 누워서 듣기만 하던 아이가 어느 순간 옹알이를 시작하고, 그 이후에는 발화의 속도가 붙고 어휘가 양적으로 팽창하면서 놀라운 성장을 이룬다. 가끔은 어눌하고 문법적으로 맞지 않는 말들을 하지만 크게 문제되지 않는다. 그리고 6~7세가 되어 어느 정도 인지적인 부분이 갖춰졌을 때 한글 ㄱ, ㄴ, ㄷ… 즉 문자를 배운다. 이때 한글 선생님 혹은 인내력 있는 엄마가 아이를 앉혀 놓고 가르치기 시작하면 별 무리 없이 한글을 뗄 수 있다. 그 동안 책장에만 꽂아 두었던 책들을 꺼내 들고 와 더듬더듬 읽기 시작하면서부터는 가속도가 붙어 금세 줄줄 읽기 시작한다. 무언가를 쓰고자 하는 욕구가 생기는 시기도 비슷하다. 6~7세 정도가 되면 소리 나는 대로 쓰기 시작한다. 기호인지 그림인지 모를 끄적임에서 시작해 점차 형태를 갖춰 나가는 지렁이들을 보고 부모는 큰 감동을 맛본다.

제2외국어로 배우는 영어도 모국어와 같은 시기에 같은 단계로 습득의 절정기가 온다고 보면 된다. 노출의 정도가 모국어처럼 풍부하게 이루어지지 않는다는 한계가 있지만, 한국어든 영어든 아이들이 언어를 배우는 생체적 시간은 크게 다르지 않다. 영어교육 상담사들은 해가 갈수록 영어를 배우기 시작하는 시기가 빨라지고, 부모들의 교육 상식이 높아진다는 이야기를 공통적으로 한다. 교육의 시기가 빨라지는 것은 부모들이 유아기의 영어 습득을 이해하고 효과 지점을 알아채기 시작했다는 긍정적인 신호이다.

어린아이들일수록 양적으로 따지는 정량적 기준보다 심리적인 것을 고려하는 정성적 부분의 가치가 크다. 아이들의 영어교육에 있어 가장 중요한 것은 무엇을 얼마나 많이 배웠느냐가 아니라 영어에 대한 관심, 흥미, 호감, 자신감이다. 고학년의 자녀를 둔 학부모들은 일찍 시작하나 늦게 시작하나 5, 6학년이 되면 다 똑같아지니 그냥 나중에 바짝 시키라는 충고를 하기도 한다. 영어를 시험을 위한 도구로 생각한다면 크게 틀린 얘기는 아니다. 중학교 때부터 시작해도 달달 외우는 노력만 하면 영어 과목 1, 2등급은 충분히 따낼 수 있다. 과목, 점수로만 영어를 생각한다면 절대로 늦은 때는 없다.

그러나 내 아이가 어떻게 영어를 배웠으면 좋겠냐는 질문에 대부분의 부모들은 "다른 건 몰라도 우리 아이가 나처럼 고생스럽게 영어 공부를 하지 않았으면 좋겠다"라는 대답을 한다. 그들은 오랜 기간 공부한 보람도 없이 여전히 영어 앞에 주눅드는 자신의 모습을 아이가 그대로 답습하지 않기를 진심으로 바란다. 그래서 영어유치원을 고민하고 조기 영어교육에 그렇게 적극적이다. 아이들이 스트레스 없이 모국어를 배우듯 자연스럽게 영어를 습득할 수 있는 방법은 생각보다 어렵지 않다. 지극히 상식적인 선에서 올바른 시기에, 올바른 방법으로 시작하면 된다. 부모들이 과거에 영어를 공부하던 방식이 틀렸다는 것은 이미 모두가 안다. 학문으로서의 영어가 아니라 말로서의 영어가 될 수 있도록 방향을 잡아야 한다. 어렸을 적 아이가 노출되는 언어 환경은 아이의 인생 전체에 지대한 영향을 미친다. 아이에게 말을 가르칠 때 정성을 들이고 세심한 주의를 기울여야 하는 이유다. 무조건 시기만 앞당겨 마구잡이로 시작하는 유아기 영어는 위험 부담이 너무 크다. 시간만큼이나 중요한 것은 방법이다. 대부분의 유아기 영어교육의 부작용은 언제when가 아닌 어떻게how, 즉 잘못된 방법 때문에 나타난다. 유아를 자녀로 둔 엄마, 아빠라면 무작정 급한 마음으로 서두르기보다는 올바른 시기와 올바른 방법이 함께 만나 시너지를 낼 수 있도록 큰 그림을 그려야 한다.

03

말부터 배워라

× × × × × ●● × × × × ×

언제when 시작해야 할지, 시기 다음으로 부모들이 관심을 갖는 것은 무엇what을 배우는지, 바로 교육 내용이다. 우리 아이가 몇 번째 파닉스를 배우고 있는지, 읽기는 어떤 레벨로 무슨 책을 읽는지, 쓰기는 어떤 교재인지 등 일단 영어에 발을 내디딘 엄마들의 관심사는 온통 무엇을 배우는지에 쏠린다. 덕분에 우리나라 조기 영어교육 교재 사업은 계속 발전해 나가고 있다.

영어 기능을 가르치는 콘텐츠 관점에서 보자면 듣기, 말하기, 읽기, 쓰기는 말로 의사소통하는 음성언어 교육과, 글로 소통하는 문자언어 교육으로 나뉘어진다. 예전 부모 세대의 영어 학습이 읽기, 쓰기의 문자 위주였다면 최근에는 듣기, 말하기 영역인 음성언어의 비중이 높아지고 있는 추세다. 하지만 여전히 시험과 입시라는 넘어야 할 산 때문에 학년이 올라갈수록 읽기와 쓰기에 주력하게 된다.

이 외에도 언어를 분류하는 기준은 다양하다. 외국어를 전공하는 사람이라면 한 번은 봤을 법한 빙하 사진이 있는데, 여기에서는 언어를 'BICS'와 'CALP'로 나누고 있다.

커민스(Cummins)의 '빙하' 모델

BICS Basic Interpersonal Communication Skills는 표면적이고 일상적으로 사용되는 언어로, 듣기와 말하기를 통해 발전한다. CALP Cognitive Academic Language Proficiency는 좀 더 추상적이고 정교하며 전문화된 언어 능력을 나타내는데, 이러한 학문적 언어의 능숙도를 위해 학생들은 읽기와 쓰기를 학습해야 한다. 어른들의 영어에 대입해 보면 토익과 토플이 대표적인 BICS와 CALP이다. 토익은 일상생활 대화를 위한 BICS 영역이고, 토플은 좀 더 학문적인 언어를 다루는 CALP 영역이다. 어려운 용어로 인해 머리가 복잡할 수 있지만, 사실 어떤 기준으로 분류하든 영어는 크게 두 가지 범위 내에 있다. 일상에서 의사소통할 수 있는 능력의 영어, 아니면 공부하고 시험 보는 데 필요한 영어로 나뉜다. 유아들의 영어는 당연히 BICS 영역에 해당하므로 일상생활에서 늘 보고 듣는 상황들을 콘텐츠로 활용하는 게 좋다. 물론 무 자르듯 극단적으로 두 영역을 나눌 수 없고 균형과 조화를 이루는 것이 중요하지만, 영어 학습의 긴 과정을 놓고 보았을 때 적절한 시기에 필요한 능력을 최대치로 키울 수 있는 전략적인 접근이 필요하다.

부모들은 아이들의 학년이 올라갈수록 영어 공부에 투자할 시간이 없다고 말한다. 이는 사실 듣고 말하기인 음성언어적 영어에 투자할 시간이 없다는 표현이 더 정확하다. 초등학교 저학년까지는 대부분의 학원들이 최소한이라도 듣기listening, 말하기speaking를 커리큘럼에 포함하지만 고학년으로 올라가면 별 고민 없이 문법, 해석, 읽기 쓰기에 주력한다. 일단 문자 공부가 본격적으로 시작되면 듣기, 말하기에 짬을 내기가 쉽지 않다. 언어 기능은 한 번의 배움으로 끝나는 것이 아니라 꾸준히 노출하고 개발해 나가야 하는데, 우리나라의 입시 위주 교육에서는 듣기 말하기 교육은 짧게 구색만 맞춘 후 어느 순간 미련 없이 손절하는 대상이 되고 말았다. 현실이 이렇다면 유아 영어교육의 방향은 더욱 명확해진다. 짧게 지나가 버리는 유아기의 영어 학습은 무조건 듣고 말할 수 있는 음성언어가 우선되어야 한다. 언어 습득에 유리한 생체적인 조건 때문만이 아니라, 고학년이 될수록 점차 읽고 쓰기에 치중하게 되는 우리나라의 특수한 학습 환경 때문이기도 하다.

언어를 듣기, 말하기, 읽기, 쓰기 기능으로 구분하는 것 외에 유아기 언어 학습에서 빠져서는 안 될 중요한 요소가 하나 더 있다. 아이들은 말을 통해 바른 행동과 문화, 사회성, 지적 능력을 확장하며 삶을 배워 나간다. 말을 통해 세상과 소통하며 한 인간으로서 사회 구성원 역할을 할 수 있는 기초를 만든다. 영어도 말이라는 전제하에 유아기 영어교육에서 언어 기능적인 것에만 포커스를 두는 것은 위험하다. 유아들의 말 배우기에는 어른들과 차별화되는 기준이 필요하다.

한 리얼리티 쇼에 출연한 유명 뮤지컬 배우의 아이는 남들보다 빠른 언어 발달 속도로 시청자들에게 많은 사랑을 받았다. 이 프로그램이 특별했던 건 인간의 유아기 성장 모습을 아이의 말을 통해 그대로 속도감 있게 보여 주었기 때문이다. 한 영상에서 아빠는 아이에게 젤리를 하나씩 줄 때마다 이런저런 요구를 한다. "'주세요' 해 봐." 아이가 "주떼요"라고 하자 이번에는 "귀엽게", "사랑스럽게", 급기야는 "이순신 장군처럼" 등을 요구한다. 아이는 천사 같은 얼굴로 이런저런 표정과 목소리를 바꿔가며 젤리를 받아먹는다. 이번엔 아이 손에 젤리가 들려져 있다. 아이 손에 젤리를 본 아빠가

"하나만" 하고 말하자 아이는 잠깐 생각하더니 "'주떼요' 해 봐"라고 말한다. 아빠가 "주세요" 하자 이번엔 아빠가 했던 그대로 "귀엽게", "사랑스럽게"를 요구한다.

아이들은 어른들이 무심코 하는 행동과 표정, 말투를 스펀지처럼 그대로 흡수한다. 유아기에 배워야 하는 행동, 도덕 양식, 예절 등은 대부분 언어로 표현되고 아이들은 언어를 통해 문화, 정서, 감정, 표현, 사회성, 도덕성 등을 배우게 된다. 한국어든 영어든 아이들이 언어적인 기능만을 똑 떼어 배울 수 없는 이유이다.

"우리 아이 영어, 무엇을 배워야 하나요?"라는 질문에 대답을 정리해 보자면 유아기 영어에서는 듣고 말하기, 음성언어인 '말'을 중심으로 가르쳐야 하고, 말을 통해 사회구성원으로 필요한 소양들을 배워 나가야 한다. 그러므로 맥락 없이 패턴을 연습하는 기능적인 영어가 아니라 좋은 콘텐츠 안에서 생각을 먼저 키워 주고, 그 과정 속에서 영어는 저절로 따라오는 의미 있는 접근이 필요하다.

언어의 기능만을 배우는 집중적인 학습은 매우 빠르고 강력한 초반 효과를 보인다. 갑자기 아이가 영어를 알아듣고, 몰랐던 영어 단어를 말하기 시작하면 부모들은 감동하여 더욱 박차를 가하고 싶은 욕심이 생긴다. 학습식 또는 주입식 언어 교육의 초반 반짝 효과를 경험한 학부모들은 쉽게 그 맛을 잊지 못한다. 그리고 같은 크기의 효과가 쭉 지속될 것이라는 순진한 기대 속에 잘못된 방법을 계속 밀고 나간다. 이때 아이가 영어에 대한 흥미를 잃어가는 속도는 초반 효과만큼이나 크고 빨라지며 돌이킬 수 없는 결과를 만들어 낸다. 언어의 기능에만 초점을 두고 교과서, 학습지로 내용을 주입하는 영어는 고학년 또는 어른들에게 필요한 교육법이다. 빠른 시간 안에 시험, 면접, 여행에서 써 먹어야 하기 때문에 에둘러 돌아갈 시간이 없다. 10번 반복하고 10장의 깜지를 써서라도 내용을 기억해 내는 학습이 중요하다. 하지만 말을 통해 인생의 기초를 다지는 유아들은 조금 늦더라도 생각을 함께 키워 주는 제대로 된 언어 교육이 필요하고, 중요한 만큼 무엇을 보여 주고, 들려주고, 가르칠지에 대한 신중한 고민이 뒷받침되어야 한다.

\04/

유아만을 위한 '특별한' 영어교육

× × × × × ●● × × × × ×

유아를 가르치는 영어 교사들에게 유아 영어교육과 일반 영어교육의 차이점을 물었더니 "아이들과 수업할 때는 휴지가 필요해요. 시도 때도 없이 코딱지를 파서 주거든요"라는 기발한 대답이 돌아왔다. 정답이다. 유아 영어교육은 어린아이에 대한 이해가 필수다. 이 특별한 대상의 발달 단계, 언어적 위치, 성향을 바탕으로 올바른 접근이 필요하다. 바로 여기에 어떻게 가르칠지에 대한 답이 있다. 보통 상담을 받으러 오는 부모들은 언제when또는 무엇what을 배우는가를 궁금해하지, 어떻게how에 대한 질문은 좀처럼 하지 않는다. 방법에 대해서는 언제 또는 무엇처럼 명확한 답이 나오지 않기 때문이다. 그나마 어떻게 가르치는가를 좀 더 명시적으로 표현할 수 있는 방법은 순서를 제시하는 것이다. 조금 늦게 시작하더라도 옳은 순서로 진행하면 된다. 시기는 상황에 따라 언제든지 변할 수 있지만 영어교육의 첫 단추를 끼우는 방법에 관한 문제는 필수적으로 모든 아동의 보편적인 발달을 고려한 접근이어야 한다.

인성과 영어의 접목
기초 교육과 학습의 균형을 맞춰 주세요

우연의 일치인지 구글의 핵심 창업자들은 모두 몬테소리 유치원을 다녔다고 한다. 이 사실이 알려지면서 100년도 넘어 다소 진부한 느낌마저 있는 몬테소리 교육이 다시 한번 주목받게 되었다. 몬테소리 교육에서는 기본적인 교구 활용법을 안내한 후, 아이들 스스로가 놀이를 만들어 터득하고 학습할 수 있도록 유도한다. 사실 그들이 어떤 교재로 공부를 했고 어떤 교육 기관을 다녔는지 1차원적인 모방은 필요 없다. 대신 몬테소리라는 작은 조각piece이 주는 단서로 큰 퍼즐의 전체 그림을 볼 줄 알아야 한다. 최근 유아교육 현장에서 눈에 띄는 작은 조각은 아날로그 교육의 재등장이다. 단순히 인공지능 시대에서 아날로그 방식으로의 회귀를 의미하는 것은 아니다. 여기에서 전체 퍼즐이 주는 메시지는 앞으로 펼쳐질 테크놀로지 세계를 담아 낼 인간성의 기초가 유아기 교육에 꼭 반영되어야 한다는 점이다. 자녀들이 15세가 될 때까지 핸드폰 사용을 금지했다는 빌 게이츠의 일화라든지, 실리콘 밸리 내 유치원들이 태블릿이나 컴퓨터 같은 스마트 기기들을 배제하는 자연주의 교육을 지향한다는 사실들은 주목할 만하다. 미래 세상에 대해 가장 잘 아는 부모들이 고민하고 선택한 유아기 교육은 코딩, 컴퓨터 교육이 아니었다. 친구를 사귀고, 스스로 놀이를 만들고, 인간성을 탄탄히 다져야 하는 유일한 시기를 유아기로 본 것이다.

최근 한국에서도 자주 눈에 띄는 교육 과정은 IBInternational Baccalaureate이다. 대부분의 국제학교들이 이 커리큘럼을 채택하면서 교육계의 주요 관심사가 되기는 했으나 "IB는 이런 것이다"라고 한마디로 정의 내리기는 쉽지 않다. 실제 IB 교육 기관으로 인증을 받기 위해서는 까다로운 절차와 자격이 요구되며, 국내에서는 정식 인가를 받은 국제학교만이 IB 커리큘럼 운영 학교로 인증을 받고 있다. 교육 후진국이라고 무시당했던 일본에서는 이미 2015년부터 IB 교육 과정을 공교육에 도입해 오고 있다. 여기에서도 IB 프로그램 자체에 초점을 두기보다 IB 교육이 의미하는 큰 그림을 보기 위한 노력이 필요하다. IB의 가장 큰 특징은 창의력과 사고력으로, 인공지능이 대체할 수 없는 인간의 고유 영역을 강조한다. IB 교육을 쉽게 이해하기 위해서는 이 교육 과정이 목표로 하는 인재상을 살펴볼 필요가 있다.

IB 학습자상

Inquirers	질문하고 탐구하는 사람
Knowledgeable	지식이 풍부한 사람
Thinkers	생각하는 사람
Communicators	소통하는 사람

Principled	원칙을 세우고 지키는 사람
Open-minded	열린 마음을 가진 사람
Caring	배려하는 사람
Risk-takers	도전하는 사람
Balanced	균형을 갖춘 사람
Reflective	성찰하는 사람

IB의 인재상에도 나타나듯, 미래 교육에서는 탄탄한 인간성의 기초 작업이 중요하다. 4차 산업 혁명으로 이제 테크놀로지가 아니면 안 된다는 분위기 속에서 4차 산업혁명을 제대로 운영할 수 있는 인간을 만드는 것이 교육의 열쇠가 된다. 그리고 그 기초는 다른 교육이 아닌 올바른 유아 시기의 교육 즉, 인성 교육에 달려 있다.

유치원 교사로 일하고 있을 때, 횡단보도에 서 있던 고등학생들이 아이스크림 포장지를 거리낌 없이 바닥에 버리는 모습을 보고 충격을 받은 적 있다. 유치원생들은 절대 상상할 수 없는 행동이다. 짧은 골목을 건널 때도 고집스럽게 오른손을 번쩍 드는 아이들, 선생님 이야기라면 철석같이 믿고 꼭꼭 지켜야 한다고 생각했던 그 예쁜 아이들은 나이가 들면서 대체 어디로 숨어 버리는 걸까? 아무렇지 않게 쓰레기를 길바닥에 내던지던 그 학생들의 뒷모습에 그들의 유치원생 시절 모습이 잠시 오버랩되었다. '영어교육 이야기를 하다가 왜 갑자기 인성 교육을 들먹이지? 영어를 잘할 수 있는 방법만 가르쳐 달란 말이야'라고 생각할 수도 있지만, 유아기의 영어교육이기 때문에 이 두 문제를 절대로 분리해서 생각할 수 없다. 영어만 잘하는 아이들을 만드는 방법은 의외로 간단하다. 많이 노출 시키고, 많이 외우고 쓰게 하고, 숙제를 왕창 내 주면 아이들은 영어를 잘하게 된다. 하지만 주목해야 할 것은 유아기에 갖춰야 할 많은 것들을 포기하고 오로지 영어만 보고 달려갔을 때의 위험천만한 결과이다. 기본을 만들어 놓지 못한 상태에서 아이들이 내상을 입게 되는 것이 제일 무서운 결과다.

영어라는 학습 목표와 유아기에 필요한 것들을 균형 맞춰 함께 발전시키는 것이 정답이지만, 이를 실천하기는 말처럼 쉽지 않다. 확실한 건 일단 학습적인 것에 발을 들여놓은 후에는 그쪽으로 점점 기울게 되고, 한번 무너진 균형은 다시 맞추기가 더 힘들다.

자연스러운 영어
스트레스 없는 환경을 만들어 주세요

한국 주재원으로 파견된 아빠를 따라온 독일 아이 맥스Max는 4살 때 한국의 영어유치원에 등록했다. 글로벌 마인드의 소유자였던 부모는 아이가 여섯 살이 되어 외국인 학교에 가기 전에 한국 친구들과 놀면서 자연스럽게 한국어와 영어를 배웠으면 좋겠다고 했다. 처음에는 한국어도 영어도 못 알아듣고 멀뚱멀뚱 앉아만 있던 맥스는 아이다운 적응력을 발휘해 여기저기 기웃거리더니, 금세 어디든 끼지만 갈등 상황에서는 자연스럽게 빠지는 클래스 내 깍두기 역할을 맡게 되었다. 밝은 에너지와 낙천적인 기질로 본인의 나라였다면 '인싸 중 인싸'였을 맥스는 그렇게 이방인들 속에서 자기 자리를 찾아 가고 있었다. 비록 영어는 한마디도 못하지만 아이의 파란 눈과 눈부신 금발은 한국 엄마들의 호감을 사기에 충분했고, 맥스는 주말마다 친구 엄마들의 손에 이끌려 키즈 카페를 방문하고 이 집 저 집 초대 받기에 바빴다.

이렇게 1년을 지내고 난 맥스의 한국어 실력은 나날이 늘어, 원에서 쓰는 언어는 영어였지만 친구들과 놀면서 쓰는 생활 언어는 한국말이 되어 있었다. "내 거야!"를 시작으로 터진 말문은 놀라운 속도로 발전했는데, 이 외국인 아이가 구사하는 정확한 한국어 발음은 듣는 사람들마저 행복하게 만들었다. 문제는 한국말을 하는 맥스를 바라보는 친구들의 시선이었다. 영어유치원에 다니고 있는 아이들답게 늘 '한국어 사용 금지No speaking Korean'를 마음에 새기고 있던 같은 반 친구들은 맥스가 한국말을 할 때마다 득달같이 달려와 눈을 부라리기 일쑤였고, 맥스가 아랑곳하지 않고 한국말을 계속 하면 선생님한테 "Max speaks Korean(맥스가 한국말을 써요)"이라고 일러바치기까지 했다.

생활 속에서 사용하는 언어는 자연스럽게 생각과 가치관에 반영된다. 한국어를 쓰지 못하게 강요하는 환경 아래서 대여섯 살짜리 아이들은 어떤 감정과 가치관을 갖게 될까? 원장이 된 이후로는 아무리 영어유치원이지만 '한국어 금지 룰'을 과감히 없애 버렸다. 대신, 영어로 말할 준비가 될 때까지 아이가 한국말을 하면 이중 언어 교사가 영어로 다시 한번 말해 주는 것을 규칙으로 정했다. 강요하거나 억지스러운 상황을 만들지 않아도 방법은 있다. 모든 수업과 원내 생활은 영어로 진행되었고, 강제하지 않아도 아이들은 자연스럽게 영어를 사용하는 분위기에 동참해 주었다.

등원 직후나 점심 식사 후 자투리 시간은 자유 놀이 시간으로, 말 그대로 아이들이 가장 편하게 노는 시간이다. 교사의 간섭이 없는 이 시간에 아이들은 곧잘 한국말로 재잘거린다. 긴장감 없이 진심으로 신나는 시간에 가장 편한 언어가 튀어나오는 것은 당연하다. 점심 놀이 시간에는 한국말을 써도 된다는 아이들의 말을 듣고 7세 반의 엄마들 몇 명이 점심 놀이 시간에도 영어를 쓰게 해 달라는 건의를 해 왔다. 밥을 먹은 뒤 교사의 간섭 없이 자유롭게 놀 수 있는 시간 30분이 아깝다고 생각하는 엄마들을 설득하는 것은 결코 쉽지 않았다. 유아기에는 언어를 포함한 모든 배움이 자연스러워야 한다. 강요하지 않아도 자연스러운 노력으로 얼마든지 원하는 방향으로 나아갈 수 있다. 억지스러움이 가미되는 순간 흉내가 되고 가짜가 되어 버리기 때문에 견고한 기초는 기대하기 힘들어진다. 아이들 특성이 매우 그렇다.

유아들은 말을 통해 인생의 기초를 다진다. 그래서 조금 느리더라도 즐겁고 편하게 영어에 몰입할 수 있는 환경이 필요하다. 기능만을 향해 서둘러 달려가는 것은 결과적으로 아이들을 지치게 만들고 영어에 대한 호감도를 떨어뜨린다. 내 아이의 첫 영어, 자연스러운 생활 영역 안에서 목적이 아닌 매개체로서 영어가 함께 따라오는 접근이 필요하다.

엄마들이 가장 많이 하는 실수
순서를 지켜 주세요

문득 '우리 아이 영어 시작해야 되는데'라는 생각이 들 때, 한국 엄마들이 가장 쉽게 하는 선택은 집 근처의 영어 학원을 찾는 것이다. 그리고 파닉스 레벨 테스트를 받는다. 영어교육에 있어서 우리나라 엄마들이 가장 많이 하는 실수는 파닉스를 영어의 첫 단계로 오해하는 것이다. 파닉스는 '읽기'를 위한 준비이지 절대로 영어의 첫 단계가 될 수 없다.

우리가 한글을 배울 때를 떠올려 보자. '가방'이 무엇인지 모르는 아이에게 ㄱ, ㅏ, ㅂ, ㅏ, ㅇ과 같은 단어의 글자 조합을 가르치는 것은 무의미하다. 파닉스를 배우기 전에 아이들은 그 단어를 이해하고, 말할 수 있어야 한다. 유아기 영어교육에서 순서는 매우 중요하다. 영어를 듣고 말하는 음성언어에 충분히 노출된 후 문자언어를 시작해야 한다. 아이가 네 살이었다면 훨씬 효과적이었을 것을 초등 5, 6학년 때 시작해 훨씬 많은 돈과 시간을 들이기도 하고, 반대로 초등 5, 6학년 때 가르칠 내용을 너무 일찍 시작한 탓에 아이를 고생시키기도 한다. 적기 교육의 효과는 언어영역에서 특히 빛을 발한다. 아이들만 갖고 있는 생체적인 기저능력 덕분에 순서만 맞게 진행해도 아이들은 훨씬 쉽게 영어를 습득할 수 있다. '음성언어에서 문자언어로'라는 순서에 근거해 볼 때 유아기에 집중적으로 필요한 영어교육은 소리 노출과 발화(듣기와 말하기)이다.

눈높이에 맞춘 실생활 영어
아는 이야기가 제일 신나요

평소 발표 시간에는 자기 차례가 돌아와도 별 의욕을 보이지 않던 J가 오늘은 웬일인지 교사 코밑까지 기어와서는 선생님의 양 볼에 두 손을 갖다 대고 눈을 마주치며 자신의 이야기를 들으라고 한다. 주말에 KTX를 타고 할머니 댁에 다녀왔는데, 공교롭게도 그날 수업 주제인 교통수단transportation과 겹치면서 하고 싶은 말이 너무 많아진 것이다. J를 시작으로 다른 아이들도 할머니 댁에 무엇을 타고 가는지 이야기해 주고 싶어서 손을 높이 든 채 하고 싶은 말들을 한다. 손을 들었어도 선생님이 지목한 다음에 말해야 한다는 규칙 따위는 지켜지지 않는다. 10명의 아이들이 모두 손을 들고 각자의 말들을 쏟아 낸다. 교실 내에서 이런 풍경이 펼쳐지는 것은 단하나의 경우, 아이들이 스스로 겪은 일을 이야기하고 싶을 때이다.

초등 1학년 S는 학원에서 나눠 준 '아마존 *끈끈이주걱 식물*' 지문을 읽고 기계적으로 문제를 풀고 있었다. 일찍이 훈련을 받은 아이는 빠른 속도로 답을 찾아 냈지만 내용을 따로 문자 전혀 이해하지 못했다.

아이들은 자기가 직접 경험하고 아는 이야기가 주제로 나왔을 때 더욱 적극적으로 대화에 동참한다. 그리고 이런 내부적 동기는 쉽게 배움으로 이어진다. 긴장감 넘치는 흥미진진한 스토리도 좋지만, 유아들이 가장 몰입하는 대목은 주변에서 늘 보고 접하는 사건이다. 그렇기 때문에 아이를 중심으로 생활 영역을 점차 넓혀 가는 주제 확장은 더할 나위 없이 좋은 전개가 된다. 스스로 주인공이 되어 친숙하고 편안하게 영어를 이해하고 습득할 수 있는 'Here and Now(여기 그리고 지금)', 즉 아이들 눈높이에 맞춘 실생활적 내용은 영어 학습의 좋은 콘텐츠가 된다. 영어는 100미터 달리기가 아니라 마라톤이다. 앞으로 긴 시간 동안 영어 공부를 계속해 나가야 할 우리 아이들이 너무 빨리 지쳐 포기하지 않도록, 첫 걸음은 편안한 방법으로 시작되어야 한다.

2장

대한민국 유아
영어교육의 현장

01

늘어나는 몰입교육 기관

× × × × × ⦿ × × × × ×

캐나다 북단의 퀘벡은 인기 드라마 〈도깨비〉 촬영지로 한국에서도 낯설지 않은 도시다. 이 지역은 언어 교육적으로 중요한 의미를 가지는데, 그 이유는 처음으로 '언어 몰입교육'의 개념을 교육 현장에서 활용했기 때문이다. 프랑스 이민자들이 캐나다 북부 지역에 터를 잡았을 때, 세계 모든 이민자들이 그렇듯 자신들의 문화와 뿌리를 유지하는 방법으로 가장 중요하게 여긴 것이 언어였다. 세대 교체로 프랑스어를 구사할 수 있는 젊은이들의 수가 점점 줄어들자 교육 당국은 고민에 빠지게 되었고, 몰입교육이라는 혁신적인 아이디어를 교육 현장에 적용하게 되었다. 프랑스어를 프랑스어 시간에만 가르치는 것이 아니라, 다른 과목들과 접목해 수학도 프랑스어로 가르치고, 음악도 프랑스어로 가르치면서 프랑스어에 노출되는 시간을 늘리는 전략이었다. 프랑스어를 프랑스어 시간에 가르치는 것이 언어를 목적으로 접근하는 방법이라면, 음악을 프랑스어로 가르치는 것은 언어를 수단으로 접근하는 방법이다. 언어 몰입교육은 자연스럽게 노출의 시간도 확보하고, 수단으로서의 언어 역할을 부각시키는 일석이조의 효과를 누릴 수 있는 교수법이다.

캐나다에서 등장한 언어 몰입교육은 제2외국어 학습이 필요한 세계 각국으로 퍼져 각 나라 상황에 맞게 수정 및 사용되고 있다. 몰입교육에서 가지치기해 나온 교수법 가운데 가장 직관적인 이름은 학습 내용contents과 언어language를 합쳐서integrated 배운다lesson는 의미의 CLIL이다. 영어와 교과 과목을 통합하여 가르치면 교과목 내용에 대한 전문적인 영어뿐 아니라 일상 대화에서 사용되는 기본적인 생활 영어도 함께 배울 수 있다. 실제 수업 중에 대화체로 접하는 영어이기 때문에 학습자들은 훨씬 유의미한 표현을 자연스럽게 익히게 된다. 이미 영어 몰입교육이 자리잡은 외국의 사례를 보면 CLIL 수업에 가장 많이 적용되는 수업 과목은 수학, 과학, 사회 과목이다.

그렇다면 유아들의 경우 어떤 과목과의 영어 통합이 가장 효율적일까? 어린 학습자들의 경우 수업에 참여하는 데 필요한 최소한의 기초 어휘력이 없다는 점과 인지적인 발달이 충분히 이루어지지 않았다는 점을 고려해야 한다. 그러므로 의미가 추상적이지 않고, 개인적 경험과 밀접히 관계가 있는 콘텐츠로의 접근이 필요하다. 여기에 감정, 분위기, 호기심 같은 정서적 측면에 더욱 민감하게 반응하는 유아기 특성을 고려한다면 음악, 체육, 미술과 같은 예체능 분

야가 영어와 접목시키기에 좋은 과목들이 된다. 사교육 업계들은 발 빠르게 이러한 트렌드를 반영해 영어 요리, 영어 수학, 영어 레고, 영어 미술 같은 통합 프로그램들을 만들어 냈다. 이제 학부모들은 마음만 먹으면 우리 아이가 좋아할 만한 영어 수업을 주변에서도 얼마든지 찾을 수 있게 되었다. 한번은 우연히 영어 태권도 수업을 참관하는 기회가 있었다. '태극1장', '찌르기', '옆 돌려차기' 같은 태권도 용어들을 죄다 영어로 바꿔 놓은 영 어색한 수업이었는데 이는 영어 몰입교육의 적용 대상을 찾아가는 과도기적 시도로, 이러한 시행착오는 당분간 이어질 것으로 보인다.

제대로 된 영어 몰입교육을 위해서 교사의 영어 실력은 필수다. 원어민처럼은 아니더라도 교사는 적어도 자연스럽게 의사소통하고 수업을 막힘없이 진행할 정도의 유창성을 갖추고 있어야 한다. 하지만 현실적으로 교과목에 대한 전문 지식과 유창한 영어 실력을 동시에 갖춘 인재를 찾기 힘들다는 것이 CLIL 수업 정착의 가장 큰 걸림돌이다. 다행히 유아들을 대상으로 하는 수업은 고차원적이거나 높은 레벨의 교과목 지식을 요구하지는 않는다. 그 대신 아이들을 사랑하고 인내하는 마음을 기본으로 아동 특수성에 대한 전문지식을 갖추고 있어야 하기 때문에, 유아를 대상으로 영어 몰입교육을 진행할 전문 인재 양성 프로그램이 꼭 필요한 상황이다.

조기유학 대신 국내 몰입교육으로

우리나라는 영어를 외국어로 배우는 EFLEnglish as a Foreign Language 환경이다. 홍콩이나 싱가포르처럼 영어를 제2언어로 배우는 ESLEnglish as a Second Language 환경과 다르게, 교실 밖에서는 좀처럼 영어에 노출될 기회가 없다. 외국어를 배우기 위해서는 자연스러운 노출이 가장 중요한데 그런 면에서 한국은 영어 학습에 제한이 많은 환경이다. 그래서 부모들은 국내에서도 최대한 자연스러운 영어 노출 환경을 만들어 주기 위해 애를 쓴다.

2000년대 초, 대한민국은 조기유학 열병을 앓고 있었다. '기러기 아빠'라는 신조어가 생기고, 조기유학 폐단에 대한 여러가지 공포스러운 뉴스들이 흘러나왔다. 영어교육 때문에 아이를 미국 가정에 위장 입양시키고, 아이의 보다 나은 영어 발음을 위해 구강 구조를 성형한다는 코미디 같은 얘기들도 들려왔다. "설마 그렇게까지?"라고 할지 모르지만, 실제로 강남이나 분당 같은 동네에 한 집 건너 한 집마다 유학생 자녀가 있던 그 시절, 너무나 가까운 우리 이웃들의 이야기이다. 이 시절을 굳이 긍정적으로 포장해 보자면 한국 내에서는 영어교육에 대한 인식이 바뀌는 시기이기도 했다. 죽도록 하는 문법 공부, 문자 공부보다는 실제 사용할 수 있는 의사소통적 영어가 중요하고 가장 효과적인 방법은 노출이라는 생각이 퍼지기 시작한 것이다. 부모들은 경험을 통해 '영어는 환경 속에서 자연스럽게 배워야 써먹을 수 있다'는 것을 깨달았고, 어린 자식을 타지로 떠나보내는 쉽지 않은 결정을 내리게 된다.

조기유학 열풍은 2006년에 정점을 찍고, 차차 하향 곡선을 그리게 된다. 어떤 이들은 극단적인 영어교육에 대한 부모들의 갈망이 누그러진 게 아니냐는 추측을 하지만, 그런 일은 절대 일어나지 않는다. 사회 인과적인 관계로 보았을 때, 이 시기와 맞물려서 등장한 것이 바로 영어 몰입 교육 기관들이었다. 즉, 외국에 나가지 않고서도 한국 내에서 같은 효과를 누릴 수 있는 기관들이 등장하기 시작한 것이다. 영어유치원이 하나 둘 생기기 시작한 때도 바로 이 시점이다. 우리나라에서 찾아볼 수 있는 대표적인 영어 몰입교육 기관은 외국인 학교, 국제학교, 비인가 국제학교, 영어유치원이다.

풀타임(Full Time) 영어 몰입교육

외국인 학교는 한국에 거주하는 외국인의 자녀들에게 본국의 교육을 실시하기 위해 설립된 학교다. 성남의 KIS, 강남의 덜위치 칼리지, 상암동 드와이트 스쿨 등이 여기에 속한다. 명칭상 국제학교 International school와 구별해 외국인 학교Foreign school라는 타이틀을 쓴다. 과거에는 외국 시민권 또는 영주권을 가지고 있는 학생들에게 입학을 허가했지만 지금은 규정이 더욱 엄격해져 부모 중 한 사람이 외국인이거나 해외에서 3년 이상 거주, 또는 해외 소재 학교에서 최소한 6학기 이상 이수한 학생들에게만 입학을 허가한다. 국내에서 만날 수 있는 가장 완벽한 영어 몰입 환경이지만 입학 대상 범위가 제한적이다.

국제학교는 경제자유구역(인천 송도), 제주특별자치도 등에 위치하고 있는 학교들로 외국 학교의 분교 형태로 운영되는 경우가 많다. 송도의 채드윅Chadwick, 제주의 노스런던컬리지에잇스쿨NLCS 같은 학교들이 국내에서 학력이 인정되는 국제학교들이다. 외국인 학교처럼 까다로운 조건이 없어서, 연령별로 정해진 테스트를 통과하면 일정 비율 안에서 순수 한국인들도 입학할 수 있다. 물론 정원에 비해 입학을 원하는 학생 수가 압도적으로 많다 보니 매해 치열한 입학 경쟁을 치른다.

내가 거주했던 송도는 독특한 영어교육 문화가 형성된 도시이다. 수도권의 유일한 국제학교가 위치하고 있어서, 강남권도 아닌 인천 끝자락 신도시에는 내로라하는 맹모들이 다수 포진해 있다. 사정이 이렇다 보니, 송도 내 영어유치원에 있는 7세 반 담임들은 매해 1월이 되면 국제학교 추천서를 쓰느라 바쁘다. 그리고 3월 발표가 날 즈음에는 아이들의 당락에 따라 웃지 못할 해프닝들을 겪게 된다.

일주일에 두 번, 오후반에 등록해 다니고 있는 L의 엄마는 자기 아이가 국제학교 입학 시험에서 떨어졌다며 원으로 항의 전화를 했고, 나는 정말 오후반의 L인지를 몇 번이고 확인해야 했다. 일주일에 두 번, 단 두 시간씩 수업을 받은 지 1년 반 정도가 지난 시점에서 국제학교의 영어 시험에 떨어지고 항의를 하다니 도무지 이해가 되지 않았다. 이 엄마는 정규반에서는 몇 명을 보냈냐며 따지듯이 물었고, 총 다섯 명이 진학했다고 하자 정규반에서는 문법이나 해석 같은 공부를 집중적으로 많이 한 것 아니냐며 오후반도 좀 잘 가르치지 그랬냐는 항의를 했다.

솔직히 말하면, L은 가르치는 선생님들마다 여섯 살이라는 사실을 의심할 정도로 모든 면에서 발달이 늦은 아이였다. 우리 원 오후반에 다닌 지 1년이 지난 시점에도 매번 울며 등원하고, 수업 중에는 깨워도 못 일어날 정도로 깊은 잠이 들곤 하는 아이였다. 게다가 첫 상담에서 L의 엄마는 아이가 아직 어려 학습적인 준비가 안 되었으니, 스트레스는 주지 않았으면 한다는 말을 여러 번 당부했었다.

국제학교 입학 시험을 치른 엄마들의 이야기를 종합해 볼 때, 저학년을 선발하는 학교의 평가기준은 학습적인 면과는 거리가 멀었다. 오히려 아이들이 자연스럽게 놀이하는 과정을 관찰하고 교사 및 친구와의 상호 작용, 사회성, 잠재력 등을 심층적으로 평가한다. 물론 모든 과정에 사용되는 언어가 영어이다 보니 적어도 말의 뜻을 이해하고 자기 생각을 표현할 수 있는 정도의 실력은 갖춰야 한다. L의 엄마에게는 "아이들이 국제학교 시험을 볼 정도로 영어를 자연스럽게 구사하기 위해서는 막대한 노출이 필요하다. 특히 이 학교 입학 시험은 유아기 아이들의 영어 실력이나 학습적인 부분에 초점을 맞추지 않으므로, 영어를 못 가르쳐서 시험에 떨어졌다는 비난은 상식에 맞지 않는다"라는 얘기를 해 주었다. 이 와중에 영어 레벨로는 가장 마지막 그룹에 속해 있던 해맑은 쌍둥이 자매들이 합격 소식을 전해 왔다. 아무도 예측하지 못한 결과였다. 국제학교 입시는 어느 대입 수시 전형보다 치열하고 반전이 가득하다.

수요는 많으나 국제학교의 수가 적다 보니 강남 지역에는 이 수요를 소화하기 위해 비인가 국제학교들이 속속 문을 열고 있다. 개인 교육자나 사업자가 본국 학교의 분교branch school를 우리나라에 개교하는 형태이다. 본국에서 학력 인증을 받고 학교로서 충분한 자격을 갖추고 있는 교육 기관이지만, 국내에서는 교육청의 정식 인가를 받지 못해 학원 또는 대안학교로 등록하고, 유치부부터 고등학교 과정인 12학년까지 운영하기도 한다. 이런 형태의 비인가 학교들은 해외 대학 입학을 목표로 하는 부모들의 교육 목적에 부합하고, 통학 거리가 짧다는 장점이 커서 교육열이 높은 강남 지역을 중심으로 성행하고 있다. 꼭 유학을 염두에 두지 않더라도 영어유치원에 이어 초등학교 저학년까지 영어 몰입 환경을 유지해 주고 싶은 부모들은 여러 어려움을 감수하고 비인가 국제학교를 선택한다. 정식 인가된 제주도 국제학교에 다니던 아이가 자퇴서를 쓰고 강남의 비인가 국제학교로 옮기는 모습을 보며 아이 교육에 대해 확고한 기준을 갖고 있는 부모들의 결단이 놀랍기도 또 부럽기도 했다. 아이들 교육에 있어서는 어떤 것 하나가 정답일 수 없다. 아이의 특성과 상황, 필요에 따라 교육 기관을 선택하는 기준은 얼마든지 달라질 수 있다.

영어유치원은 미취학 연령의 어린이들이 유치원 개념으로 다니는 영어 몰입교육 기관으로, 하루 6시간 이상을 원어민 및 이중 언어 교사들과 보내게 된다. 같은 영어유치원이지만 교육 과정에 따라 학습식 또는 놀이식으로 분류되는데, 과거에는 영어 기능 자체에만 초점을 맞추는 학습식 영어유치원이 주류를 이루었다면 최근에는 프로젝트, 놀이, 탐구 수업을 적용하는 다양한 형태의 영어유치원들이 등장하고 있다. 보통 만 4세부터 7세까지의 정규반과 특별 활동 또는 초등 저학년을 대상으로 하는 오후반으로 나뉘어 운영된다. 가장 흔하고 접근이 쉬운 영어 몰입교육 기관이다.

부분 영어 몰입교육

이 외에도 어린 학습자들이 재미있게 영어 수업을 들을 수 있는 다양한 형태의 부분 몰입교육이 있다. 긴 시간을 보내는 풀타임 형태는 아니지만, 문화센터 등을 통해 주 1, 2회 놀이식 영어 수업을 듣는 것도 영어 몰입 환경을 경험할 수 있는 좋은 기회가 된다. 일반 유치원에서도 방과 후 수업으로 예체능과 영어를 접목한 특별 수업이 진행되는데, 아이들이 익숙하고 편한 공간에서 흥미 위주의 영어 수업을 받을 수 있다는 장점이 있다.

유아를 대상으로 한 영어 콘텐츠 회사들도 자신들의 교재를 구입하는 회원들을 대상으로 영어 몰입 수업 서비스를 제공한다. 주 1회 또는 2회, 30분 수업으로 노출 시간이 길지 않지만 영어에 대한 첫 경험으로써 재미를 느끼고 흥미를 갖게 하는 목적으로는 부족함이 없다. 긴 시간을 들이지 않고 부분적으로 진행되는 몰입 수업의 가장 큰 목표는 영어에 대한 호감을 쌓는 것이다.

　아이의 성향에 따라 과목 선택에 신중해야 하지만, 실패가 거의 없는 수업 중 하나가 영어 음악 수업이다. 영어 동요는 아이들 눈높이의 가사를 담고 있고, 리듬과 운율로 자연스러운 발화를 유도해 영어 말하기에 대한 부담을 줄여 준다. 게다가 율동을 통해 가사를 몸으로 표현할 수 있어 유아들이 영어를 직관적으로 이해하기 쉽다. 이 외에도 다양한 활동을 통해 자연스러운 영어 습득이 가능한 미술, 체육, 요리, 스토리텔링 등이 첫 영어 몰입 환경으로 적당한 수업들이다.

유아 영어교육의 핵심 '놀이'

××××× ●● ×××××

영어유치원 원장 시절 수많은 학부모들과 상담을 하면서 남다른 기운을 풍기는 학부모를 만날 때면 먼저 유아교육 전공자인지, 영어 전공자인지를 조심스럽게 확인하곤 했다. 유독 많았던 직업군은 영어 강사였는데, 이들은 조기 영어교육의 필요성을 누구보다 잘 아는 전문가이지만 영어를 잘하고 잘 가르치는 것과 자기 자식을 잘 가르치는 것은 별개라는 점을 쿨하게 인정한다. 그리고 아이의 첫 영어를 어떻게 시작해야 할지 모르겠다는 겸손한 고백을 한다. 전문가들은 오히려 자신의 아이 영어교육 상담에서는 한껏 자세를 낮춘다.

앞서 언급했지만, 유아 영어교육은 영어뿐 아니라 유아에 대해서도 잘 알아야 한다는 조건이 하나 더 붙기에 일반적인 영어교육보다 훨씬 전문적인 분야이다. 아이들을 대상으로 하는 영어 수업은 특별하다. 불쑥 내미는 코딱지, 자기가 잘못했을 때 더 크게 터지는 울음보, 갑자기 생각난 엄마의 생일… 아이들을 가르치는 교실의 상황은 늘 예측 불허이다. 우주만큼 오묘한 아이들을 한 문장으로 정의 내리고 거기에 딱 맞는 교수법을 제시하는 건 무리겠지만, 아이들에게 영어를 가르치고자 한다면 적어도 유아들에 대한 이해를 기반으로 수업을 준비하고 진행하여야 한다.

한국에서 가장 유명한 노래 중 하나는 뽀로로의 테마송이다. "노는 게 제일 좋아"를 외치며 캐릭터들은 놀면서 배우고, 갈등하고 해결하는 방법을 터득한다. 어른들에게 놀이는 쉬어 가는 시간이지만, 아이들에게 놀이는 삶이고 일상이다. 그게 뭐든지 놀이가 되는 순간 아이들은 집중하고 몰입한다. 모두가 놀이의 중요성을 너무 잘 알기에 아이들 교육과 관련된 프로그램에는 여기저기 놀이라는 단어가 참 많이 붙는다. 놀이 학교, 놀이 수학, 레고 놀이 등등이 그렇다. 목적이 없어야 하는 놀이 앞뒤에 목적 가득한 단어들이 붙었다는 것 자체가 모순이지만, 그만큼 놀이는 아이들이 무언가를 배우는 행위에 강력한 에너지원이 된다. '영어 놀이'라는 말 자체가 모순 가득한 단어인 동시에, 놀이에 영어 학습을 얹어갈 수 있는 완벽한 조합의 단어가 된다.

언제부터인가 영어유치원도 놀이식과 학습식으로 나뉘어 불리고 있다. 이름 자체가 주는 이미지대로 놀이식 영어유치원은 학습적인 스트레스가 덜한 곳이다. 실제로 아이들이 놀면서 배우고 있는지 확인은 어렵지만, 부모들에게는 아이들이 놀듯이 다니며 영어를 배울 수 있는 곳으로 인식된다. 반면 학습식 영어유치원은 영어로 듣고 말하고 읽고 쓰기를 가르치는 것을 목표로 언어기능적인 면을 더욱 강조한다. 그래서 숙제도 많고 시험도 있다. 누가 부정적인 기운이 물씬 풍기는 학습식 영어유치원을 선택하겠나 싶지만 4, 5세 때 놀이식 영어유치원을 찾아 헤매던 부모들은 6, 7세가되면 학습식 영어유치원으로 옮기는 것을 당연한 순서로 생각한다. 멀리서 보면 똑같은 코흘리개 아가들이지만 그 세계 안쪽의 부모들 눈에 6, 7세는 이제 공부를 좀 시작할 나이인 것이다. 나중에 그 방향이 어떻게 바뀌든 영어 첫 단추를 놀이로 끼우는 것은 최선의 선택이다. 당연히 아무 데나 놀이라는 타이틀을 붙일 수는 없다. 영어 놀이가 되기 위해서는 최소한의 환경이 갖춰져야 한다.

영어 놀이의 목적 기억하기

우선 '영어'라는 목적성을 유지해야 한다. 영어 놀이에 활용되는 콘텐츠가 아이들이 놀이하는 데 적합한지, 충분히 좋은 내용으로 영어 습득이라는 목적에 맞는지를 확인해야 한다. 아이가 거부하지 않고 관심을 보인다면 책과 노래, 영상 등 다양한 매체를 통해 꾸준히 노출시켜 주는 것이 중요하다. 또한 아무리 좋은 콘텐츠가 있어도 그 내용을 전달하는 교사의 영어 실력이 부족하면 아쉬움이 남는다. 수업 중이라도 아이들은 자기 편한 대로 한국말로 대답하고 질문한다. 어떤 돌발 질문에도 영어로 대응할 수 있는 정도의 유창성은 영어 놀이 수업을 진행하는 교사가 갖추어야 할 기본 자질이다. 최근에는 영어 학습의 목적을 의사소통적인 면에 두면서 발음을 강조하는 경향이 약해졌지만, 예전에는 R과 L 발음을 제대로 구분하는지가 영어 실력의 기준이 되기도 했다. 물론 영어 발음마저 좋다면 금상첨화겠지만, 발음보다 더 중요한 것은 영어 놀이 수업의 목적을 명확히 이해하고 그 목표에 맞춰 수업을 진행할 수 있는 능력이다.

또한 '놀이'라는 목적에도 충실해야 한다. 놀이의 기본인 재미와 흥미, 호기심이 수업 내내 유지되어야 한다는 의미이다. 흔히들 공부를 잘하려면 동기 부여가 필요하다고 말한다. 청소년 또는 어른들을 움직이는 것은 외부적인 동기이다. 부모님에게 칭찬을 받기 위해서 또는 좋은 학교에 진학하거나 좋은 직장에 취직하기 위해서 하는 영어 공부가 여기에 해당한다. 안타깝게도 유아들에게는 이런 외부 동기가 전혀 먹히지 않는다. 대신 아이들은 철저하게 내부적인 동기로만 움직인다. 자기들의 기준에서 재미있고 흥미로워야 쳐다봐 주고 참여한다. 어린아이들이 무언가를 위해 억지로 참고 하는 경우는 거의 없다. 수업이 재미없으면 아이들은 바로 외면한다. 교사가 수업 준비에 아무리 공을 들였어도, 아이들 기준에 맞지 않으면 바로 "선생님, 재미없어요"라는 말이 여기저기서 터져 나온다. 얼마나 까다로운 고객들인지 두세 번 재탕하면 바로 질타가 쏟아진다. "그거 지난번에 했잖아요!"

한번은 유명 국제학교의 유치부 음악 수업을 참관할 기회가 있었다. 국내 유수의 대학을 졸업하고 해외 유명 학교에서 성악을 전공한 선생님이 피아노 앞에 우아하게 앉아 수업을 진행하셨다. 그런데 선생님의 멋진 기량으로 선보인 두 번째 노래가 채 끝나기도 전에 12명의 아이들은 각자 교실 바닥에 나뒹굴고 있었다. 그 누구보다 화려한 경력의 음악 교사였지만 아이들의 내부적 동기를 만족시킬 만큼 매력 있는 수업을 진행하지는 못했던 것이다. 미국 유치원에서도 비슷한 경험이 있다. 내가 인턴 교사로 일했던 미국 몬테소리 학교에서는 레게 머리에 기타를 든 멋진 뮤지션이 일주일에 두 번씩 학교를 방문하여 음악 수업을 진행했다. 음악이나 미술 같은 특별 수업들은 종종 외부 강사가 맡기도 하는데, 지역 사회에서 꽤 지명도 있는 가수였는지 교장 선생님은 이 분을 한 학기 동안 음악 선생님으로 모시게 된 걸 몹시 자랑스러워 하셨다. 그런데 이 유명한 가수 선생님은 아이들을 앉혀 놓고 자기만의 소울에 취해서 쉬지 않고 기타를 치며 수업 시간 내내 노래만 불러 젖혔고 다섯 살 아이들이 보인 반응은 정직했다. 이 두 선생님은 유창한 언어에 음악적으로 훌륭한 재능과 지식, 커리어를 갖고 있었지만 아이들의 내부적인 동기를 자극하는 데는 실패했다. 아이들의 특성을 제대로 이해하지 못했기 때문이다.

스트레스는 영어의 적

아이들은 놀이에 예민하다. 엄마들은 이왕 TV 보는 거, 영어 영상을 보여 주면 좋겠다 싶어 은근슬쩍 영어 영상을 틀어 놓지만 아이들은 귀신같이 그 의도를 알아채고 "영어 말 말고!"를 외친다. 아이들은 자신들이 좋아하는 놀이가 침해당했다는 것을 빠르게 눈치챈다. 스스로 좋아서 참여한 것이 아니라 '억지로'가 되어 버린 상황이라면 아이들의 강력한 습득 기능은 제대로 발휘되지 않는다. 유명한 언어학자 크라센은 학습자의 정서적인 상황에 따라 언어 습득이 쉬워질 수도 어려워질 수도 있다는 감정 여과설Affective filter을 주장했다. 여기에 등장하는 필터filter는 자신감, 호기심, 스트레스, 불안, 긴장 같은 정의적 요소들에 의해 얇아지기도 두꺼워지기도 하면서 언어 습득에 영향을 미친다. 싫은데 억지로 하는 스트레스 가득한 상황 속에서는 당연히 그 막이 두꺼워지면서 언어 습득을 방해한다. 모든 배움이 같겠지만, 특히 자기를 표현하는 연습이 필요한 영어교육에서는 학습자들이 주눅들거나 심리적으로 부담을 느끼지 않도록 편안한 분위기를 조성하는 것이 무엇보다 중요하다. 아이들이 심리적으로 편안한 상태에서 혼자 집중해서 놀이할 때 자연스럽게 나오는 것은 '혼잣말'이다. 영어가 충분히 흡수되었다면 이 혼잣말은 영어로도 나타날 수 있다. 혹시 아이가 놀이하며 영어로 혼잣말을 시작했다면 모국어를 배우듯이 제대로 영어를 배우고 있다는 증거이다. 이 혼잣말이 대화가 될 수 있도록 상대가 되어 주는 것이 영어 놀이 수업 중 교사의 역할이 된다.

반복으로 완성하기

놀이가 놀이로 끝나지 않고 영어 습득으로 이어지기 위해서는 반복이 필요하다. 반복은 새로운 언어를 배울 때 가장 중요한 학습 방법 중 하나이다. 인지 발달이 완전하지 않은 아이들이 한 번에 척 배우는 경우는 드물다. 스스로 하는 예습이나 복습은 더더욱 기대하기 어렵다. 게다가 하루의 컨디션에 따라 수업에 아예 참여하지 않는 경우도 허다하다. 무조건 교실 내에서 여러 번 반복되는 소리 노출이 필수다. 영어 노래를 하나 배울 때에도 수차례 반복해야 익숙해지고 자신 있게 따라 부른다.

나이가 어릴수록 반복에 대한 저항은 작다. 같은 주제로 5세부터 7세까지 수업을 진행하다 보면 연령 차가 확연히 드러난다. 5세들은 자기들이 좋아하는 활동일 경우 대여섯 번까지 반복해도 신나게 참여한다. 반면 7세들은 두 번만 반복해도 같은 내용임을 지적한다. 7세들에게는 단순 반복을 적용하기 어려우며, 적절한 시간 차와 지루하지 않게 반복하는 기술이 필요하다. 이를 전문적인 용어로 창의적 반복Creative repetition이라고 한다. 만약 같은 노래를 여러 번 반복해서 배우더라도 노래 외의 다른 요소들을 살짝 바꿔준다면 아이들은 지루하다고 느끼지 않는다. 예를 들어 처음에는 노래만 부르고, 두 번째는 율동을 가미해서, 세 번째는 교구를 들고 같은 노래를 반복하는 식이다. 아이들은 활동 자체에 흥미를 느끼면서 같은 노래가 여러 번 반복되고 있다는 것을 의식하지 못하고 노래 가사를 습득하게 된다.

영어 학습을 목적으로 한 놀이 수업은 아동 발달에 근거하여 체계적으로 이루어져야 한다. 소품 같은 단기적 재미 요소로 그때그때 짧은 흥미에만 초점을 두고 진행하는 수업은 수업의 질을 떨어뜨리고 교사들을 지치게 만든다. 아이들 안에는 이미 창의적인 놀이 방법들이 잠재되어 있으며, 장소와 도구에 관계없이 놀이를 만들어 낸다. 그 잠재된 능력을 끌어내 주는 것이 교사와 부모의 역할이다. 아이들이 영어로 놀 수 있도록 환경만 만들어 준다면 놀이가 삶인 아이들은 영어를 따로 배우기 위해 애쓰지 않아도 저절로 습득한다.

03

변화하는 영어교육 패러다임

코로나바이러스가 우리 삶에 가져온 수많은 변화 가운데 가장 획기적인 것은 교육 분야에서였다. 초기의 시행착오를 가뿐히 넘기고 비대면 수업은 불과 1년 만에 자연스럽게 우리 생활에 안착해 버렸다. 4차 산업 혁명과 맞물려 교육 현장이 바뀌게 될 거라는 예상은 누구나 했지만, 그 속도가 이렇게까지 빠르리라고는 누구도 생각하지 못했다. 코로나 덕분에 앞으로도 십수 년은 더 걸렸을 교육의 패러다임 교체가 이 짧은 시간 안에 이루어질 수 있었다. 늘 그랬듯이 위기 속에서 기회는 만들어진다. 코로나가 아니었다면 보수적인 교육 업계가 스스로 나서서 이렇게까지 대대적으로 새롭게 판을 짜는 일은 불가능했을 것이다.

학부모들은 아이가 학원에 가지 못하는 상황을 초조해했지만, 집에서 영어를 배울 수 있는 기회는 코로나 이후 오히려 다양해졌다. 인터넷 검색창에 유아 영어교육과 관련된 단어를 입력하면 수백 수

천 가지 영상이 뜨고, 심지어 무료로 시청이 가능하다. 유튜브 덕분에 콘텐츠 팽창에 가속도가 붙었고, 영상 보는 것을 좋아하는 아이들 특성상 큰 노력 없이도 가정 내에서 자연스러운 영어 노출 환경이 만들어지게 되었다. 거기에 언어의 완성 단계인 '상호 작용'을 돕는 최첨단 기술이 끊임없이 개발되면서 굳이 학원에서 선생님을 만나 수업을 받지 않아도 충분히 영어를 배울 수 있는 기회들이 생겨났다.

영어교육 시장의 패러다임 변화는 시청각 교재에 활용된 기술의 역사와 일치한다. 1세대 기술은 카세트테이프였다. 테이프에 녹음된 영어 지문을 듣거나, 팝송 가사를 번역해 주는 성우의 목소리를 들으며 처음으로 문자가 아닌 음성으로 영어 학습에 접근하게 되었다. 다음은 소리와 영상을 함께 볼 수 있는 동영상 강의의 등장이다. 이후 DVD와 CD가 나오면서 시간에 맞춰 텔레비전 앞에 앉아 있을 필요 없이 비디오 또는 컴퓨터를 통해 원하는 수업을 원하는 시간에 듣고 볼 수 있는 본격적인 시청각 영어교육의 장이 열리게 되었다. 그리고 유아 영어교육에 있어 획기적인 발명품인 소리펜이 등장했다. 특수 종이에 글자를 인쇄하고, 글자 위에 음원을 입혀 펜과 반응하도록 만든 이 기술은 책이라는 문자언어 중심의 영어 학습을 음성언어 영역으로 넓혀 주었다. 누가 읽어 주지 않아도 아이들은 스스로 책을 열고, 읽고 싶은 글자를 펜으로 찍어 소리와 문자, 그림을 매칭시키며 영어 읽기에 능동적으로 참여할 수 있게 되었다. 이 작은 장치에 녹음 기능, 마이크 기능, 영상 재생 기능까지 추가되면서 소리펜은 아이를 키우는 엄마들에게 없어서는 안 될 필수 아이템이 되었다. 소리펜의 인기가 시들해진 데는 태블릿 PC 보급과 다양한 앱을 통한 디지털 콘텐츠 개발의 영향이 컸다. 단순히 보고 듣는 것에 그치지 않고 AR 및 VR 기술로 오감을 활용해 영어를 배울 수 있는 콘텐츠들이 쏟아져 나오기 시작했다. 학습자들은 일방적으로 듣기만 했던 영어 수업에서 벗어나 직접 게임에 참여하는 방식으로 좀 더 능동적인 역할을 담당하게 되었다.

기술 발전으로 다양한 매체들이 영어교육에 적용됐지만, 무엇보다 중요한 상호 작용을 해 줄 대화 상대가 없다는 점은 여전히 아쉬움으로 남아있었다. 이러한 니즈에 따라, 사람 대신 맞춤 대화 상대가 되어 줄 AI 개발이 한창 속도를 내고 있을 때 코로나 사태가 터졌고, 재빠르게 비대면 교육 환경이 갖춰지면서 지구 반대편에 있는 원어민 강사들과 대화할 수 있는 온라인 화상 영어 수업이 대안으로 부상하였다. 언젠가는 AI 인공지능을 탑재한 로봇이 원어민 교사를 대체해 완벽한 의사소통으로 영어 수업을 진행해 낼 거라는 건 누구나 예측할 수 있는 사실이다.

자신이 잘 모르는 미지의 세계에 발을 들일 때의 스트레스는 누구나 피하고 싶어한다. 그래서 부모는 대개 자신이 직접 경험했거나 잘 아는 교육 방법으로 자녀들을 가르치기를 원한다. 하지만 세상은 너무 빠른 속도로 변화하고, 코로나는 남아 있던 미련의 싹마저 가차 없이 뽑아 버렸다. 피할 수 없다면 부딪혀야 한다. 더 이상 자신들에게 익숙한 방법으로 자녀 세대를 교육 할 수 없다는 사실을 인정하고 새로운 세계에 대한 이해와 발 빠른 태세 전환이 필요하다.

거실에서 만나는 영어 콘텐츠

오랜 시간 나의 직업이었던 영어유치원 원장직을 잠시 접어 두고, 어린이 영어교육 콘텐츠 회사에 입사한 지 1년이 채 안 되었을 때 코로나 사태가 벌어졌다. 잘나가던 영어유치원들의 폐업 소식이 여기저기서 들려왔고, 어떻게든 버티고 있는 원장님들의 고충은 이만 저만이 아니었다. 코로나라는 쓰나미에 정면으로 맞서야 하는 사교육 업계는 패닉에 빠졌다. 이 시련이 빨리 지나가 주기만을 기다리는 소규모 학원들과 다르게 기업들은 적극적으로 위기 대처에 나섰다. 교육자들은 엄두도 못 낼 다양한 아이디어들이 쏟아져 나왔다. 유아들을 대상으로 하는 콘텐츠 회사들은 영상 사업의 저변을 확대하고, 오프라인 수업을 비대면 수업으로 전환해 불안한 부모들에게 선택의 폭을 넓혀 주었다.

코로나로 아이들이 집에 머무는 시간이 길어지자, 대기업들은 앞다투어 유아 영어교육의 노하우와 기술을 축적해 놓은 중소 기업과의 제휴를 추진했다. 이처럼 평판 좋은 교육 콘텐츠 확보에 발 벗고 나선 결과, 아이들을 영어 학원에 보내지 못해 불안해하는 고객들의 니즈를 충족시키며 매출을 큰 폭으로 증가시켰다. 위기를 통해 영상 콘텐츠의 퀄리티를 높이고 VOD 콘텐츠 사업의 기반을 확고히 다지게 된 것이다. 영어유치원 원장, 학원장들이 학부모 눈치만 보며 한 주 한 주 커져가는 손해를 계산기로 두들기는 동안 사업가들은 최악의 상황 속에서도 새로운 비즈니스 모델을 만들고 더 많은 수익을 창출해 냈다. 그 덕분에 소비자들은 퀄리티 높은 다양한 영어 콘텐츠를 거실에서 쉽게 만날 수 있게 되었다.

콘텐츠를 활용한 거꾸로 학습, 플립 러닝

사실 코로나 사태 이전부터 정통 주입식 수업에는 이미 변화가 일고 있었다. 교사가 아이들을 앉혀 놓고 기본 개념부터 가르치고 이해시키는 대신, 학생들이 온라인 매체를 통해 기본 컨셉을 공부해 온 다음 교실에서는 스스로가 깨우친 내용을 확장하고 심화하는 플립 러닝Flipped learning도 그 변화 중 하나이다.

'거꾸로 학습'으로 번역되는 플립 러닝에서는 학생들이 교실에서 교사를 만나기 전에 다양한 시청각 교재로 미리 기본 내용을 이해하는 것이 핵심이다. 쉽게 말하면 기술을 활용해 예습을 할 수 있는 환경을 갖춰 줌으로써 실제 수업 시간은 좀 더 효율적으로 활용할 수 있게 된다. 전통적인 교실 안에서는 교사가 아이들에게 개념을 설명하고 이해시키는 데 너무 많은 시간을 할애해 왔다. 게다가 여러 아이들에게 같은 설명을 하다 보니, 제각각인 아이들의 수준을 맞출 수도 없었다. 정해진 시간에 정해진 양의 지식 전달에만 초점을 두다 보니, 정작 아이들이 이해했는지 확인하고 배운 지식을 확장하는 가장 중요한 부분은 생략되기 일쑤였다. 미국의 한 고등학교 교사가 운동부 학생들의 부족한 수업 시간을 보충해 주기 위해 시도하면서 처음 등장한 플립 러닝은 곧 일반 학생들을 대상으로도 운영되었고, 학습 환경 개선에 탁월한 효과가 있다는 것이 입증되었다.

플립 러닝에서는 아이들이 혼자서도 스스로 개념 공부를 할 수 있는, 즉 교사를 대체할 수 있는 다양한 시청각 교재가 관건이다. 코로나 사태로 다양한 영상물과 학습 게임 등의 디지털 콘텐츠가 양적으로도 질적으로도 급격히 풍성해졌고, 이러한 변화는 플립 러닝이 그 효과를 충분히 발휘할 수 있는 환경을 만들어 주었다. 잉글리시에그, 디즈니, 튼튼영어 같은 유아 영어 전집 회사들은 단순히 콘텐츠 판매에 그치지 않고, 오프라인 센터에서 아이들이 교사들과 직접 만나 수업하는 것을 권장한다. 아이들은 집에서 영상이나 책, 소리펜 등을 통해 콘텐츠에 충분히 노출된 상태로 수업을 받는다. 이때 이미 알고 있는 내용을 재미있는 놀이로 확장시키며 교사와 상호 작용하는 시간을 갖게 되므로 짧은 시간 안에 자연 발화 효과를 볼 수 있다. 코로나와 함께 급부상한 화상 영어 수업에서도 학생들은 수업을 시작하기 전에 미리 디지털 콘텐츠로 개념 정리를 해야 한다. 전통적인 교실에서는 교사와 만나는 수업 자체가 중요하지만 플립 러닝 시스템인 온라인 학습에서는 수업 전 예습이 중요하다. 아이가 온라인 수업을 한다면 시간 맞춰 컴퓨터 앞에 앉는 것보다 수업에 필요한 사전 과제를 완수하는 것이 더 중요하다는 사실을 알아야 한다.

기술과 사람의 컬래버레이션, 화상 수업

인공지능을 활용한 쌍방향 대화의 노력은 이미 오래 전부터 시도되어 왔다. 요즘에는 핸드폰은 물론이고 청소기, 램프에도 인공지능이 탑재되어 간단한 대화가 가능하다. 우리 집 로봇 청소기는 가끔 텔레비전과 대화를 시도해 나를 놀라게 한다. 공항에서 우연히 마주친 말하는 로봇이 신기해 괜히 주변을 얼쩡거리다 말을 걸어 본 적이 있다. 웃는 얼굴을 한 이 로봇은 처음엔 엉뚱한 대답을 하더니 세 번째 시도만에 결국은 나의 질문을 알아듣고 환전소 위치를 친절하게 설명해 주었다. 영어 챗봇과 시범 수업을 진행한 한 초등학생이 대화가 될 듯 말 듯 애매한 경계를 경험 후 "로봇과 대화는 할 수 있는데 스트레스로 병에 걸릴 수 있다"라는 피드백을 해 주었다.

우리는 수천 년을 이어 온 사람과의 대면 수업이 인공지능과의 수업으로 바뀌기 바로 직전 과도기 단계에 와 있다. 컴퓨터에서 언어 모드를 바꾸듯 가정에서의 언어 모드를 영어로 손쉽게 전환시키고, 원어민 선생님과 하던 대화를 집에서 나의 개인 로봇과 하게 될 날이 멀지 않았다. 아마 머지않은 미래에는 아이들을 영어 환경에 노출시키기 위해 굳이 유학을 보내거나 영어유치원에 보낼 필요도 없어지게 될 것이다.

기술과 사람의 능력이 어우러진 온라인 화상 수업은 대표적인 과도기적 수업 형태다. 한 중국 여성 CEO는 어렸을 때부터 뛰어난 영어 실력으로 고등학교도 중퇴하고 열심히 영어 과외를 했다. 그러던 중 원어민 영어 수업에 대한 중국 부모들의 열망을 알아채고 미국에 거주하는 원어민 교사와 중국에 살고 있는 학생들을 화상으로 연결시키는 사업을 시작했다. 전화가 아닌 화상으로 북미 국가 선생님들과 직접 얼굴을 보고 대화한다는 업그레이드된 아이디어는 중국에서 대박 아이템이 되었다.

현재는 전 세계 곳곳에서 다양한 형태의 온라인 영어 학습 프로그램들이 속속 등장하고 있다. 아이들은 온라인에 접속해 첨삭이 가능한 화면과 교사의 얼굴을 동시에 보며 일대일 또는 일대다 과외 형식으로 영어 수업을 받는다. 녹화된 영상을 보면서 공부하는 수동적인 인터넷 강의의 한계를 넘어선 쌍방향 온라인 영어교육의 등장이다. 이 사업의 핵심은 콘텐츠, 플랫폼, 교사이다. 좋은 콘텐츠를 구현해 낼 수 있는 플랫폼이 있고, 컴퓨터 앞에 앉아 가르칠 수 있는 좋은 교사만 있으면 된다. 미국이나 캐나다의 자격증을 가진 교사들은 한국에서 특히 몸값이 높은데, 그들도 코로나로 인한 수업 공백이 생기면서 온라인 수업으로 대거 유입되었다. 자신의 집에서 원하는 시간에 접속해 지구 반대편 아이들을 가르치고 돈을 버는 일은 충분히 매력적이다. 덕분에 학생들은 자격을 갖춘 좋은 교사들을 온라인 영어 수업에서 쉽게 만날 수 있게 되었다. 학생과 교사 양쪽의 니즈를 정확히 반영한 사업 모델이다.

영어유치원에서 원어민 교사 한 명을 채용하기 위해 들이는 시간과 정성, 비용은 어마어마하다. 에이전시를 통해 후보를 선발했다면 제일 먼저 넘어야 할 산은 비자 수속이다. 우리나라 공공 기관 가운데 가장 빡빡하게 일하는 곳이 출입국 관리 사무소라, 작은 실수 하나에도 비자 발급은 가차없이 거부당한다. 첫 번째 서류 작업에 문제가 생기면 아무리 잘 보완해 가도 두 번째 세 번째는 더 힘들어지는 것이 비자 업무이다. 외국인 교사 후보자와 국제 소포로 여러 차례 서류를 주고받고, 비행기 표까지 구입해 간신히 입국을 하고도 외국인 등록 절차를 거쳐야 한다. 끝도 없을 것 같은 서류 작업이 긴장 속에서 진행된다. 원어민 교사들이 받는 월급은 230만 원에서 300만 원 선이다. 여기에 1인당 100만 원이 훌쩍 넘는 에이전시 비용이 추가되고, 살림살이를 모두 갖춘 집도 제공해야 한다. 계약에 따라 돌아갈 비행기 표까지 사 주어야 한다. 작은 규모의 학원이라면 원어민 교사 한 명을 고용하는 것도 큰 부담일 수밖에 없다. 영어유치원 지출의 대부분은 원어민 고용 유지에 쓰인다고 해도 틀린 말이 아니다. 사실 고용주뿐 아니라 교사들 입장에서도 타국으로의 이주는 모험일 수밖에 없다. 그런데 간단히 내 방 책상에서 컴퓨터를 켜 아이를 가르치고 돈을 벌 수 있다면 도전하지 않을 이유가 없다. 이 획기적인 화상 수업은 양쪽 모두의 수고와 어려움을 한 번에 해결해 버렸다.

비교적 채용이 수월한 교포 선생님들도 있지만, 학부모들은 여전히 전형적인 외국인 얼굴의 원어민 선생님을 선호한다. 다들 대놓고 말하기는 꺼리지만, 여전히 미국이나 캐나다의 백인 여자 선생님을 좋아한다. 철저히 비즈니스 마인드로 젊고 예쁜 북미권 백인 교사를 뽑을 것이냐, 인종과 나이에 상관없이 잘 가르칠 수 있는 교육자를 우선 선발할 것이냐 하는 고민은 온라인에서도 크게 다르지 않다. 국적과 피부를 떠나 온라인 학습에서 가장 중요한 것은 교사들의 온라인 수업 능력teaching skill이다. 대면 수업과 다르게, 짧은 시간 동안 좁은 화면 속에서 효과적으로 가르치려면 온라인 수업에 특화된 기술이 필요하다. 아이들의 관심을 끌기 위한 효과적인 손동작 및 교구를 적절히 활용해 가며 30분 내외의 수업을 알차게 꾸려 나갈 수 있는 경험치와 능력이 필요하다.

학원과 달리 온라인 교실에서는 부모들이 교사를 선택할 수 있게 되면서 여러 가지 부작용도 함께 생겨났다. 자동으로 배정된 선생님을 그대로 수용하는 학부모들도 있지만, 교사들이 올린 프로필 사진과 소개 동영상을 보고 외모부터 목소리 톤까지 체크하면서 매번 강사를 선택하는 학부모도 있다. 원하는 강사 배정에 실패하고 콜센터로 불만 전화를 걸어 온 한 학부모는 배정된 강사가 마음에 들지 않는 이유를 묻자 "백인 선생님을 원했는데 흑인 선생님에

다 허스키한 목소리까지 마음에 안 든다"라는 답변을 했다. 해당 선생님은 경력 10년 차의 평판이 가장 좋은 선생님들 중 한 분이었다. 우리 스스로가 인종 차별에서 자유로울 수 없는 아시아인임에도 불구하고 온라인 수업에서는 대놓고 인종 차별이 일어난다. 같은 북미 국가의 선생님이라고 해도 흑인, 아시아인, 중남미 쪽 선생님은 선호하지 않는다. 또한 나이가 많은 교사보다는 젊고 예쁜 교사들이 인기다. 우리는 온라인 교사의 기준을 미인 대회와 동일시하는 실수를 저지르지 않아야 한다. 좋은 교사의 기준은 아이들의 눈높이에서 신나고 즐겁게 수업을 이끌 수 있는 교사의 경험치와 수업 운영 능력이다.

보통 온라인 수업이 진행되는 '집'이라는 공간은 장점인 동시에 단점이 되기도 한다. 온라인 수업은 녹화되어 문제 발생 시 전체 상황을 돌려 볼 수 있는데, 수업 규칙을 어기거나 비매너 등으로 경고가 누적된 교사들에게는 계약 파기라는 강력한 조치가 취해진다. 반면 고객인 학생 측 상황은 제어가 쉽지 않다. 수업 중 계속 음식을 먹는 아이, 화장실에 가서 돌아오지 않는 아이, 심지어 화면 안으로 뛰어든 동생과 수업을 함께 받는 경우도 있다. 한번은 수업 시간 중 너무 산만했던 여섯 살 아이가 옷을 모두 벗어 던지는 바람에 교사가 수업을 강제 종료한 경우도 있었다. 어린아이가 온라인 수업을 받는 경우라면 수업 매너와 돌발 상황에 도움을 줄 어른의 존재가 꼭 필요하다.

환경 오염과 기후 변화가 바이러스 출현의 근본적인 이유라고 하니 매번 더 강력하고 지속적인 바이러스의 출몰은 인류의 숙명이다. 상황이 이렇다면 코로나 때문에 잠깐 임시 대책으로 온라인 수업을 한다는 생각은 버리는 게 좋다. 시간과 장소에 구애받지 않는 비대면 온라인 수업은 이제 우리 아이들 교육에 있어 필수라는 생각으로, 제대로 된 가이드를 가지고 첫 단추를 끼우는 것이 좋다.

연령: 온라인 수업은 적어도 6세 이상의 아이들에게 추천하고 싶다. 어릴수록 작은 화면에 긴 시간을 집중하는 일이 쉽지 않다. 더 어린 아이들에게 온라인 교육을 시도하는 경우라면 화면 속 교사 외에 실제 아이들 옆에서 보조해 줄 누군가가 필요하다.

장비: 아이들이 작은 핸드폰을 들여다 보고 있는 것 자체가 불편하다면 핸드폰보다는 시원한 사이즈의 컴퓨터나 텔레비전 모니터를 추천한다. 온라인 수업이 진행되는 동안 수업에 활용되는 그리기, 지우기, 선 긋기, 녹음하기 등의 기능은 첫 수업 전 아이들과 충분히 연습하는 시간을 갖는 것이 좋다.

강사: 우리나라에서 영어를 가르칠 수 있도록 허가받은 국적은 미국, 영국, 캐나다, 아일랜드, 호주, 뉴질랜드, 남아프리카공화국

총 7개국이다. 일단 한국에서 영어권으로 인정하고 있는 국가가 이들 일곱 개 나라이기 때문에 온라인 강사도 국적을 확인할 필요가 있다. 단, 남아프리카공화국 강사의 경우 영어가 모국어가 아닐 수 있으므로 추가적으로 확인이 필요하다. 집중력이 짧은 아이들의 눈길을 끌기 위해서는 흥미로운 콘텐츠와 지루하지 않은 흐름, 그리고 교사의 수업 능력이 중요하다. 베테랑 교사들은 손 인형이나 그림카드, 소리가 나는 교구들을 적절히 활용해 가며 아이들의 집중력을 높인다. 교사의 목소리나 톤, 표정, 몸짓 또한 온라인상에서는 중요한 교수법이 된다.

예습: 온라인 수업에서는 20~30분이라는 짧은 시간 안에 모든 개념과 설명을 하나하나 짚어 가며 가르칠 수 없다. 온라인 수업의 성공 여부를 가르는 것은 수업 시간 외에 스스로 하는 예습과 복습이다. 수업을 진행하기 위해서 사전에 공부하고 와야 하는 예습 분량이 있다. 이 과정이 생략된 채 수업 시간이 다 되어서야 부랴부랴 컴퓨터 앞에 앉는다면 수업 효과를 제대로 기대할 수 없다. 온라인 영어 수업은 앞에서 언급한 플립 러닝의 결정체이다. 본 수업 만큼이나 중요한 것은 개념을 알고 오는 예습이므로, 아이들이 미리 콘텐츠를 이해하고 온라인 수업에 임할 수 있도록 부모의 적극적인 도움이 필요하다.

등원 시간에 맞춰 노란색 학원 버스에 아이를 태워 보내는 일은 부모들에게 가장 편하고 익숙한 방법이지만 이제는 그럴 수도, 그럴 필요도 없는 세상이 되어 버렸다. 바이러스와의 동거와 기술의 눈부신 발전은 세상을 완전히 바꿔 버렸고, 우리 아이의 영어교육도 이 새로운 판에 맞춰 다시 짜야 할 때가 되었다. 그렇다고 영어라는 좁은 목표 아래 아이들을 작은 화면 앞에 앉혀 두는 것이 최선의 방법이 될 수는 없다. 여전히 친구들과 어울리고 부대끼며 자연스럽게 영어를 배우고, 영어라는 매개체로 더 큰 세상을 배워 나가는 것이 유아기 영어교육의 핵심이다. 기술의 발달로 주어진 다양한 선택의 기회를 내 아이의 성향과 상황에 맞춰 똑똑하게 활용하는 것이 이 시대에 필요한 자세이다.

3장

유아 영어, 이렇게 시작해 봐요

글을 몰라도 읽을 수 있는 스토리텔링

× × × × × ●● × × × × ×

　스토리텔링은 스토리와 그림, 목소리, 동작을 모두 포함하는 유아 영어교육의 종합 선물세트 같은 존재다. 글자 위주로 전개되는 소리 내어 읽기read aloud와 다르게 스토리텔링은 말과 표정, 몸짓으로 이야기를 풀어내고 있어 아직 글을 읽지 못하는 아이들이 영어를 배우기에 효과적이다. 전문 스토리텔러가 되기 위해서는 더 많은 노력과 다양한 기술이 필요하지만, 일단 영어를 읽을 줄 알고 약간의 목소리 연기가 되면 누구든 할 수 있기에 진입 장벽이 낮은 교수법이기도 하다. 게다가 잘 고른 책 한 권을 듣기, 말하기, 읽기 학습에 골고루 활용할 수 있어 가성비 또한 매우 높다.

　스토리텔링의 또 다른 장점은 어떤 형태로든 다른 영역과의 융합이 가능하다는 점이다. 예를 들어 산수 문제인 3+5=8을 숫자로 접근하는 대신, "나영이는 사탕 3개를, 유진이는 사탕 5개를 가지고 있어요. 둘의 사탕을 합치면 몇 개가 될까요?"라는 이야기로 풀어

낼 수 있다. 거창하게 말하면 서술형 사고력 문제지만 기본은 스토리텔링이다. 아이들에게 개념을 이해시키는 데 스토리텔링만 한 것이 없다. 음악도 미술도 이야기가 가미되면 훨씬 쉽게 이해된다. 아이들에게 이어지는 소리 '레가토'와 끊어지는 소리 '스타카토'를 처음 가르칠 때도 스토리텔링을 활용하면 효과적이다. 새 한 마리가 하늘을 훨훨 날다가(레가토) 배가 고파 땅에 내려와서는 두 발로 콩콩 뛰어다니며(스타카토) 여기저기 먹이를 찾다가 땅속에 박혀 있는 벌레를 찾아 입에 물고 다시 하늘을 향해 훨훨 날아가(레가토) 둥지에서 잠든다는 아주 간단한 이야기로 어려운 음악 용어를 얼마든지 쉽게 설명해 낼 수 있다.

꼭 책을 이용하지 않더라도, 아이들의 흥미에 맞춰 즉흥적으로 떠오르는 이야기를 들려주는 것도 훌륭한 스토리텔링이 된다. 이야기는 전체적인 상황을 이해하도록 돕는다. 그래서 스토리텔링을 활용하면 좀 더 자연스럽게 영어를 배울 수 있다. 잘 짜인 이야기는 아이들에게 상황을 이해시키고 자신들의 경험과 연결시켜 영어를 체화하도록 돕는다. 아이들은 한 번쯤 경험해 봤거나, 자기에게도 일어날 수 있는 친근한 이야기에 감정을 이입하고 상상력을 키운다. 스토리텔링에 동참하는 순간 아이들은 듣고 이해할 뿐 아니라, 정교한 언어 사용의 좋은 예를 접하게 된다. 이런 장점들 때문에 유아들을 가르치는 현장에서 가장 많이 활용되고, 많은 전문가가 활동하는 영역이 스토리텔링이다.

이야기 정하기

스토리텔링의 기본은 좋은 이야기이다. 아이들이 이해하기 쉽고 줄거리가 뚜렷한 이야기를 선택해야 한다. 유아들에게 영어 학습을 목적으로 이야기를 들려줄 때에는 아이들이 실생활에서 접할 수 있는 구체적인 내용들이 좋다. 아이들이 자라나면서 점차 상상력이 가미된 이야기들로 그 내용이 확장되겠지만, 유아기에 처음 접하는 이야기는 추상적이고 복잡한 단어보다는 구체적이고 명확하여 동화 속 그림과 쉽게 연결되는 것이 좋다. 그리고 아이들을 집중하게 만들기 위해서는 감정을 이입할 수 있는 지점이 이야기 곳곳에 있어야 한다. 슬픈 이야기, 기쁜 이야기, 무서운 이야기처럼 아이들은 자신의 감정이 반영되는 이야기에 더욱 몰입한다.

영어 학습이라는 목적을 떼어놓고 보면, 부모가 아이를 위해 우리말로 된 동화책을 고르는 순서는 대체로 비슷하다. 먼저 아이들이 자신들의 생활에서 가깝게 만날 수 있는 일상 동화에서 출발해 사회성과 인성에 초점을 두는 인성 동화, 그 다음에는 상상력을 키워 줄 수 있는 창작 동화로 옮겨간다. 그 다음엔 아이들이 관심 갖는 구체적인 주제가 있는 주제별 동화, 그리고 마지막으로 위인전까지, 책 읽기 순서는 대략 정해진다. 영어 동화책을 고르기 어렵다면 일반적인 동화책을 고르는 기준에 맞춰 순서를 따라가는 것도 방법이 된다.

그림을 따라 훑어 보기

다양한 요소들을 갖고 있는 스토리텔링은 글자에만 초점을 두는 읽기와 다르게 그림을 통해 질문하고 추측하고 상상하며 상호 작용할 수 있는 기회가 많다. 보통 아빠들은 책을 읽어 줄 때 글자에만 집중하는 경향이 있는데, 아이들 책에서는 글자 못지않게 중요한 것이 그림이다. 책을 읽기 전에 준비 작업으로 픽처 워크Picture walk를 활용한다. 그림을 따라 책을 한번 쭉 훑어 보며 아이들의 상상력을 자극하는 활동이다. 그림을 하나하나 짚어 가며 아이와의 대화를 이끌어 나가는 과정에서 아이들의 상상력과 호기심이 자라난다. 아이들은 종종 어른들 눈에는 띄지도 않는 구석의 작은 그림들을 찾아내고 궁금해한다. 픽처 워크는 아이들이 어릴수록 새 책을 읽기 전에 빠트리지 말고 꼭 해야 할 활동이다. 이 활동은 글자에 얽매이지 않고 장면 장면의 그림만으로 캐릭터의 성격과 사건, 줄거리를 예측해 보기 때문에 글을 모르는 아이들도 능동적으로 읽기에 참여할 수 있는 기회가 된다. 책을 다 읽은 후에도 글로 쓰는 독후감 대신 그림과 색감으로 자신의 느낌을 표현할 수 있다.

패턴 활용하기

영어 학습 측면에서 책을 읽고 난 후 핵심 단어나 핵심 문장을 기억하는 것은 스토리텔링의 중요한 목표가 된다. 그래서 우리나라에서는 반복적인 패턴이 등장하는 영어 동화책이 인기다. 한국 엄마들이 열광하는 작가 에릭 칼Eric Carl의 그림 동화도 패턴 책으로 유명하다. 그림 동화책《Brown bear, brown bear, what do you see?(갈색 곰아, 갈색 곰아, 무엇을 보고 있니?)》에서는 계속해서 같은 질문이 반복된다. 단조로운 질문과 달리 답변은 다양해서, 페이지마다 색깔과 종류가 다른 동물들이 화려하게 등장하고 아이들은 지루함 없이 자연스럽게 질문 패턴을 습득한다. 아이가 책 내용에 익숙해졌을 때 자연스럽게 주도권을 넘기며 반복되는 핵심 문장을 직접 말할 수 있도록 유도하면 좋다. 그러나 아이들이 성장하면서 줄거리 없이 패턴만 강조되는 책들의 인기는 시들해진다. 아무리 유명한 작가의 책이라도 7세 아이들은 패턴 책에 재미를 느끼지 못한다. 스토리가 탄탄하면서 사이사이 패턴이 삽입된 책들이 읽기 초기에 독서의 즐거움과 패턴 학습 효과를 둘 다 잡을 수 있는 좋은 책이다.

스토리텔링의 기술

집에서 엄마와 아빠가 들려주는 이야기도 재미있지만, 아이들이 유치원이나 어린이집에서 이야기를 들을 때 더욱 집중하는 데는 이유가 있다. 바로 교사들의 탄탄한 표정 연기와 목소리 연기 덕분이다. 아이들의 흥미를 끌기 위해 교사들은 다양한 소품을 동원하고 음향 효과를 준비하며 끊임없이 노력한다. 좋은 이야기에 어른들의 센스 있는 노력이 더해지면 아이들은 더욱 몰입하고 그 효과는 영어 발화로 이어진다. 네 살짜리 아이들에게 목욕에 관한 책을 읽어 주며, 물이 콸콸 쏟아져 욕조를 채우는 대목에서 스마트폰으로 실제 물소리를 들려준 적이 있었다. 쏴 하는 물소리에 맞춰 한 녀석이 욕실에 있다는 착각을 했는지 바지에 시원하게 쉬를 해 버리고 말았다. 책 내용 중 양치질하며 "가글가글, 퉤!" 하는 장면에서는 교사의 생생한 연기에 몰입한 아이들이 실제로 따라서 교실 바닥에 침을 뱉기까지 했다. 아이들을 위해 수고를 마다하지 않는 교사들은 모두가 스토리텔링 고수들이다.

전문 동화 구연가는 아니지만 적당한 목소리 톤과 시선, 멈춤, 표정 등을 적절히 활용하면 엄마 아빠도 훌륭한 스토리텔러가 될 수 있다. 적재적소에 들어가는 생생한 의성어, 의태어 사용도 아이들의 집중을 돕는다. 단, 너무 과한 몸짓은 아이들을 산만하게 만들고, 엄마와 아빠가 너무 빨리 지칠 수 있으니 적당한 수위 조절이 필요하다.

이야기로 질문 이끌어 내기

스토리텔링이 일방적인 이야기 들려주기로 끝나지 않고 아이들과 상호 작용하는 활동이 되기 위해서는 책을 읽는 동안의 질문이 중요하다. 처음에는 "What's this?(이건 무엇일까?)", "What color is it?(이건 무슨 색깔일까?)" 같은 간단한 질문에서 시작하지만, 아이들의 이해와 상상력이 커질 수 있도록 연령에 맞춰 점차 깊이 있는 질문을 던져야 한다. 질문에 대한 정답을 찾는 것도 중요하지만 유아들에게 있어 질문은 대화를 통해 생각을 키워 주는 역할의 비중이 더 크다. 그래서 책을 읽어 주는 사람은 좋은 질문을 던지기 위한 고민을 끊임없이 해야 한다. 책에서 답을 찾을 수 있는 질문뿐만 아니라, 아이들이 상상하거나 추측해서 대답할 수 있는 질문도 좋다. 또한 아이들은 자신이 경험한 것을 말할 때 수다쟁이가 된다. 아이들이 실제로 겪은 이야기를 입 밖으로 끌어낼 수 있는 질문은 매우 좋은 질문이다.

스토리텔링 전후 활동

아이들이 잠들기 전 침대에 함께 누워 편안하게 책을 읽어 줄 수도 있지만, 스토리텔링을 본격적으로 영어 학습에 적용할 때는 좀 더 체계적인 전개가 필요하다. 보통 스토리텔링 수업은 전 활동, 중간 활동, 후 활동으로 나누어진다. **전 활동**은 본격적인 스토리텔링을 시작하기 전 아이들의 호기심을 유발시키는 단계이다. 아이들이 알고 있는 배경지식을 파악하고, 이야기 전개에 꼭 필요한 중요 어휘들을 먼저 짚어 보는 활동들로 이루어진다. 책의 제목과 지은이 확인, 표지 그림에 대한 이야기, 픽처 워크 등이 전 활동에 해당한다. 본문 읽기에 들어가기 전 아이들이 책에 대해 하고 싶은 이야기를 할 수 있도록 기회를 주는 것도 좋은 전 활동이 될 수 있다.

중간 활동은 본격적으로 이야기를 읽는 중에 일어나는 모든 활동을 포함한다. 일방적인 읽기에서 끝나는 것이 아니라, 아이들의 이해도를 확인하고 참여할 수 있게끔 만들기 위해서는 책을 읽는 동안 여러 가지 전략이 필요하다.

책 읽기 7가지 전략

질문하기(Questioning): 책 내용과 관련한 여러 가지 질문들을 적절하게 던져 준다.

연결하기(Connecting): 책의 내용 중 자신이 경험했거나 알고 있는 배경지식과 연결해서 생각하는 기회를 제공한다.

상상하기(Imagining): 책 내용을 넘어 책에 언급되지 않은 이야기를 상상할 수 있도록 유도한다.

추측하기(Inferring): 책 내용이나 그림을 보고 논리적으로 추측 가능한 질문을 던진다.

선택하기(Selecting): 여러 가지 보기 가운데 가장 적합한 내용을 선택할 수 있도록 한다.

바르게 고치기(Fixing): 잘못 이해하고 있는 부분이나 몰랐던 부분을 스스로 고칠 수 있는 기회를 준다.

종합하기(Synthesizing): 전체적인 책의 내용을 요약하고 주제나 교훈을 찾을 수 있도록 유도한다.

스토리텔링은 단순히 책을 읽어 주거나 일방적으로 이야기를 들려주는 것과 다르다. 특히 영어 학습을 목표로 진행되는 스토리텔링은 아이들과의 상호 작용이 필수다. 스토리텔링 중 상호 작용의 기본은 '질문하기'이다. 이야기 전개에 방해가 되지 않는 선에서 시기적절한 질문은 무엇보다 중요한 전략이다. 책을 읽을 때마다 모든 전략을 다 쓸 필요는 없다. 두세 개 전략만으로도 효과적인 읽기 활동을 만들어 낼 수 있다.

후 활동은 책을 다 읽은 후 내용을 다시 한번 확인하고 자신의 느낌을 정리하는 단계이다. 가장 보편적인 독서 후 활동은 독후감을 쓰거나, 내용 확인을 위해 던지는 단답형의 질문들이지만 자칫 유아들에게는 맞지 않는 지루한 학습 활동이 될 수 있다. 유아들의 독서 후 활동은 책 읽기를 학습으로 받아들이지 않도록 놀이로 확장시키는 것이 가장 좋다. 예를 들어 풍선이 등장 하는 책이었다면 실제 풍선 놀이 시간을 가지면서 책 속에 등장하는 단어 또는 문장을 다시 한번 발화할 수 있도록 기회를 주면 된다. 자기 생각을 비교적 잘 정리할 수 있는 6, 7세들은 독서 후 활동으로 책을 읽고 느낀 점을 다양한 방법으로 표현하게 하는 것이 좋다. 책 속의 어떤 장면이 좋았는지, 가장 마음에 드는 캐릭터는 누구였는지 아이의 생각을 물어본 후, 말이나 그림, 행동 등으로 표현하게끔 하는 것도 좋은 독서 후 활동이 된다.

어린아이를 기르는 부모들로부터 종종 듣는 질문이다. 어떤 방법이 좋다 나쁘다 정답은 없다. 핵심은 환경과 형편에 맞게 아이가 좋아하는 책을 골라 즐겁게 읽어 주는 것이다. 아이들은 자기가 좋아하는 책은 질리지도 않고 계속 읽어 달라고 조른다. 좋아하는 책을 스스로 골라 자기 마음대로 읽는 자율 독서Free voluntary reading는 언어를 배우는 가장 빠르고 즐거운 길 중 하나다. 즐거운 스토리텔링은 아직 글을 모르는 아이들에게 좋아하는 책을 만들어 주는 가장 확실한 방법이다.

유아기 독서의 목표는 글자를 줄줄 읽고 정답을 찾아내는 것에 있지 않다. 대신 좋아하는 책을 스스로 책장에서 꺼내 오는, 진심으로 책을 좋아하는 아이로 성장하도록 기초를 다지는 데 있다. 스토리텔링이라는 용어에 기죽을 필요는 전혀 없다. 앞서 언급된 스토리텔링 활용 방법들을 잘 기억해 두었다가, 기회가 될 때마다 하나씩 꺼내 연습하고 우리 아이에게 책을 읽어 줄 때 맛있게 양념을 쳐 주면 된다.

넘치는 에너지 활용하기

× × × × × ●● × × × × ×

에너지를 발산할 수 있는 공간

에너지가 넘쳐나는 유아들은 걷는 것 보다 뛰는 게 더 편하다. 이런 특징 때문에 아이들은 작은 책상에 앉아 있는다는 것 자체가 쉽지 않다. 늘 아이들이 주위에 있을 팔자인지, 아파트 생활을 하는 동안 항상 윗집에는 대여섯 살 된 아이들이 살았다. 텔레비전을 켜고 있는 시간대에는 별 신경 안 쓰고 지냈지만 어쩌다 일찍 잠자리에 들거나 주말 낮잠이라도 자려는 찰나에 들리는 "우다다다 쾅!" 소리에는 저절로 인상이 써지곤 했다. 그러나 아이들의 에너지를 누구보다 잘 알기에 밑의 집으로 사는 내내 직업적인 사명감(?)으로 층간 소음을 감내해야 했다.

아이들의 에너지는 발산되어야 한다. 그래서 아이들이 속한 공간은 어른들의 공간보다 크기가 넉넉해야 한다. 정확한 근거는 없지만 유아 대상의 학원 사이즈는 최소 아이 당 1.5평은 되어야 한다는 기준이 있다. 만약 100명 정원의 학원이라면 적어도 150평이 되어야 한다는 계산이 나온다. 아이를 맡길 첫 기관을 찾는 초보 부모들에게는 교실에 카펫 구역이 있는지를 꼭 체크하라는 충고를 한다. 책상과 의자가 중심이 되는 학원식 기관에서는 5, 6세 아이들도 대부분의 시간을 의자에 앉아 생활해야 한다. 시간표에 수영 시간, 체육 시간이 있더라도 일주일에 고작 한두 번인 특별 수업 보다는 늘 생활하는 교실 환경이 훨씬 더 중요하다. 아이들이 가장 오래 머무는 교실에서도 에너지를 발산할 수 있는 최소한의 공간이 보장되어야 한다.

몸으로 배우는 영어

아이들의 넘치는 에너지는 자칫 사고로 이어져 큰 걱정을 끼치기도 하지만, 반대로 긍정적인 학습 효과를 만들어 내기도 한다. 특히 영어 학습에 적용하면 큰 효과를 볼 수 있는데, 전문적인 용어로 전신 반응 교수법T.P.R. Total Physical Response이라고 한다. 좌뇌 영역인 언어와 우뇌 영역인 신체 활동을 결합한 교수법으로, 목표 언어로 명령어를 지시하고 그 명령어대로 행동을 따라 하다 보면 자연스럽게 목표어를 습득한다는 논리이다. 아이들이 처음 접하는 영어 환경에서 가장 많이 듣게 되는 말은 look(보다), open(열다), put(놓다), take(가지다), eat(먹다), bring(가져오다), stop(멈추다), go(가다) 등등 주로 동사들이다.

처음에는 동사로 구성된 명령어를 듣고 학생들이 그대로 행동하는 좁은 의미에서 출발했지만 전신 반응 교수법T.P.R.은 점차 그 범위가 노래 가사나 내레이션, 스토리텔링, 책 내용으로 확대 적용되었다. 노래에 맞춰서 추는 율동, 손동작, 게임같이 움직임을 동반하는 모든 학습들이 넓은 의미에서 T.P.R. 범주에 들어간다. 수업 중 화장실에 다녀온 아이에게 "Close the door, please(문을 닫아주세요)"라고 부탁했지만 아이가 못 알아듣고 쭈뼛쭈뼛하면서 자리에 앉는다. 이때 옆에 앉아 있던 친구가 냉큼 일어나 대신 문을 닫고 돌아온다. 나서기 좋아하는 친구가 몸으로 보여 준 덕분에 아이는 'Close the door'이라는 영어가 어떤 행동을 의미하는지 확실히 배우게 된다. 이런 상황들은 교실 안에서 하루에도 수십 번씩 일어난다. 영어유치원에서는 꼭 수업 시간이 아니더라도 생활 곳곳에서 T.P.R.이 진행된다. 언어를 듣고 이해하는 과정에 움직임이 더해지면 학습자는 훨씬 효과적으로 배울 수 있다.

T.P.R.은 연령이 낮을수록, 초기 영어 단계일수록 진가를 발휘한다. 그렇지 않아도 주체 못하는 에너지를 영어를 배울 때 쓸 수 있으니, 아이들에게 딱 맞는 방법이라고 할 수 있다. T.P.R.이 가장 많이 활용되는 과목은 노래하며 춤추는 음악 과목이다. 동요 가사에는 다양한 인물, 동물, 사물이 등장하고, 아이들은 이 캐릭터

들을 몸으로 표현하는 것을 좋아한다. 엘리베이터 노래에 등장하는 'going up and going down(올라가고 내려가고)' 문장을 배우면서 아이들은 지치지도 않고 앉았다 일어났다를 점프하듯이 반복한다. 아이들은 노래를 귀로만 듣지 않는다. 온몸을 움직여 표현하고 리듬을 탄다. 직접 움직여 보면 의미를 쉽게 체득하고 더 오래 기억할 수 있다. 동요 '반짝반짝 작은별Twinkle, Twinkle, Little star'을 부를 때, 보통 '반짝반짝' 대목에서 날갯짓을 하지는 않는다. 꼭 교사가 아니어도 대부분의 사람들은 자동적으로 반짝임을 표현하는 손동작을 한다. 적어도 아이들은 'Twinkle'이라는 단어가 반짝거리는 의미라는 것을 손동작을 통해 추측하고 이해할 수 있게 된다. 글이나 말로 표현하는 것처럼 정교한 표현은 힘들지만 노래 가사에 동반된 율동은 몸으로 말을 표현하면서 의미를 체화하는 좋은 수단이 된다. 전신을 움직이지 않더라도 풍부한 표정과 손동작만으로도 T.P.R.의 효과를 볼 수 있다. 유아를 가르치는 교사들은 행동이 크고 과장된 경우가 많은데, 이는 행동을 통해 아이들의 참여를 유도해야 하는 직업적인 특징 때문이다. 듣거나 보기만 하는 수동적인 자세에서 벗어나 아이들이 직접 참여할 수 있는 모든 활동들이 유아기 에너지를 활용한 효과적인 영어 학습이 될 수 있다.

T.P.R.은 듣기가 언어 학습의 기초라는 전제에서 출발한다. 모든 언어 교육에서는 듣기가 우선되어야 하고, 들은 내용을 이해하고 몸으로 반응하는 단계가 되면 저절로 다음 단계인 발화로 이어진다

고 본다. 그러니까 충분한 노출 없이 무작정 말문이 터지기만 재촉해서는 안 된다. 영어가 상황과 매칭되고, 유아가 이를 관찰하고 이해해서 신체적으로 표현할 수 있어야 비로소 말하기 준비 단계가 되는 것이다. 신체적 모방을 통해 내적으로 이해할 시간이 충분히 주어졌을 때 언어 발화는 자연스럽게 이루어진다. 아이들의 넘치는 신체 에너지는 언어, 정서, 흥미, 표현, 기억 등에 영향을 미치며 모든 배움의 원동력이 된다. 이러한 신체 에너지를 언어 교육에 활용하는 T.P.R.은 유아기 최고의 영어교육법이다.

영어에 흥미를 더하는 상상 놀이

× × × × × ●● × × × × ×

기발하고 강력한 상상력

천사 같은 아이들도 거짓말을 한다. 20년 넘게 아이들과 함께 생활해 오면서 웬만한 거짓말은 모두 구분할 수 있다고 자신하지만 이런 나도 깜빡 속을 때가 있다. 특히 아이들 스스로가 굳게 믿고 하는, 상상력 끝자락에 매달려 경계가 모호한 거짓말에는 속수무책으로 당한다.

6살 A는 어느 날 집중해서 코를 파다가 코피를 냈다. 그 과정을 모두 지켜봤던 교사는 알림장에 상황을 적어 보냈지만, 아이는 엉뚱한 친구를 가해자로 지목했다. 아이의 기억 속에서 친구와 놀다가 있었던 화나는 일과 코피가 난 사건이 합쳐져 새로운 스토리가 탄생한 것이다.

로비에서 엄마를 기다리고 있던 S는 심심해졌는지 하원하는 친구들을 배웅하던 나에게 장난을 걸어왔다. 장난을 치다가 밀리는 느낌이 들자 아이는 "원장님, 왜 때려요?"라며 엉뚱한 소리를 했다. 내가 학부모들과 인사를 나누느라 대꾸를 못하고 잠깐 다른 곳을 보는 사이, 아이는 자기 손등에 손톱으로 꼭 누른 자국을 만들어 보여 주며 원장 선생님이 자기를 아프게 한 증거라고 내밀었다.

자기를 떼어놓고 돌아선 엄마에게 화가 난 6살 D는 엄마, 아빠가 밤마다 자기 등을 막대기로 때리면서 나쁜 말을 한다고 서럽게 울어 담임으로부터 가정 내 학대 의심을 받았다. 이 아이는 화가 날 때마다 돌아가며 원장님이, 담임 선생님들이, 주방 선생님이 자기를 때렸다며 경찰서에 신고할 거라는 협박을 했다. 아이들이 보내는 신호를 흘려 듣거나 무시해도 안 되지만, 상상력이 한창 풍부한 아이 말을 100퍼센트 신뢰하는 것도 위험하다.

샘이 많은 J는 아침부터 기분이 좋지 않았다. 친구가 하고 온 머리띠에 달린 면사포가 너무 부러워서 잠깐 빌려 썼는데, 금세 돌려 달라고 하는 바람에 기분이 상해 버리고 만 것이다. 교실 한쪽 구석에 앉아 아무것도 하지 않으려고 하는 J를 위해 좋은 아이디어를 생각해 냈다. J가 하고 온 머리핀 끝에 교구용 스카프를 묶어서 친구 것과 비슷한 신부 머리 장식을 만들어 주었다. 똑같은 공주가 되었다며 어느새 기분이 풀린 아이는 자꾸 얼굴로 흘러 내리는 스카프를 불편해하지도 않고 하루 종일 머리에 달고 다녔다.

40년 전 우리 집에 있었던 블록 장난감은 아직도 가끔 생각이 난다. 동생과 나는 그 블록 장난감으로 새로운 세상을 만들어 내는 재미에 푹 빠져 있었다. 젓가락을 사이에 끼워서 통구이 돼지 바비큐를 만들어 먹기도 했고, 아기를 만들어 엄마, 아빠가 되기도 했다. 김장 시즌에는 큰 그릇에 블록을 넣고 고춧가루에 버무리는 흉내를 내며 깍두기를 만들었다. 정교한 장난감이 지천인 지금의 아이들에게, 기껏해야 주변의 나무나 돌 조각을 갖고 놀던 40년 전 아이들의 놀이는 우스워 보일 수 있다. 하지만 그 시절 부족한 놀잇감에 더해진 상상력의 순도는 지금과는 견줄 수가 없다. 옛날식 노는 법이 좋았던 이유는 빈곤에서 나오는 상상력 때문이다. 상상력만 있으면 어떤 놀이든 만들어 내고 쉽게 몰입한다.

〈겨울왕국 2〉가 개봉했을 때 전편보다 더욱 화려해지고 정교해진 주인공들의 드레스를 보며 부모들은 한숨을 내쉬었다. 인기 있는 공주 캐릭터가 바뀔 때마다 '이번엔 또 이 드레스를 사 줘야 하나?'라는 생각에 딸 가진 엄마들은 걱정이 앞선다. 아이들의 상상력만 잘 활용할 수 있다면 각각의 공주 드레스가 다 필요하지 않다. 스카프 한 장으로 오늘은 허리에 둘러 백설 공주가 될 수 있고, 내일은 머리핀에 고정시켜 재스민 공주가 될 수 있다.

쉽게 받아들이고 인정하고 믿어 버리는 아이다움 때문에 아이들의 상상력은 기발하고 강력하다. 그리고 너무나 쉽게 머릿속 흐름에 따라 시간과 대상, 사물을 자유자재로 바꾸고 변형시킨다. 이런 특징 덕에 아이들은 지치지 않고 상상하며 놀이를 만들어 낸다. 노래 가사 속 "말하는 대로"가 가상화 놀이Pretend play 수업의 핵심이다.

가상화 놀이(Pretend play)

가상화 놀이는 아이들이 상상하며 놀이하는 역할극이다. 좀 더 익숙한 단어로 말하자면 소꿉놀이다. 아이들의 상상력이 영어교육과 만나면 효과는 기대 이상이 된다. 교실이라는 한정된 공간은 어디로든 변할 수 있고, 옆에 늘 있던 사물은 무엇이든 될 수가 있다. 아이들의 상상이 더해지면 늘 같은 교실에서 배우는 영어가 아니라 실제 그 장소, 그 상황에서 배우는 생생한 영어가 된다. 아이들이 스스로 만들어 내는 소꿉놀이의 배경은 역시 우리 집이 기본이다. 아침마다 교실 카펫 위에 옹기종기 모여 앉아 시작되는 역할극의 주제는 어젯밤 또는 오늘 아침 보고 들은 가족 이야기인 경우가 많다. 아이가 놀이 중에 툭 던진 "여보, 또 술 처먹고 들어오면 어떻게 해요?"라는 대사에 지켜보던 교사는 웃음을 터트렸다. 아이들은 어른들의 말을 흉내 내고 따라하는 과정에서 어휘를 확장하고 사회를 배운다. 어른들이 아이들 앞에서 말과 행동을 조심해야 하는 이유다.

나이가 들면 어떤 연습으로도 아이들만큼 순도 높은 상상력을 발휘하지 못한다. 수업 시간, '매직 핑거Magic finger' 규칙을 만들어

허공이나 바닥에 쓱쓱 그리기만 하면 눈에 보이지 않지만 바로 원하는 물건, 바라는 장소를 뚝딱 만들어 낼 수 있다. "In the store I like to ride an elevator and an escalator, going up and going down(쇼핑몰에 가면 엘리베이터와 에스컬레이터 타는 걸 좋아해요. 올라 갔다 내려 갔다)"이라는 노래 가사를 익히기 위해서 일단 엘리베이터를 만들어 내야 한다. 평소와 다르게 "SUPER HUGE MAGIC FINGER(엄청나게 큰 마법 손가락)"라는 주문을 외우고 선생님도 들어 갈 수 있는 아주 큰 네모를 바닥에서 시작해 허공으로 다시 바닥으로 크게 그렸다. 그리고 "This is an elevator in the store, Hurry to get in!(쇼핑몰에 있는 엘리베이터야. 어서 타!)"이라고 말하자 아이들은 좁은 엘리베이터에 타지 못할까 봐 조바심을 내며 문이 열리자마자 다닥다닥 붙은 채로 가상의 엘리베이터에 올라탔다. 문이 닫히고 버튼을 누르자 엘리베이터는 천천히 올라갔고, 노래 가사에 맞춰 'going up and going down(올라갔다 내려갔다)'을 몸으로 반복한다. 엘리베이터 놀이는 '딩'하고 울리는 소리와 함께 엘리베이터가 꼭대기 층에 도착하면서 끝이 난다. 어떤 교구도, 그 흔한 엘리베이터 사진도 한 장 없었지만 아이들은 상상하고 몰입한다. 그리고 노래 가사를 금세 따라 부르기 시작했다. 아이들과 함께하는 놀이 수업에는 늘 착한 사람 눈에만 보이는 벌거숭이 임금님의 멋진 새 옷들이 등장한다. 동화 속에 나오는 사기꾼처럼 교사들은 작은 센스들을 발휘해 아이들의 상상력을 한껏 자극한다.

가상화 놀이에 적당한 음향 효과와 최소한의 도구가 더해지면 아이들의 수업은 더욱 풍성해진다. 바다와 관련된 단어들을 가르치면서 중간중간 잔잔한 파도 소리와 거센 폭풍 소리를 들려주었다. 교사의 내레이션에 따라 아주 작은 물고기little fish가 되어 보고, 문어octopus가 되어 보고, 커다란 고래huge whale가 되어 본 아이들은 실제 바닷속을 헤엄친 것 마냥 격하게 흥분해 있었다. 목표한 단어들은 친구들의 역할과 연결하여 어렵지 않게 습득했고, 긴 문장 표현도 감정 이입을 통해 훨씬 쉽게 입 밖으로 튀어 나왔다.

오픈엔드(Open-ended) 장난감

음향 효과와 함께 아이들을 상상의 세계로 더 빠르고 쉽게 이끌 수 있는 것은 간단한 교구들이다. "이제부터 훌라후프를 세탁기라고 하자" 또는 "이 스카프는 나비의 날개야"라고 정하기만 하면 아이들에게 훌라후프는 우리 집 드럼 세탁기가 되고, 스카프는 하늘을 훨훨 날 수 있는 멋진 날개가 된다. '리듬 스틱Rhythm sticks'이라고 하는 두들기는 막대기 한 쌍으로 아이들과 함께 상상해 만들 수 있는 사물은 수십 가지나 된다. 아이들은 지치지도 않고 작은 머리 속에서 엉뚱하고 기발한 아이디어들을 쏟아 낸다.

아이들이 가지고 노는 장난감을 교육적인 측면에서 바라보면 크게 클로즈엔드Close-ended 장난감과 오픈엔드Open-ended 장난감으로 나눌 수 있다. 두 부류의 차이는 가지고 노는 당사자가 상상력을 더할 수 있는지 여부이다. 클로즈엔드란 비행기, 자동차, 기차, 로봇, 인형처럼 제작자에 의해 장난감의 정체성과 노는 방법이 이미 정해져 버린 장난감이다. 아이들은 장난감을 보자마자 그 용도를 알아채고 자동차 장난감으로 자동차 놀이를 하고 인형으로 인형놀이를 한다. 약간의 상상력을 더할 수 있지만 이미 정해진 범위에서 크게 벗어나지 않는다. 이런 1차원적인 장난감들은 사물의 이름을 배워 나가는 5세 미만의 아이들에게 적합한 장난감이다. 5, 6세 정도가 되면 실제와 다른 사물에 상상적인 역할을 부여하는 사물 가작화 놀이를 시작한다. 즉, 블록을 자동차라고 상상하며 놀이할 수 있게 된다.

지인의 집에 갔다가 어마어마한 장난감 무덤에 충격을 받은 적 있다. 아이의 엄마도 부끄럽다는 듯 할머니, 할아버지 핑계를 대면서 아이가 유난히 싫증을 잘 낸다고 말했다. 하지만 나는 그 집 아이가 다른 아이들보다 유난히 싫증을 잘 내는 특별한 성향이라고 생각하지 않는다. 장난감 사용에 대한 부모의 가이드가 부족했을 뿐이다. 아이가 쉽게 싫증 내는 것은 더 좋은 장난감이 부족해서가 아니라, 성장과 더불어 달라져야 하는 놀이 환경과 방법을 제대로 안내 받지 못했기 때문이다.

아이들의 놀이는 연령별로 특징이 다른데, 어릴수록 사물을 있는 그대로 사용하는 경향이 짙고 연령이 높아지면, 겉모양에서 유사성이 없는 사물로도 실제를 대체하며 놀이할 수 있게 된다. 많은 아동학자들은 정교하게 만들어져 목적성이 뚜렷한 장난감보다는 상상력이 더해질 여지가 남아 있는 날것의 놀잇감이 유아의 뇌를 더 다양하게 자극한다고 말한다.

클로즈엔드(Close-ended)

오픈엔드(Open-ended)

오픈엔드는 말 그대로 용도가 정해져 있지 않아서 무엇이든 될 수 있는 가능성이 열려 있는 블록block, 플레이도우play dough 같은 장난감들이다. 아이들의 상상력이 더해져 작은 블록 피스들은 무엇으로든 변신 가능하다. 실제 만들어진 모양은 중요하지 않다.

아이들이 만드는 과정에서 스스로 부여한 이름과 기능이 그대로 반영된다. 오픈엔드 교구 중 가장 가성비 높은 장난감은 큰 종이 박스다. 하찮아 보이는 종이 박스가 아이들의 상상력과 만나면 수백 배의 시너지 효과를 낸다. 박스는 집이 되고, 차가 되고, 배가 된다. 아이들은 지치지 않고 상상하며 이야기를 만들어 내고 놀이한다. 놀이하는 주제에 따라 영어도 확장하여 발화할 수 있다.

유아를 가르치는 영어 교사들은 아이들의 흥미를 끌기 위해 많은 교구들을 활용한다. 일단 새로운 장난감들은 아이들의 관심을 반짝 끄는 데 효과적이다. 그래서 영어 강의를 다니는 교사들의 보따리는 점점 거대해진다. 아이들의 반짝 흥미를 끄는 것도 중요하지만 궁극적으로는 아이들의 놀이를 이해하고 영어 수업과 접목할 수 있는 방법을 찾아내야 한다. 방과 후 영어 강사 채용을 위해 업체에서 파견한 교사의 시범 수업을 참관한 적이 있다. 교사의 큰 보따리에서는 끊임없이 천 원 숍의 장난감들이 등장했고, 마지막에는 노란색 꽃이 빨간색으로 변하는 마술 상자까지 등장하면서 마술 쇼인지 영어 수업인지 모를 시간이 되어 버렸다. 보여 준 열정은 가상했지만 교구 활용에 대한 이해와 노하우가 한참 부족한 신입 교사에게 방과 후 수업을 맡길 수는 없었다.

전에 운영하던 원의 뒤뜰에는 작은 야외 공간이 있었고, 아이들은 하루에 한 번씩 그곳에서 보내는 시간을 가장 좋아했다. 시설을 둘러본 엄마들 중에는 빈 듯한 그 공간을 보고 나서 "아이들이 갖고 놀 장난감이 너무 적은 거 아닌가요?"라고 미심쩍은 질문을 하는 경우가 종종 있었다. 학부모들은 유치원 구석구석 쌓아 둔 교구와 장난감들을 교육 투자의 잣대로 생각한다. 그래서 교실마다 수북이 쌓여 있는 장난감을 보면 유치원에 대한 신뢰가 상승하고, 우리 아이가 지루하지 않게 잘 놀겠구나 안심을 한다. 그러나 장난감의 가짓수보다는 그것을 잘 가지고 놀 수 있도록 아이들 스스로의 힘을 길러 주는 것이 제대로 된 장난감 활용 가이드이다. 아이들은 뒤뜰에서 노는 시간마다 몇 개 안 되는 교구를 가지고도 매일매일 새로운 놀이를 만들어 냈다. 색색의 훌라후프는 어느 날은 동굴이 되었고, 어느 날은 줄줄이 이어진 기차가 되었고, 또 다른 날은 잠수함이 되었다. 집에 가서는 쳐다보지도 않을 물건이 유치원으로 환경이 바뀌고 친구들이 합세하면 새로운 매력을 어필하는 훌륭한 장난감이 되곤 한다.

최근 영어 수업에 많이 활용되는 상황극, 뮤지컬 등은 모두 상상 놀이를 바탕으로 한다. 여기에 센스 있는 소품이 더해지면 아이들은 감정을 이입하며 역할극에 더욱 몰입하게 된다. 스카프 한 장은 세상에서 가장 아름다운 드레스가 되고, 아빠의 넥타이가 되고, 요리사의 앞치마로 변신한다. 그리고 아이들은 상상의 공간 속에서 놀이하듯 자연스럽게 영어로 말할 수 있게 된다. 상상 놀이는 유아기 아이들의 특징을 잘 살려 즐겁게 영어를 익힐 수 있는 효과적인 방법이다.

음악과 노래로 자극하는 영어 말하기

노래와 영어

아이들에게 영어를 가르칠 때 빠질 수 없는 것 중 하나는 음악이다. 아이들의 삶에서 가장 중요한 '놀이'가 '노래'에서 유래되었고 하니, 노래와 아이들은 뗄 수 없는 관계인 건 확실하다. 흥이 나면 즐거워서 자기도 모르게 튀어나오는 것이 노래지만, 목적을 갖고 접근한다면 영어 학습에 노래만큼 효과적인 도구도 없다. 음악과 언어는 두 가지 모두 소리, 높낮이, 강약, 음색, 속도로 이루어져 있고, 뇌에서의 처리 경로도 일치한다. 이러한 공통점 때문에 음악을 통한 언어 습득은 자연스럽고 쉽다. 많은 언어 가운데 특히 영어는 강세 박자 언어로 억양과 리듬이 중요하다. 그래서 원어민과 영어로 대화할 때 발음이나 문법 문제보다 억양intonation이나 리듬이 틀렸을 때 상대가 못 알아듣는 경우가 더 많다. 어렸을 때 음악을 많이 접한 아이들은 언어의 높낮이pitch를 더 정확히 구별해 내고, 모음의 주파수 길이도 무의식적으로 더 정확히 처리한다. 실제로 음악과 언어 사이의 관계를 살펴본 실험에서는 3, 4세 아이들 가운데 북소리를 듣고 그대로 따라 치는 능력이 뛰어났던 아이들이 음운 인식 능력에서도 높은 점수를 받은 것으로 나타났다. 그리고 음악 점수가 높은 아이들의 영어 점수가 그렇지 못한 아이들과 비교해 상대적으로 높다는 연구 결과도 있다. 리듬감과 박자감이 좋은 아이들이 영어 공부에 유리하다는 것은 어느 정도 근거 있는 이야기인 듯하다.

복잡한 실험 이야기가 아니더라도, 수십 년 전에 부르던 노래들이 리듬과 박자를 타고 어느 날 입 밖으로 불쑥 튀어나오는 경험은 누구에게나 있다. 운전을 하다가 흘러나온 추억의 노래를 꽤나 정확히 따라 부르는 건 결코 내가 특별해서가 아니다. SSIMHSong Stuck In My Head는 말 그대로 노래가 내 머릿속에 콕 박혀 버리는 현상이다. 리듬을 타고 들어온 가사들이 머릿속 어딘가에 장시간 저장되어 있다가 리듬의 자극을 받으면 무의식적으로 말로 전이되어 다시 입 밖으로 튀어나오게 되는 것이다. 한동안 온 동네 아이들이 인기 디즈니 만화 영화의 주제곡 'Let it go'를 떼창으로 부르고 다닌 적이 있다. 당연히 네다섯 살 아이들이 이해하며 부를 만한 내용의 가사는 아니었지만, 아이들은 시간과 장소를 가리지 않고 이 노래를 불러 댔다. 비록 짧은 후렴구지만 입에 착착 붙는 리듬과 명확히 들리는 가사가 아이들의 작은 머릿속에 콕 박혀 버리고 만 것이다. 'Let it go'만큼은 아니었지만 에너지 넘치는 6~7세 남자아이들은 한동안 영국 가수 퀸의 'We will rock you'의 후렴구를 발까지 구르며 열심히 불러 댔다. 비록 뜻은 몰라도 리듬을 타고 들어온 노래 가사들은 리듬을 타고 쉽게 입 밖으로 나오게 된다. 이런 이유로 인해 노래는 영어 말하기를 촉진시키는 수단으로 늘 주목받고, 음악을 통한 영어교육은 발전을 거듭하고 있다.

노래를 통한 영어교육의 장단점

노래를 통한 영어교육에서 주목해야 할 사항이 있다. 아이가 리듬에 몸을 싣고 노래 가사를 따라 부른다고 해서 그 가사를 모두 이해하고 언어로 습득하는 것은 아니라는 사실이다. 즉, 노래로 배우는 영어의 맹점은 아이들이 흥얼거리며 쉽게 따라 불러도 정작 그 뜻은 모를 수 있다는 데 있다. 일단 입 밖으로 영어를 꺼냈다는 것만으로도 큰 성과지만, 최종 목표는 노래 가사의 의미를 알고 가사 속 영어를 노래 밖의 상황에서도 사용하게 하는 데 있다. 실제로 노래는 자연스럽게 따라 불러도 리듬과 박자를 빼 버리면 그대로 말문이 막히는 경우가 많다. 아이들의 첫 영어 동요 알파벳 송이 대표적이 예이다. 정작 알파벳을 모르는 아이들도 익숙한 리듬이 흐르면 자연스럽게 알파벳 송을 따라 부른다. 결국은 ABC 노래를 부르는 아이들이 입술로만 부르는 데서 그치지 않고, 콘텐츠인 ABC 알파벳을 알게 하는 것이 노래로 배우는 영어의 목표인 것이다.

소리에 단순히 노출되어 노력 없이도 들리는 단순 듣기hearing와 뇌를 사용해 이해하며 듣는 집중 듣기focused listening는 다르다. 특별한 주의를 기울이지 않고 듣는 단순 듣기도 영어 습득에 큰 도움이 되지만, 당연히 뇌를 사용해 듣는 집중 듣기에서 각인 효과는 더욱 뚜렷하게 나타난다. 음악을 의식적으로 듣는 집중 듣기 학습법은 이미 오래 전부터 유아 영어교육에 활용되어 오고 있다. 가사에 맞춰 율동과 게임을 하고, 노래에 등장하는 캐릭터가 되어 보고, 노래와 연관된 책을 읽는 활동 등은 모두 의미 파악이 포함된 집중 듣기를 위한 활동이다. 쿠키를 가져간 범인을 지목하는 노래 가사의 동요는 종종 아이들이 좋아하는 게임으로도 활용된다. 끊임없이 범인을 지목하며 노래가 반복되는 형식인데, 아이들은 게임을 하면서 영어 표현을 이해하고 특정 표현을 익힐 수 있다.

🎵 Who took the cookie from the cookie jar?
(누가 쿠키를 가져갔어?)

○○ took the cookie from the cookie jar.
(○○이가 쿠키를 가져갔어.)

Who, me? Yes, you.
(누구, 나? 그래, 너.)

Not me. then who?

(나 아니야. 그럼 누구야?)

Who took the cookie from the cookie jar?

(누가 쿠키를 가져갔어?)

이 노래는 무한으로 반복할 수 있고, 아이들은 자신의 이름이 언제 불릴까 조마조마하며 주의 깊게 듣고 지치지 않고 따라 부른다. 노래를 통한 영어 학습의 핵심은 아이들이 노래 가사를 입으로만 따라 부르는데 그치지 않고, 그 내용을 이해할 수 있도록 이끌어 주는 데 있다.

내가 오랫동안 강사로 활동했던 K뮤직은 음악을 영어교육과 접목시킨 유아 영어 전문 프로그램이다. 미국에서는 순수한 유아 음악 프로그램으로 출발했지만 가사가 영어라는 장점을 살려, 한국에서는 유아들이 자연스럽게 영어를 배우기 위한 프로그램으로도 인기를 끌고 있다. 노래 주제가 세탁기washing machine, 전자 레인지microwave, 엘리베이터elevator, 욕조bathtub, 모기mosquito처럼 아이들이 늘 보고 경험하는 생활 속 이야기들이라 영어 학습 콘텐츠로도 모자람이 없다. 실생활을 가사에 담은 동요의 또 다른 장점은 수업이 끝나고 집에 돌아가서도 그날 배운 단어나 상황들을 몇 번이고 마주치게 된다는 데 있다. 실생활과 관련된 동요들을 콘텐츠로 활용하면 자연스러운 복습 효과를 톡톡히 볼 수 있다.

노래를 중심으로 영어 수업을 진행할 때는 먼저 가사를 이야기로 들려주며 아이들의 이해를 돕는 사전 작업이 필요하다. 풍부한 표정과 목소리 연기, 각종 효과음으로 일단 아이들의 호기심을 일으키고 가사의 의미를 이해시키는 데 목적이 있다. 스토리텔링이 진행되는 동안에는 아이들의 비슷한 경험을 끌어내고 상상력을 더해 주는 전략이 필요하다. 이 때 가사와 연관된 게임이나 활동으로 확장하여 지루하지 않게 반복하는 것이 영어 노래 수업의 중요한 포인트가 된다. 작은 변화로 지루하지 않게 만드는 데는 전신 반응 교수법T.P.R.만큼 효과적인 것도 없다. 노래 가사 중 아이들이 흥미를 느낄 만한 부분을 놀이화해서 충분히 움직임으로 표현할 수 있도록 해 주면 된다. 율동은 노래에 등장하는 어휘를 직관적으로 이해하고 표현하는 데 도움을 준다. 마지막으로 수업의 완성을 위해 아이들이 상상 놀이를 할 수 있도록 간단한 교구를 활용하면 좋다. 아이들을 상상하게 만드는 작은 센스와 노력이 더해지면 아이들 손에 들린 간단한 교구는 무엇이든 될 수 있고, 그 과정에서 아이들의 어휘는 자연스럽게 확장된다. 영어 노래 수업은 유아 영어교육의 핵심인 스토리텔링, 음악, 상상 놀이, 신체 움직임이 모두 포함된 종합 예술이다.

노래가 주는 가장 큰 혜택 중 하나는 말하기 효과이다. 영어를 듣기, 말하기, 읽기, 쓰기 기능으로 분류할 때 가장 어려운 부분은 역시 말하기이다. 듣기, 읽기, 쓰기는 시간을 투자하면 그에 비례한 결과가 나오지만, 말하기는 그렇지 않다. 특히 성격과 정서적인 영향을 많이 받기 때문에 될 수 있으면 스트레스 없는 편안한 환경 조성이 필요하다. 교실에서 친구들과 함께 노래를 부르면 다른 사람들의 시선이 주는 부담감에서 벗어날 수 있다. 떼창을 하며 묻어갈 수 있기 때문에 내성적이거나 부끄러움이 많은 아이들이 스트레스를 받지 않고 영어를 입 밖으로 내 보는 연습의 기회가 된다.

　여기까지만 정리해 보아도 음악을 통한 교육 효과는 대단하지만, 사실 그 진가는 따로 있다. 바로 음악 자체가 주는 즐거움이다. 사람들은 음악을 들으면 긴장을 풀고 활기를 얻는다. 초기 영어 학습에서 가장 중요한 것은 노출인데, 가장 즐겁게 영어에 노출될 수 있는 방법이 바로 노래를 듣는 것이다. 음악을 통한 학습은 어른들에게도 효과적이지만 음악이 가장 강력한 힘을 발휘할 수 있는 연령대는 유아기이다.

　그래서 아이들 영어 교재에는 대부분 음악과 챈트chant가 삽입되어 있다. 유아 영어 전집을 판매하는 회사들은 책을 만들어 내는 데 그치지 않고 책 내용을 노래로 만들어 아이들이 이해하고 자연스럽게 따라 부르는 효과를 노린다. 책 한 권이 만들어질 때 해당 스토리와 연계된 노래도 만들어지는데, 노래의 형태는 단순한 허밍에서부터 기계음, 뮤지컬, 오페라까지 다양하다. 어릴수록 단순하고 쉬운 노래에 노출시켜야 한다고 생각하지만 아이들은 의외로 다양하고 난이도 있는 음악에 더욱 흥미를 느끼고 집중한다. 단, 내용은 아이들 눈높이에 맞는 가사여야 한다. 스토리 자체도 그렇지만 어휘와 표현 자체가 아이들 수준에 맞아야 한다. 즉, 영어 학습을 염두에 둔 노래라고 해서 굳이 쉽고 단순하게 편곡될 필요는 없지만, 가사의 단어 선택은 신중하고 아이들 생활 언어에서 벗어나지 않는 범위에서 쓰인 것이 좋다.

언어 습득을 위해 필요한 것은 긴장도와 불안감이 낮고 정서적으로 편안한 환경이다. 비싼 영어유치원, 유명한 교재로도 해결되지 않는다. 대신 음악을 접목한 영어 수업은 아이들의 정서적인 저항감을 덜어내 직접적인 도움이 된다. 좋은 노래를 선정해 그 가사를 흥미로운 활동들로 연계하는 꾸준한 노력이 이어진다면 가정에서도 충분히 음악을 활용한 영어 학습의 효과를 누려 볼 수 있다.

4장

반드시 알아야 할
영어 첫 단추의 핵심

듣기(Listening): 모든 언어의 시작점

× × × × × •• × × × × ×

듣기listening는 단순히 소리를 듣는 기능에 그치지 않고 이해하고 생각하는 사고 과정을 포함한다. 말하기는 듣기를 통해서 학습되기 때문에, 유아들은 말하기를 배울 때 말로 표현하기 전에 이미 듣기 능력을 갖추게 된다. 즉, 아이들이 말하고, 읽고, 쓰기 전에 꼭 선행되어야 할 언어 기능이 바로 듣기이다. 영어에서 뿐 아니라, 모국어인 한국말을 배울 때도 유아들은 말하기 전에 상당 시간 듣는 과정을 거친다. 엄마가 반응도 없는 아기에게 끊임없이 말을 걸고 설명을 하는 이유가 여기 있다. 어느 엄마도 아기에게 말하기를 다 그치지 않는다. 그저 충분히 듣다가 드디어 입 밖으로 말을 꺼내는 시간을 무던히 기다려 준다.

외국어를 배우는 것도 똑같이 생각하면 된다. 충분히 듣기에 노출되어 언어 이해 능력이 어느 정도 갖추어질 때까지 말하기, 읽기, 쓰기 연습은 뒤로 미뤄 두어야 한다. 아직 말문이 트이지 않아 겉으로 드러나지 않아도 아이들의 내면에서는 이미 언어 학습이 진행되고 있다. 부모들은 드러나는 결과에 집착하다 보니 말을 하고 글을 읽고 쓰는 데 더 큰 관심을 두지만, 사실 가장 중요한 영어 학습의 기초 작업은 듣는 것에서부터 시작된다. 유아들은 표현하지 않고 주변의 소리를 듣고 내적으로 축적하는 침묵의 시간Silent period을 꽤 오랫동안 유지한다. 많은 부모들이 아이를 영어 학원에 보내 놓고 결과가 나오지 않는다며 조바심을 내는데, 이 기간은 아이들의 성향이나 성격, 환경에 따라 더 길어질 수 있다. 설익은 과일에서 억지로 쥐어짠 과즙보다 충분히 농익었을 때 나오는 과즙이 더 달고 풍부하듯 이 침묵의 시간이 길수록 발화하는 시점의 도약은 더욱 크다. 충분히 듣기에 노출된 후 아이들은 귀에 익숙하고 의미를 충분히 이해한 단어부터 서서히 입 밖으로 소리 내며 말하기 시작한다.

일부 학자들은 별다른 노력 없이도 충분히 들을 수 있는 기회만 있다면 언어 학습은 저절로 이루어진다고 주장하지만, 실제 언어를 배우는 과정에서 '충분의 기준'을 충족시키지 못할 가능성이 매우 크다. 단적인 예로 아랍어 뉴스를 계속 듣는다고 아랍어가 저절로 깨우쳐지는 않는다. 수동적으로 앉아 마냥 듣는 것보다는 이해와 발화에 도움이 되는 집중적인 듣기 연습이 함께 진행되어야 한다는 주장이 좀 더 설득력 있게 다가온다. 무엇보다 우리나라처럼 영어 노출에 한계가 있는 환경에서는 세월아 네월아 듣고만 있을 시간적인 여유가 없다. 영어 노출이 충분치 않다는 것이 비단 우리나라만의 약점은 아니지만, 거기에 성과를 빨리 봐야 하는 한국 부모들의 성향이 더해져 한국에서의 영어 듣기 학습은 '집중적인 듣기'로 가 닥을 잡게 되었다.

집중적인 듣기focused listening란 의미를 파악하려는 노력이 가 미된 것으로, 좀 더 적극적인 의도를 가진 듣기 활동이다. 아무 노 력 없이 흘려듣는 단순 노출이 아니라, 소리가 뇌까지 전달되어 이 해에 도달하는 과정을 포함한다. 소리, 리듬 및 운율을 포함한 챈 트chant나 노래는 집중적인 듣기 활동의 윤활유 역할을 한다. 아직 글자를 모르는 유아들의 경우, 음성언어를 통해 듣고 이해하며 습 득하므로 콘텐츠가 되는 소리의 질은 매우 중요하다.

'집중', '퀄리티'가 주는 무게감 때문에 전문가나 기관을 찾을 필요 는 없다. 집에서도 얼마든지 집중적인 듣기를 진행할 수 있다. 아이 가 좋아하는 영어 노래를 생활 속 배경 음악으로 들려준 다음, 노랫 말의 의미를 대충이라도 알 수 있도록 가사에 맞는 율동이나 움직 임을 알려 주고, 관련된 동화책을 읽어 주면 된다. 예를 들어 'The wheels on the bus go round and round(버스의 바퀴가 돌고 돌아 요)'라는 동요를 부를 때, 단어를 하나하나 직역해 설명할 필요 없이 핵심적인 내용을 이해할 수 있을 정도의 손동작이나 율동을 알려 주는 것이다. 'the', 'on', 'go' 같은 비기능 어휘unfunction word를 군이 가르치려고 노력하기 보다는 명확한 의미를 갖고 있는 'bus', 'wheel', 'round' 같은 기능 어휘function word 위주로 이해시키면 된다. 바퀴를 나타내는 동그라미를 손이나 팔로 표현하고, 바퀴가 돌아가는 부분에서는 두 팔을 번갈아 돌리는 동작을, 와이퍼가 창문을 닦는 대목에서는 좌우로 손가락을 움직여 주면서 아이들이 직관적으로 노래에 등장하는 단어들을 이해할 수 있도록 도움을 주면된다. 그리고 이 동요와 관련이 있는 책을 구해 스토리텔링을 해 주면 좋은데, 책 내용이 정확히 가사와 일치하지 않아도 괜찮다. 자동차가 주제이거나 여러 가지 탈것들이 주제인 책으로 다시 한번 등장 어휘들을 상기시켜 주면 된다. 다행히도 유명한 영어 동요들은 대부분 그 가사가 책으로 만들어져 시중에서도 쉽게 구할 수 있다. 그리고 마무리 단계에서 노래 내용과 관련해 버스 그리기, 만들기 같은 간단한 확장 활동을 배경 음악과 함께 놀이로 진행하면 좋다. 물론 가장 바람직한 확장 활동은 버스를 타 보는 것과 같이 실생활에 적용한 활동이다.

'영어 공부'라고 했을 때 우리가 일단 떠올리는 것은 읽고, 쓰고, 듣고, 말하기의 4대 영역이다. 입에 착 붙는 이 말은 사실 순서부터 틀렸다. 듣고→말하고→읽고→쓰기가 되어야 한다. 내가 처음 영어 공부를 시작했던 80년대 중반에는 읽고 쓰기 위주의 영어가 전부였다. 소리는 전혀 중요하지 않았다. 중간, 기말 시험의 첫 두 문제는 발음에 관한 문제였지만, 소리가 아니라 보기의 네 단어 중에 발음이 다른 하나를 골라내는 문자 위주의 발음 문제였다. 중학교 2학년 때 치른 첫 듣기 평가는 pray(기도)와 play(놀이)의 r과 l 발음을 구분해서 빈칸을 채우는 문제였다. pray라는 단어가 내 생애 첫 듣기 시험의 답이었는데, 지금 생각해도 참 써먹을 데가 없는 단어인 것 같다. 실용과는 동떨어진, 학생들을 골탕 먹이는 데 초점을 둔 듣기 평가가 그때는 유일한 음성 학습이었다. 더 안타까운 것은 그 옛날 라떼(나 때) 이야기가 지금도 대한민국 영어교육 현장 곳곳에서 진행 중이라는 점이다.

　주재원인 아빠를 따라 유럽 국가에서 4년을 살다 한국에 온 일곱 살 H의 엄마는 아이의 영어 학원을 알아보다가 참 어이없는 경험을 했다. 현지 국제학교에서 유치부까지 마치고 한국에 들어온 H는 원어민처럼은 아니지만 영어를 이해하고 의사소통하는 데 문제가 없는 아이였다. 처음에는 영어교육에 큰 관심이 없었던 엄마는 주변의 열기에 슬슬 걱정이 되기 시작했고 가벼운 마음으로 근처 영어 학원을 알아보게 되었다. 그런데 H가 상담을 받은 세 군데 학원에서는 하나같이 이 아이가 들어갈 만한 또래 클래스가 없다고 하거나 H보다 나이가 어린 친구들의 기초반을 추천했다. 학원에서 보는 문자 위주의 시험에서 아직 글자 공부, 문법 공부를 하지 않은 H의 점수가 너무 낮았던 탓이었다. 게다가 수줍음까지 많았던 H는 한국식 학원 시험에서는 절대로 높은 점수를 받을 수 없는 학생이었다.

　언어 학습의 시작은 듣기에서부터 출발한다. 그러므로 유아기 영어교육에서 가장 큰 공을 들여야 하는 기능은 바로 듣기이다. 안타깝게도 듣기 능력은 즉각적인 결과를 눈으로 확인할 수 없기 때문에 그 중요성이 상대적으로 낮게 평가되어 왔다. 영어 말하기가 되려면 먼저 듣기가 가능해야 하고 그 다음 읽기, 쓰기로의 자연스러운 전이를 기대할 수 있다. 성공을 위한 첫걸음은 자연스럽고 충분한 노출에서부터 시작된다.

말하기(Speaking): 기다림의 미덕

× × × × × ●● × × × × ×

유아들은 처음 말을 배울 때 언어 형태(문법)에 큰 주의를 기울이지 않는다. 목이 마를 때 "저는 물을 마시고 싶습니다" 대신 "나, 물"이라고 하듯, 영어로 "Me, water" 해도 전혀 문제되지 않는다. 이 시기에 완벽한 문법으로 정확한 언어를 구사하는 데 큰 의미를 둘 필요는 없다. 그보다 우선 입을 떼, 말로 의사소통할 수 있는 자신감을 갖는 게 중요하다.

꽤 오래전, 교육 방송에서 우리나라의 영어교육 현실에 대한 다큐멘터리를 본 적이 있다. "오랫동안 영어 공부를 해 온 한국인들은 왜 영어로 말하는 것을 두려워하는가?"라는 질문으로 시작한 이 프로그램은 크로아티아에서 과일 행상을 하는 할머니와 박사 과정을 밟고 있는 한국 대학원생의 영어를 비교하고 그 차이를 분석했다. 과일 행상 할머니는 자신이 알고 있는 1000개 정도의 영어 단어만으로 전 세계 관광객들과 무리 없이 소통하는 유창성을 보여 주었다. 반면 한국 청년은 자신의 생각을 영어로 표현하기 위해 정확하고 수준 높은 단어와 문법에 신경 쓰다 주어진 미션에서 대부분 제한 시간을 넘기고 말았다.

영어 회화 동아리에서 마시고 놀며 생활 영어를 배운 나와 달리, 남편은 꼼꼼한 성격대로 영어 어휘 책인 《Vocabulary 22000》, 《Vocabulary 33000》을 순서대로 완독하고 토플에서 높은 점수를 얻어 미국 유학길에 올랐다. 미국에서 신혼 살림을 시작한 우리 부부의 최초 영어 미션은 자동 응답기 녹음이었다. "We are not available now. Please leave a message. We will call you later. Thank you(지금은 부재중입니다. 메시지를 남겨 주시면 나중에 연락 드릴게요. 고맙습니다)." 아직도 녹음 멘트가 정확히 기억나는 것을 보면 꽤 많은 연습을 했었나 보다. 사람들 앞도 아니고 테이프에 녹음하는 것조차 너무 떨렸던 우리는 도긴개긴인 영어 발음을 서로 비교하면서 밤늦도록 번갈아 가며 녹음을 했다. 결국은 그래도 나보다 영어 실력이 나은(?) 것으로 판단된 신랑의 목소리로 신중히 녹음을 끝내고는 큰일이라도 해낸 듯 뿌듯해했다. 며칠 뒤 친구에게서 전화가 왔다. 몇 번 연락했는데 자동 응답기만 돌아가더라며 "근데 너네 집 전화기 테이프 많이 늘어졌더라"라는 팩트 폭격을 날렸다. 물론 산지 얼마 되지 않은 전화기의 녹음 성능에는 아무런 문제도 없었다. 또박또박 한 자 한 자 힘을 주어 가며 녹음한 집주인의 지나치게 정확하고 신중한 영어가 문제였을 뿐이다.

대한민국 초등 영어교육의 목표는 실제 상황에서 영어로 의사소통할 수 있는 능력을 키우는 데 있다. 의사소통적인 언어는 정확하고 분석적인 것과는 거리가 멀다. 머릿속에 담아두는 영어 보다 입 밖으로 내뱉을 수 있는 영어에 더욱 무게를 둔다. 하임즈 Hymes라는 학자는 말하기 기술을 말하기speaking와 대화하기 communication로 나누어 정의했다. 전자는 주어진 문장을 기계적으로 반복하고 외워서 얻을 수 있는 기술인 반면, 후자는 실제 생활에서 맥락을 이해하고 상황에 어울리는 의사표현을 할 수 있는 기술이다. 즉 의사소통의 기술은 암기에 의한 말하기가 아닌 상대방이 무슨 말을 하는지에 대한 이해를 바탕으로 상황 대처 능력까지 포함하는 말하기 기술이다.

오래 전 영국에서 농아 부모를 가진 아이를 대상으로 언어 발달 실험이 진행되었다. 이 아이는 부모와 말로 의사소통하지 못하는 상황에서 다른 사람과 대화할 수 있는 기회도 차단되었다. 그리고 아이가 음성언어를 접할 수 있는 유일한 기회를 라디오로 제한하고, 충분한 입력만으로 말을 배울 수 있는지를 실험했다(요즘 같으면 윤리 기준에 걸려 시도조차 못했겠지만, 그 시절 연구자들은 시대적인 혜택인지 비윤리적인 실험을 진행하곤 했다). 결과적으로 언어 입력(노출)만으로는 정상적인 언어 발달이 진행되지 못했다. 나중에 진행된 후속 연구에서는 이 실험의 의미가 더욱 확실히 나타난다. 훗날 이 아이에게는 동생이 생겼고, 동생은 누나와 다르게 같은 농아 부모

밑에서 태어났지만 정상적인 언어 발달을 보이게 된다. 이유는 언어로 상호 작용을 할 수 있는 대상인 누나가 있었기 때문이다. 위의 사례는 언어학적으로 중요한 의미를 갖는다. 영어 습득의 첫 조건은 노출이지만, 듣기가 말하기로 이어지려면 수동적으로 듣는 행위에 그치지 않고 좀 더 의미 있는 상황에서의 의사소통의 기회가 주어져야 한다.

의사소통의 유창성을 키워 줄 수 있는 가장 쉬운 방법은 영어권 국가로 이민을 가는 것이다. 어린 시절에 해외에서 1, 2년 살다 온 아이들은 그 나라 언어를 쉽게 배우고 유창하게 구사한다. 10년을 살아도 영어가 불편한 어른들과는 사뭇 다른 결과이다. 우리 사돈 분들은 40년 전 이민을 가셨는데 여전히 영어에 자신이 없으시다. 그래서 병원이나 관공서처럼 중요한 일을 처리할 때는 자식들을 꼭 대동하신다. 영어권 국가에 살면서 충분한 노출의 기회는 있었으나 노출 환경이 영어 습득으로 이어지지는 않은 것이다. 어른들과 달리 아이들의 뇌는 말랑말랑하다. 언어를 흡수하는 데 방해가 되는 필터도 더할 나위 없이 얇다. 그리고 아이들은 어른들에 비해 주위의 시선을 덜 의식한다. 영어를 하다가 말문이 막혀도, 실수를 해도 마음에 담아 두거나 창피해하지 않는다. 그래서 영어를 배우는 것이 훨씬 유리하다. 게다가 무얼 하든 기특하게 생각하고 기다려 주는 주변의 관대한 반응은 아이들이 자신감을 갖고 영어로 말할 수 있도록 격려한다. 실수가 허용되고 칭찬받는 분위기 속에서 아이들은 심리적인 부담 없이 영어로 발화할 수 있게 되는 것이다. 준비가 되지 않은 상태에서 너무 일찍 말하기를 강요받고, 잘못된 표현을 지적당하는 순간 아이들은 실패했다는 느낌을 받는다. 실패의 경험은 두고두고 발화의 걸림돌이 된다.

영어유치원 원장이 아이들의 영어 실력과 관련해 가장 많이 듣는 불만은 "아이가 영어로 말을 하지 않아요"이다. 아이들의 영어 발화 시점은 성격에 따라 크게 다르다. '영어유치원에 보냈으니 다른 애들이 영어로 말을 할 때쯤 우리 애도 같이 하겠지'라고 무작정 기대하는 것은 아이와 교사는 물론 부모들 스스로를 지치게 만든다. 6세 J의 엄마는 원에서 원장과 마주칠 때마다 똑같은 질문을 던졌다. "우리 아이가 언제쯤 영어로 말을 좀 유창하게 하게 될까요?" 보통 남자아이일수록, 맏이거나 외동일수록 그리고 완벽주의적인 성향이 강할수록 영어의 다른 기능(듣기, 읽기, 쓰기)에 비해 말하기는 훨씬 더디게 진행된다. J는 똑똑한 아이로, 읽고 쓰기에 대한 속도가 다른 아이들보다 훨씬 빨랐지만 엄마 앞에서는 절대 영어로 말을 하지 않았다. 눈치가 빠른 아이 앞에서 엄마는 거침없이 아이가 영어로 말을 못한다는 불평을 했고, 엄마의 기대치만큼 유창하게 말할 자신이 없었던 아이는 입을 더욱 꼭 닫아 버리고 말았다.

교실 밖에서는 좀처럼 영어를 사용할 기회가 없는 한국, 중국, 일본 같은 EFLEnglish as a Foreign Language 환경에서 초기 영어교육 중 가장 중요한 것은 듣기와 말하기이다. 영어로 말을 배우는 과정을 세밀히 들여다 보면 다음과 같이 4단계로 나누어진다.

입력 단계(Input Stage)

첫 단계는 주로 듣기를 통해 영어에 노출되는 침묵의 시간Silent period으로 아이들이 본격적인 영어 발화를 시작하기 전 단계에 해당한다. 이 시기는 내적으로 영어가 쌓이는 시간으로, 무언가 대단한 결과물을 기대하기는 힘들다. 결과치output를 내기보다 입력input하는 시간임을 이해하고, 조급해하지 말고 아이들 각자의 속도대로 편하게 쌓을 수 있는 시간을 주어야 한다. 시간 투자와 노력이 당장 아이의 발화로 이어지지 않더라도 아이가 편안해하고 흥미로워하는 방법으로 계속해서 노출하고 입력해 주는 작업이 이어져야한다. 전문 용어 중에 입력 홍수Input flooding, 언어 샤워Language showering라는 단어가 있다. 넘치도록 쏟아붓고 흠뻑 젖을 만큼 언어 노출을 해 주라는 의미로, 언어 학습에서 노출이 얼마나 중요한지를 강조하는 말이다. 가장 이상적인 노출 방법은 부모 또는 주변인이 영어로 상호 작용을 해 주는 것이지만, 상황에 맞춰 시청각 교재를 적극 활용하는 방법도 있다. 책, 영상, 노래, 장난감, 게임을 활용해 아이들이 부담을 느끼지 않는 선에서 영어에 꾸준히, 지속적으로 노출시켜 주는 것이 바로 영어 말하기의 첫 단계가 된다.

초기 발화 단계(Early Production)

　다음은 초기 발화Early production 단계이다. 간단한 단어 위주의 발화가 나타나는 시기로 아이들의 스폰지 같은 능력이 잘 나타난다. 첫 말문을 떼는 시기는 아이들마다 차이가 있기 때문에 같은 또래의 아이 또는 다른 기관에 다니는 아이들과 비교하며 엄마들이 고민에 빠지는 시기이기도 하다. 아이들은 초기 발화 단계에서 문장을 분석하지 않는다. 상황과 맞아 떨어지는 언어는 아이의 머리에 통으로 입력되었다가 그 상황을 마주치면 자연스럽게 입 밖으로 튀어 나온다. 누군가와 헤어질 때 마다 'See you(나중에 봐)'라는 말에 지속적으로 노출되면, 아이는 헤어짐의 상황과 See you를 연결 짓는데, 이때 어른들처럼 'See+You'로 단어를 분석하고 조합하는 것이 아니라 말 덩어리 자체를 머릿속에 입력한다.

　노출되는 콘텐츠 자체를 내레이션이 아닌 일상 대화체로 바꿔 준다면 말하기 효과는 극대화된다. 책에서 보거나 들었던 상황을 현실에서 맞닥뜨렸을 때, 아이들은 저항 없이 해당 영어 표현을 툭 내뱉게 된다. 반대로 책을 읽다가 그 속에서 자기가 경험한 일들을 발견하고 감정을 이입하는 효과도 누릴 수 있다. 이 간단하고 상식적인 생활 영어의 순환 원리는 일상생활 속 아이들의 입에서 무심하게 영어가 튀어나오는 결과를 만들어 낸다. 말문이 트이기 시작하는 3, 4세가 되면 이렇게 실생활에서 영어 덩어리chunk로 발화하고 주변의 열광적인 반응을 경험하는 것이 중요하다. 말대꾸하는 아이의 모습을 그려 낸 스토리 북에는 "Why not?(왜 하지 마?)"이 반복 등장한다. 사사건건 "Don't do that!(하지 마!)"이라고 잔소리하는 아빠에게 아이는 매번 되묻는데, 실제로 "왜 하지 마?"는 네다섯 살들이 가장 많이 하는 말대꾸이다. 한 엄마는 자식이지만 빼질빼질 말대꾸하는 모습이 얄미웠는데, 이 책을 읽고 난 후 아이가 하루 아침에 "왜?" 대신 "Why not?" 하는 모습에 미운 마음이 싹 사라졌다고 한다. 덩어리로 습득하는 언어는 쉽고 빠르게 나온다. 대개 아이들 책은 옛날 옛적Once upon a time으로 시작하는 모험과 환상의 이야기가 필수라고 생각하지만, 말을 배우는 관점에서는 픽션보다 논픽션이 효과적이다. 조금은 덜 교훈적이고 덜 다이내믹해도 실생활, 내가 속한 환경에서의 현실적인 대화들은 말 연습에 큰 도움이 된다. 실생활 이야기가 지루하지 않고 재미있기까지 하면 더 바랄 것이 없다. 현실성 있는 논픽션으로 먼저 말에 대한 감각을 익힌 후라면 아이들의 관심이 이끄는 대로 스스로 장르를 옮겨 책 읽는 즐거움을 누리면 된다.

말의 구성 단계(Speech Emergence)

통으로 입력해 말하기가 많이 늘었어도 덩어리째 입력된 언어만으로 원활한 의사소통을 기대하기는 힘들다. 상대방과 대화가 되려면 스스로 말을 만들어 낼 수 있어야 한다. 스스로 머릿속의 생각을 정리하고 입으로 말하는 단계까지 가려면 언어를 구성하는 연습이 필수인데, 시청각 교재 만으로는 한계가 있다. 덩어리식 발화가 자연스럽게 튀어나오는 수준이라면, 정확하지 않더라도 단어를 나열해 말을 좀 더 길게 구성하는 연습 단계가 필요하다. 이 시기가 말의 구성Speech emergence 단계이다. 덩어리로 짧게 짧게 말하는 단계에 비해 발전 속도가 줄었다고 느껴질 수 있다. 하지만 재촉하거나 강요하지 않고 충분히 연습할 수 있는 시간을 확보하는 것이 중요하다. 언어 학습의 결정적 시기로 통하는 유아기에 실제 아이들의 작은 머릿속에서 어떤 일들이 벌어지는지 아무도 알지 못한다. 그저 놀라운 속도로 언어를 배우는 결과치와 특징적인 현상들을 종합해 대단하고 신비로운 무언가가 진행된다는 것을 미루어 짐작할 뿐이다. 아이들이 말의 구성 단계로 들어섰을 때 나타나는 특징 중 하나는 독백(혼자 말하기)이다. 영어교육 콘텐츠 회사의 교육팀장으로 재직하면서 매해 영어 말하기 대회 심사를 담당했다. 자연스러운 영어 발화가 중요한 채점 기준이었기 때문에 학부모들은 아이들이 일상 속에서 영어로 말하는 모습을 영상으로 찍어 보내주었는데, 수백 개의 영상 속 아이들에게서 공통점이 발견되었다. 바로 가장 편한 내복 바람에, 장난감이나 인형을 가지고 혼자 놀이하며 자연스럽게 영어로 중얼거리는 모습이었다. 아이들은 실제 상대가 없어도 곧잘 사물을 의인화하며 스스로 대화 상대를 만들어내곤 한다. 아이들이 놀이에 집중할 때 자주 등장하는 혼잣말은 머릿속에 저장되어 있는 말 덩어리들을 재배열하고 조합하며 좀 더

긴 말로 구성하는 연습이 된다. 혼잣말의 가치를 과소평가하면 안 되는 이유이다.

아이들이 편안히 말의 구성 연습을 할 수 있도록 어른들이 주의해야 할 사항이 몇 가지 있는데, 그중 하나가 아이의 말을 정확한 표현으로 고쳐 주는 일이다. 말을 막 배우기 시작한 아이에게 강박적으로 틀린 말을 고쳐 주는 것은 오히려 독이 될 수 있다. 어른들이 바로 잡아 주려는 노력을 하는 순간 아이들은 자신만의 놀이가 학습이 되어 버린 것을 눈치채고 입을 닫아 버린다. 아이들이 말 구성 단계에서 다음 단계로 더 이상 발전하지 못하는 이유 중 하나는 이 시기에 훅 들어 오는 어른들의 지나친 관심과 간섭이다.

언어를 가르치는 중요한 테크닉 중 하나가 리캐스팅recasting이다. 직접적으로 틀린 것을 바로 잡아 주는 커렉팅correcting과 다르게, 대화 중에서 틀린 말을 자연스럽게 다시 고쳐 사용해 바른 말의 예시를 보여 주는 것이다. 리캐스팅을 통해 아이들은 은연중에 자기가 사용한 틀린 표현을 알아차리고 스스로 정정self correcting할 수 있는 기회를 갖게 된다. 틀린 영어를 고쳐 주는 것은 필요한 과정이지만 적당한 시기와 적절한 수위가 필요하다.

대화 단계(Conversation)

마지막으로, 대화conversation 단계는 간단한 일상 대화에서 그치지 않고 자신의 생각을 조리 있게 표현하고 상대방과 논리적인 대화까지 가능한 단계이다. 학원에서는 이 단계에 토론debating 또는 토의discussion 같은 거창한 이름을 붙이기도 하는데, 결국은 꾸준히 영어에 노출되어 온 아이들이 단편적인 표현에 머물지 않고, 상대방과 상호 작용하며 논리에 맞게 설득력 있는 대화를 진행할 수 있는 단계로 볼 수 있다. 유아기 또는 초등 저학년 수준에서 바라보자면, 상대방과의 대화에서 자신의 생각을 말하고 뒤이어 'Because(왜냐하면)'를 사용해 이유를 설명할 수 있는 정도의 영어에서 출발한다.

대화 단계에서는 풍부한 입력과 함께 좀 더 정교한 언어 수행을 위한 자극과 연습이 필요하다. 이때 연습은 맥락 없는 반복이 아니라, 자신에게 의미 있는 이야기를 할 수 있는 다양한 주제 속에서의 연습이 되어야 한다. 말하는 훈련과 더불어 생각하는 훈련이 필요한 단계이다. 그래서 이 시기에는 영어책뿐만 아니라 우리말로 된 동화책을 함께 읽는 것이 중요하다. 아직 스스로 글을 읽지 못하는 아이들에게 일일이 책을 읽어주며 생각 주머니를 키워 주는 것은 고된 노동이지만 그만큼의 보람과 효과도 크다. 아이가 읽은 책 내용을 직접 경험하거나 심화, 확장할 수 있는 다양한 활동 기회는 흥미를 유지하면서 학습을 계속해 나갈 수 있는 동기 부여가 된다.

아이가 자신의 생각을 말로 표현해 낼 수 있게 되었다면, 이제 어휘 확장을 통해 좀 더 매끄럽고 자연스러운 표현으로 다듬는 일만 남는다. 완벽한 문법의 문장을 위해 완료 시제 같은 것들을 외울 필요는 없다. 시제나 인칭이 맞지 않아도 큰 문제가 되지 않는다. 어휘 확장을 위해 가장 손쉽게 할 수 있는 방법은 아이들의 흥미에 맞춰 좀 더 다양한 주제의 책들을 선택하는 것이다. 이 단계까지 오면 대부분의 부모들은 "이제 본격적으로 때가 되었군!"이라고 외치면서 슬슬 욕심을 내기 시작한다. 그래서 각종 리더스 교재와 워크시트worksheet 학습을 끌어들이고 본격적으로 아이들에게 문자 공부를 강요하는 오류를 범한다. 놀이 교육을 표방하던 영어유치원들도 이때부터는 학습량을 대폭 늘리며 욕심을 낸다. 인지 발달과 맞물려 언어 발달에서도 폭발적인 발전을 보이는 시기이지만, 여전히 영어교육이라는 긴 여정의 시작점이라는 사실을 잊어서는 안 된다. 어휘 확장의 노력이 갑자기 학습으로 변질되지 않아야 한다.

영어에 대한 호감과 자신감이 깊어지면 아이는 자연스럽게 문자에 관심을 갖는다. 말을 할 줄 아는 아이들에게 문자는 그다지 어려운 과제가 아니다. 영어가 모국어가 아닌 환경에서 가장 필요한 것은 듣고 말하는 음성언어이다. 앞으로 주구장창 해야 하는 문자 공부는 조금 미뤄 두어도 전혀 문제되지 않는다. 일단 문자 세계로 들어서는 순간 듣기와 말하기는 뒤로 밀리는 것이 대한민국 영어교육의 현실이다. 될 수 있으면 듣고 말하기에만 전념하는 시간을 오래 유지하는 것이 유아기 영어교육 성공의 핵심이다.

03

파닉스(Phonics): 영어의 'ㄱㄴㄷ' 배우기

× × × × × ●● × × × × ×

우리나라 엄마들은 '아이가 영어 공부를 시작할 때 무엇을 제일 먼저 해야 하나'라는 질문에 십중팔구 파닉스phonics라고 대답한다. 이제 슬슬 영어를 좀 해 볼까 하는 단계에서 꼭 거쳐야 하는 관문은 파닉스이고, 어느 학원을 가나 기초반 이름은 파닉스 반이다. 보통 영어 공부를 조금이라도 한 아이들은 파닉스 레벨 2부터, 하나도 하지 않은 아이들은 파닉스 레벨 1부터 시작한다. 애매한 경우라면 학원장은 분명 정원이 차지 않은 반을 추천할 것이다. 파닉스를 쉽게 설명하자면 한마디로 영어의 'ㄱㄴㄷ'을 배우는 거다. 그렇다면 모국어인 한국말의 ㄱㄴㄷ 공부는 서너 달이면 충분한데, 왜 영어 파닉스는 1, 2년씩 공부해야 하는 걸까? 한글 자모음을 배우기 전에 아이들은 한국말을 알아듣고 말도 할 줄 안다. 이미 자기가 아는 말소리에 기호를 연결하는 단순한 작업이기 때문에 그 과정은 빠르게 진행된다. 하지만 제2외국어로 배우는 영어 파닉스는 듣고 말하기가 이루어지지 않은 상태에서 글자를 먼저 욱여넣는 격이니 당연히 시간이 오래 걸리고 과부하가 걸릴 수밖에 없다. 아이가 영어에 충분히 노출되었고, 어느 정도 말도 할 수 있는 상황에서 연필로 끄적이며 글자에 관심을 보이기 시작한다면 그때가 바로 파닉스를 시작할 때이다. 파닉스는 영어의 기초가 아니라 읽고 쓰기를 위한 준비 작업이다. 파닉스가 중요한 이유는 읽기를 통해 아이들이 더 큰 세상을 경험할 수 있기 때문이다. 누구에게 의지하지 않고 스스로 읽을 수 있게 된다는 것은 한글이든 영어든 그 의미가 크다. 그렇다고 파닉스에 너무 연연할 필요는 없다. 아직 준비가 되지 않아 스스로 읽지 못하면 대신 읽어 주면 된다. 읽기가 중요하다고 해서 순서를 무시하고 서둘러 파닉스 공부를 시작할 필요는 없다.

영어권 원어민 아이들이 파닉스를 배우기 시작하는 시기는 대략 6~7세 정도이다. 잊지 말아야 할 점은 아주 어렵고 학문적인 언어 사용은 못 하더라도 이 아이들의 말 수준은 이미 완성 단계에 있다는 것이다. 한국 아이들이 한글을 뗀다라는 표현으로 자모음을 배우는 시기도 6~7세이다. 물론 이 아이들도 말은 어른들이 혀를 내두를 정도로 잘한다. 이렇게 충분히 말로 표현이 가능한 아이들은 문자 쪽으로 자연스럽게 관심을 갖게 되는데, 이때가 비로소 읽고 쓰기를 시작할 때이다. 우리 아이가 음성언어, 즉 영어로 듣고 말하기가 부족하다면 문자 학습을 섣불리 시작하지 말아야 한다. 어른들 눈에는 흐뭇해 보일 수 있지만 준비가 미흡한 상태에서의 문자 학습은 아이의 영어 스텝을 완전히 꼬이게 만들 수 있기 때문이다. 문자 학습은 자전거를 배우는 것과 비슷하다. 아무도 두발자전거 타기를 2~3세에 시도하지 않는다. 신체적으로 충분한 준비가 되었을 때 도전이 가능하다. 처음에는 의식적인 주목과 집중이 필요하지만, 나중에는 연습과 경험으로 자동적으로 페달을 밟고 균형을 잡는다. 영어도 마찬가지이다. 초기에 집중해서 기초를 잘 닦아 놓은 후에는 후에는 수행과 확장이 훨씬 쉽고 빠르다. 아이들은 읽는 척하기도 하고 글자를 쓰는 척하기도 하면서 서서히 문자에 관심을 보이는데, 이때 주변에 책이 많거나 읽을 거리가 풍부하면 더욱 자극을 받는다. 아직 글자를 읽지 못하더라도 아이를 데리고 도서관에 가고, 서점 나들이도 자주 다녀야 하는 이유가 바로 여기에 있다.

문자 공부의 첫 입문은 영어 알파벳이 가지고 있는 개별 소리를 깨우치는 것으로, 시중에 나와있는 파닉스 책 1권에 해당한다. 꼭 파닉스 책이 아니더라도 글자의 소릿값(음가)을 배우는 방법은 수백 가지가 넘는다. 이 중에 내 아이에게 맞는 방법으로 우선 26개 알파벳 글자에 매칭되는 소릿값을 알게 해 주면 된다. 만약 아이가 영상 시청을 좋아한다면 유튜브에서 파닉스 영상을 찾아 활용하면 되고, 장난감을 좋아한다면 장난감으로, 책을 좋아한다면 책으로 접근하면 된다. 충분히 집에서 엄마가 해 줄 수 있는 단계이다. 아이가 소리의 법칙을 재미있게 찾아내며 연습할 수 있는 가성비 높은 교구는 글자타일letter tile과 알파벳 블록이다. 각각의 글자를 소리대로 조합해 자기가 알고 있는 단어들을 스스로 만들어 내는 글자 놀이의 성취감은 대단하다.

정직하게 규칙대로 읽히는 단모음 단어부터 두 글자가 합쳐져 전혀 다른 소리를 내는 이중 모음 단어들까지, 본격적인 파닉스 공부를 위해 필요한 것은 타겟으로 삼은 글자의 집중적인 노출이다. 목표 알파벳 'h'라면 "/h/(흐)" 사운드가 들어있는 단어들을 집중적으로 공략해야 한다. 이때 대문자보다는 소문자를 먼저 노출시켜 주는 것이 좋다. 쓰기에서도 소문자가 먼저이다. 이유는 소문자가 아이들 눈에 더 자주 띄고, 쓸 때도 아이들이 여러 번 연필을 떼지 않고 한 번에 그릴 수 있기 때문이다. 대문자는 꼭 따로 가르치지 않아도 자연스럽게 이미 알고 있는 소문자와 매칭해 스스로 익히는 경우가 많다.

파닉스는 소리와 글자의 조합인데, 우리나라에서는 소리보다 글자 쪽에 치우치는 경향이 크다. 유아들에게 파닉스를 가르칠 때는 문자가 아닌 소리에 비중을 두고 접근하는 것이 맞다. 예를 들어 'ee', 'ea'는 글자 상으로 분명히 다르지만 같은 소리를 만들어낸다. 유아기 영어에서 정확성을 너무 강조하지 않는다는 원칙은 파닉스에서도 예외가 아니다. 'see(보다)'와 'sea(바다)'를 의미와 소리로 접근한 경우 아이는 "I went to see(바다에 갔었어요)"라고 말하면서 틀린 글자를 쓸 수 있다. 이른 나이에 sea와 see를 구분해 정확한 스펠링을 쓴다면 오히려 너무 일찍 문자 정확성에 초점을 둔 학습을 시작한 것은 아닌지 우려해야 한다. 소리 나는 대로 적어 내려가는 글쓰기는 소리 중심으로 파닉스를 제대로 배우고 있다는 증거이다. 의미와 소리에 맞게 썼다면 굳이 문자적으로 나온 실수를 고쳐줄 필요는 없다. 이 아이가 1, 2년 후에도 sea를 see로 표기할 가능성은 매우 적다. 책을 보고 문자에 노출되는 기회가 더 많아지면 아이는 스스로 발견하고 수정한다. 아이가 파닉스 공부를 하며 영어와 멀어지게 만들고 싶지 않다면, 지적이나 숙제가 아니라 스스로 깨우칠 시간을 충분히 주는 것이 최소한의 보험이 된다.

사람들은 대부분 자신들이 해 봤거나 익숙한 방법에 호의적이다. 그래서 아직도 시중에 나와 있는 파닉스 교재들은 변함없이 소리보다는 형태 그리고 정확성에 무게를 둔다. 그래서 '점선을 따라 쓰세요', '맞는 것을 연결하세요', '다음 중 맞는 것 또는 틀린 것을 고르세요' 등의 학습 활동으로 교재가 구성된다. 문자 교육에 발을 들였다고 해서 듣고 말하는 음성언어를 소홀히 해서는 안 된다. 여전히 전체 영어 공부의 8할 이상은 듣고 말하기에 집중되어야 한다. 정확성을 강조하는 문자 공부는 아이의 관심도, 소근육 발달, 인지 발달 등을 고려해 아이가 충분히 준비되었을 때 서두르지 말고 여유롭게 진행해야 한다. 그래야 부모 세대와 다르게 우리 아이들은 제대로 된 영어를 할 수 있다.

다섯 살 Y는 언어적 지능이 뛰어난 아이로, 또래 친구들보다 언어 발달이 훨씬 앞서 있었다. 그러나 이러한 언어 능력과는 반대로 전형적인 외둥이 특징에 엄마의 과잉보호까지 겹쳐 아이의 사회성과 독립성은 또래에 한참 미치지 못했다. 5세가 되던 해, 아이는 자기가 속한 반에서 가장 빨리 알파벳 음가를 익혔고, 6살이 되자 복잡하지 않은 단어들을 혼자 읽어 내는 수준이 되었다. 아이가 스트레스 받지 않고 즐겁게 다닐 수 있는 기관을 찾아왔다던 Y의 엄마는 아이가 읽기 시작하면서부터 돌변하여 자나깨나 아이의 읽기 능력만 바라보기 시작했다. 원에서 일주일에 한 번씩 빌려 주는 책이 아이 수준에 못 미친다는 둥, 빌려 주는 책 숫자를 늘릴 수 없냐는 둥 일주일이 멀다 하고 담임을 찾아와 주구장창 읽기 레벨 이야기만 해댔다. 결국은 원장실에까지 찾아와 같이 시작한 옆집 아이는 벌써 빨강 레벨에 들어섰는데, 자신의 딸은 아직도 노랑 레벨이라며 여섯 살짜리 딸아이를 두고 참 민망한 비교를 하기에 이르렀다.

유아기는 모든 것의 기초를 다지는 시기이다. 이 시기에 잘못 끼워진 단추는 다시 풀어서 끼우기가 정말 힘들다. 차라리 아직 끼우지 않은 단추는 언제든지 끼우면 되는데, 잘못된 시작을 바로잡기 위해서는 노력과 비용이 두 배로 든다. 이 또래 아이들에게 전혀 중요하지 않은 '레벨'이라는 결과물에 중점을 두면 영어교육은 산으로 가게 된다. 영어를 일찍 시작하면 나타난다는 무시무시한 부작용들은 대부분 잘못된 방향으로 문자 교육(읽기와 쓰기)의 첫 단추를 끼웠을 때 나타난다. 잘못 끼워진 첫 단추는 방법을 잘못 선택한 엄마의 실수이다. 올바른 정보만 갖고 있다면 엄마도 충분히 가르칠 수 있는 것이 바로 파닉스이다.

단음 (Single Letters)

우리나라에서 출간된 파닉스 책들은 대부분 다섯 권으로 구성된다. 첫 권은 단음Single letters으로, 26개 알파벳이 갖고 있는 고유의 음가를 익히는 단계이다. 보통 알파벳을 '에이, 비, 씨, 디…'처럼 이름으로 아는 경우가 많은데, 알파벳 이름은 실제 읽기에서는 아무 도움이 되지 않는다. 읽기를 하기 위해 아이들이 배워야 하는 것은 '애, 브, 크, 드…' 같이 실제 알파벳이 갖고 있는 소릿값, 즉 음가이다. 파닉스를 위해서라면 알파벳 송이 아니라 파닉스 송이라는 음가 노래를 불러야 한다. 당장 알파벳 이름이 필요한 경우는 교재로 쓰기 공부를 시작할 때 "c(씨)가 빠졌네", "c(씨) 넣어야지" 하며 교사가 쓰기 교정을 해 줄 때 정도이다.

알파벳은 순서대로 배워야 한다는 오해 때문에 교사나 교재가 바뀌었을 때도, 학원을 옮겼을 때도 새 마음으로 처음부터 시작한다. 그래서 중간을 못 넘기고 매번 순서상 앞쪽 음가들만 배우다가 끝나기 일쑤다. 파닉스는 ABC 순서대로가 아니라 일상에 자주 노출되어 아이들도 잘 알고 있는 단어부터 시작하는 것이 맞다. cup, ham, mug, gum, hip 같은 익숙한 외래어들은 음가를 연습하기에 좋은 단어들이다. 글자와 소리를 일대일로 연결하여 읽어야 하므로, 글자 모양이 단순하고 bd, mn, pq처럼 비슷하게 생겨서 헷갈리는 짝꿍이 없는 글자부터 시작하는 것이 좋다. 시중에 나와있는 파닉스 교재가 모두 맞는 건 아니다. 26개 알파벳의 기본 음가를 잘 못 표시해 놓은 경우도 종종 있다. 집집마다 벽에 붙여 높은 파닉스 포스터에서 자주 발견되는 오류 중 하나는 /i/ 음가의 대표 단어를 아이스크림(ice cream)으로 표시하는 경우다. i의 기본 음가는 이글루(igloo)의 /i/ 또는 이ㄴ섹트(insect)의 /i/ 소리여야 한다. 또한 x 음가를 소개할 때 자일로폰(xylophone)을 대표 단어로 표시하는 경우가 많은데, 이 또한 소리보다는 문자에 초점을 두기 때문에 생겨난 오류다. x 음가의 경우 아이들에게 좀 더 익숙한 파ㅋ스 (fox) 또는 바ㅋ스(box)의 마지막 소리로 소개하는 것이 맞다. 알파벳 g처럼 하나의 알파벳이 두 개의 소리를 갖고 있는 경우에는 검(gum)에서처럼 기본 음가 /g/를 먼저 가르친 후, 점(germ)에서처럼 /dg/ 사운드에 노출될 기회가 있을 때 한 알파벳이 두 가지 다른 소리를 낼 수 있다는 점을 자연스럽게 알려 주면 된다.

파닉스를 시작하겠다고 결정했을 때, 가장 쉬운 선택은 시중에 나와있는 파닉스 교재를 활용하는 것이다. 이런 교재들은 알록달록 예쁜 글자와 그림으로 가득하다. 물론 알파벳을 시각적으로 익히는 것도 좋지만, 감각이 예민한 유아기에는 촉각을 이용하면 좀 더 효과적으로 알파벳을 습득할 수 있다. 몬테소리의 사포 글자판 Sandpaper letters은 촉각을 활용해 알파벳을 익힐 수 있는 대표적인 교구이다. 매끄러운 바탕에 알파벳 글자를 까끌거리는 사포로 오려 붙여 놓은 글자판인데, 아이들은 검지와 중지 두 손가락으로 까끌한 면을 따라 그려 가며 해당 글자가 갖는 음가를 소리내 보는 활동을 한다. 눈으로 글자 모양을 익히는 것에 그치지 않고 촉각을 동원해 직접 만져 보며 감각과 소리로 알파벳 소리를 체화하는 원리이다.

단모음(Short Vowels)

26개 알파벳이 갖고 있는 고유 음가를 알게 된 후에는 각각의 소리를 이어서 읽는 연습이 진행된다. 하나의 의미 있는 낱말을 만들기 위해서는 최소한 하나 이상의 모음이 필요하므로, 알파벳을 붙여 읽는 블렌딩blending 연습은 보통 CVC, 즉 Consonant(자음), Vowel(모음), Consonant(자음)로 이루어진 단어에서부터 시작한다. 블렌딩 초기 연습은 아이들에게 친숙하면서 알파벳 소리를 그대로 붙여서 읽을 수 있는 규칙적인 단어들부터 시작하는 것이 좋다. 예를 들면 cat, cup, mug, dog, red 같은 단어들이다. CVC 단어 읽기에 충분히 익숙해지면 CVCC(예를 들면 help), CCVC(예를 들면 clap)처럼 자음이 하나씩 추가된 단어들로 확장해 나갈 수 있다.

많은 연습이 필요하기 때문에 자칫 지루해질 수도 있는데, 아이들은 알파벳으로 자기들이 알고 있는 단어를 하나씩 만들어 나가는 과정에서 의외로 큰 재미를 느낀다.

각각의 알파벳을 짚어 가며 읽는 초기 블렌딩 단계를 거치면, 다음은 유창한 영어 읽기를 위한 자동성automaticity 연습이 필요하다. 깊게 생각하지 않고 쓱 보고도 바로 읽어 낼 수 있을 만큼 눈과 입에 문자가 편해져야 하는데, 그러기 위해서는 시간 투자와 연습이 필수다. 영어가 모국어인 미국에서도 처음 읽기를 접하는 아이들에게 자동성 연습을 시키기 위한 교재들이 존재한다. 이런 책들은 솔직히 재미도 없고, 일반적으로 책이 주는 문화, 정서, 사고, 교훈 같은 어떤 혜택도 기대할 수 없지만 유창한 읽기를 위해 거쳐야 할 단계로 여겨진다. 유명한 책으로는 밥 북Bob books 시리즈가 있다. 재미있는 줄거리나 따뜻한 삽화는 없지만, 읽기의 자동성을 키워 준다는 목적에는 100퍼센트 부합되는 책이다.

예를 들어 아이가 열 명 있는데 그 아이들 이름이 Ted, Sid, Med, Ham, Tud, Sam, Mat… 이런 식이어서 아이들 이름을 한 번씩만 읽어도 단모음과 단자음 조합의 단어(CVC)를 눈과 입에 붙이는 연습을 꽤나 많이 할 수 있게 된다. 이런 책들의 특징은 아이들이 글자 외에 다른 쪽에 시선을 뺏기지 않도록 최소한의 그림과 최소한의 줄거리로 이루어진다. 이 책들이 어떻게 구성되는지를 파악한 후에는 아이와 함께 단모음 단어(CVC)들 만으로 재미있는 스토리를 직접 만들어 낼 수 있다. 파닉스를 배우는 5, 6세 아이들과 밥 북 형식의 이야기를 함께 만들어 내는 활동은 언제나 효과 만점이다. 아이와 함께 만드는 스토리에 CVC 단어의 등장을 유도하고, CVC 단어가 이야기에 등장할 때마다 화이트보드에 써 주면서 눈과 귀가 읽기 위해 협업할 수 있도록 유도하는 놀이이다. 필요하다면 한국말로 이야기를 설명해 주어도 좋다. 즉흥적으로 꾸민 이야기는 종종 산으로 가기도 하지만, 아이들은 자신이 만드는 이야기의 전체 줄거리에 큰 의미를 두지 않는다. 단어를 사용하는 그때그때 아이들의 취향에 맞는 상황이 전개되면 효과적이다. 참고로 아이들은 극단적인 이야기 전개에 환호한다.

Mat and Sam are friends. (맷과 샘은 아주 아주 친한 친구야.)
→ 타겟 단어를 읽으며(예: /므/ /애/ /트/, /므애트/, /맷/) mat, sam 보드에 쓰기

Mat ran and fell. (그런데 맷이 달리다가 꽝하고 넘어졌어.)
→ 동작으로 표현하고, 음가를 소리내며 단어(mat, ran, fell) 쓰기

Mat shouts "help! help!" but Sam claps.
(맷이 도와 달라고 했지만 샘은 박수만 쳤어.)
→ 드라마틱하게 연기하고, 음가를 소리내며 단어 (mat, help, sam, clap) 쓰기

Mat is mad. (그래서 맷은 정말 화가 났어.)
→ 표정으로 표현하고, 음가를 소리내며 단어(mat, mad) 쓰기

아이들과 만드는 즉흥적인 이야기에서는 문법에 얽매일 필요가 없다. 읽을 수 있는 단어 자체에 초점을 두다 보면 문법이 틀릴 때도, 시제가 맞지 않을 때도 있다. 이 활동의 목적은 단모음 단어를 자동적으로 읽게 하는 데 있으므로 3인칭 단수 또는 과거 시제와 같은 문법적 정확성은 잠시 내려놓아도 좋다.

장모음(Long Vowels)

파닉스를 총 5단계로 나눌 때 시간이 많이 걸리고 아이들이 가장 어려워하는 부분은 파닉스 3단계, 장모음이다. /a/, /e/, /i/, /o/, /u/ (애, 에, 이, 아, 어)가 갖고 있는 단모음 고유의 소리가 주변 글자 상황에 따라 장모음으로 변할 수 있다는 것을 배우게 된다. 실컷 i의 음가를 insect, igloo의 /이/소리로 연습했는데, 갑자기 /이/가 아니라 kite, bite, hide에서처럼 /아이/로 발음되는 상황이다. 장모음을 배우면서 '사일런트 e'라는 전문 용어가 등장한다. 장모음에 대한 정통적인 설명 방법은 "사일런트 e가 뒤에 붙으면, 앞에 있는 단모음들이 장모음으로 바뀌게 됨"이다. 예를 들어 'hid'에서 i는 단모음 /이/로 발음된다. 그런데 뒤에 정작 자기는 아무 음가도 없는 사일런트 e가 붙으면 'hide'의 i는 단모음 /이/에서 장모음 /아이/로 그 발음이 바뀌게 된다. 파닉스를 배우는 6, 7세 아이들이 이해하기는 버거운 내용이다. 좀 더 일찍 파닉스를 시작한 4, 5세들에게는 설명 자체가 무리다.

파닉스의 장모음 파트에는 'rake'라는 단어가 종종 등장한다. rake는 낙엽을 긁어 내는 삼지창 모양의 가드닝 도구이다. 집집마다 정원이 있어 낙엽을 긁어서 쓸어 내는 일이 일상화되어 있는 캐나다나 미국이라면 모를까, 아파트 생활이 대부분인 한국 가정에서는 이 도구를 보거나 말할 일이 거의 없다. 그런데 아이들은 지금껏 듣지도 보지도 못한, 그리고 앞으로도 평생 쓸 일이 없을 이 단어를 장모음 설명을 위해 영어 입문 과정에서 배운다. 파닉스를 가르치는 동안 너무 분석적인 설명은 오히려 독이 될 수 있다. 모음의 변화 같은 복잡한 내용을 배울 때는 아이들이 듣고 말할 줄 아는 익숙한 단어를 통해 내가 알고 있던 발음과 다른 소리가 날 수 있다는 것을 자연스럽게 깨우치는 것이 최상의 방법이다.

아이들이 알고 있는 단어로만 파닉스를 가르치는 데 한계가 있다면, 단어로 파닉스를 배우지 않고 전체적인 이야기에 파닉스를 녹여 내는 방법도 있다. 의미 중심적 접근Meaning approach은 단어를 배울 때 글자를 먼저 배우지 않고 의미에 먼저 중심을 두는 학습법이다. 천편일률적인 글자 중심의 파닉스 교재 가운데, 한 어린이 영어 전문 콘텐츠 회사에서 선보인 의미 위주 파닉스 책은 무척이나 신선하다. 모음 /i/(이) 소리를 가르치기 위해 'pink pig(분홍색 돼지)'가 주인공으로 등장한다. 농장 집 딸에게서 입맞춤(kiss)을 받고 싶은 돼지(pig)가 우유(milk) 짜는 흉내를 내 보고, 작은 병아리(little chick)를 낳는 흉내도 내 보지만 번번히 실패하며 나는 왜 사랑받지 못할까 눈물을 흘린다. 그러다가 물에 비친 자신이 윙크(wink)를 할 수 있다는 사실을 찾아내고, 깜빡이는(blink) 연습을 열심히 한 후 주인집 딸에게 달려가 입맞춤(kiss)을 받아 낸다는 이야기이다. 분명 목표한 음가를 배우는 파닉스 책인데, 단어 분절을 통해 분석적으로 음가를 배우는 것이 아니라 일반적인 이야기 속에서 자연스럽게 음가를 녹여 내고 있다. 아이들이 이해할 수 있는 단어들로 재미있는 이야기를 만들고, 그 안에 아이들 눈높이의 교훈까지 포함하고 있는 획기적인 파닉스 교재이다. 이처럼 의미를 중심으로 접근하여 가르치는 파닉스는 자연스럽게 스며든다는 장점이 있지만, 직접적인 교수법보다 시간이 오래 걸린다는 단점도 가지고 있다. 성질 급하기로 소문난 우리나라 엄마들이 참아 낼 수만 있다면 유아기 파닉스 습득에 활용해 볼 만한 훌륭한 교수법이다.

복자음(Double Letter Consonants)

갑자기 길어진 복자음 단어들이 부담스러워 보이지만, 이미 알파벳의 음가를 알고 있는 아이들이 블렌딩하는 방법을 제대로 배웠다면 의외로 쉽게 끝낼 수 있는 단계이다. 앞서 블렌딩 부분에서 나온 clip, flag, stand 같은 단어들이 CCVC CVCC, CCVCC 복자음 단어에 해당한다. 자음이 겹쳐서 오는 단어들이라 조금 빨리 붙여서 음가대로 소리를 내면 별 무리 없이 읽을 수 있다. 다만 예외적으로 두 개 자음이 붙어서 소리가 달라지는 경우들이 있다. ch, sh, th 등의 조합이 해당되는데, 굳이 따로 가르치기보다는 아이들에게 익숙한 단어 안에서 자주 노출시켜 주며 자연스럽게 익히면 된다. /sh/ 소리를 가르칠 때마다 아이들은 소변 소리라며 낄낄대는데, 그렇게 기억에 남은 파닉스 음가는 절대 잊어버리지 않는다. 자기가 알고 있고, 말할 수 있는 단어들을 활용한 음가 노출이 파닉스 학습의 가장 중요한 포인트이다.

복모음(Double Letter Vowels)

파닉스 마지막 단계인 복모음은 파닉스로 접근하기보다 어휘 확장에 의미를 두어야 한다. 복잡한 조합과 새로운 소리 규칙들을 한 권의 파닉스 책으로 커버하기에는 그 범위가 너무 넓다. oa, oo, ow, aw, ui, ou, ay 등등의 모음 조합이 여기에 해당되는데 꽤 많은 예외 음가들이 있어 하나하나 외우기에는 무리가 있다. 복모음을 시간 들여 가르치는 것은 시간 낭비이다. 이야기 안에서 자주 접하여 익숙해지고, 그 과정에서 자연스럽게 습득하는 것이 최선의 방법이다.

파닉스에서 글자를 읽는 것보다 더 중요한 것은 여전히 듣고 말하는 음성언어이다. 책을 읽을 때 문자에만 치중하기보다는 오디오 자료를 같이 활용해 글자와 소리를 연결하는 연습은 계속되어야 한다. 파닉스라는 제목 아래 필수적으로 꼭 가르쳐야 할 내용은 26개 알파벳의 각각의 음가와 기본적으로 그 소리들을 합쳐서 읽어 낼 수 있는 블렌딩까지다. 즉 파닉스 교재 1, 2권을 끝낸 후에 등장하는 장모음, 복자음, 복모음 파트는 분리해 집중적으로 가르치기보다는 많은 책에 노출되는 과정에서 자연스럽게 습득하는 것이 효과적이다.

읽기(Reading): 자신감만 있어도 반은 성공!

× × × × × ●● × × × × ×

완벽하지는 않아도 알파벳 각각의 소리를 알고 앞뒤 알파벳을 연결해 읽을 수 있다면 이 아이의 읽기 준비는 어느 정도 갖춰졌다고 볼 수 있다. 이 시기를 좀 더 직접적으로 설명하자면 파닉스 교재 2권(Short vowels: 단모음)을 마치는 시점으로, 아이가 각각의 음가를 이어서 읽는 블렌딩을 자신감 있게 해낼 수 있는 때이다.

사이트 워드(Sight Words)

블렌딩이 익숙해지면 문장을 좀 더 자연스럽게 읽을 수 있도록 사이트 워드Sight words에의 노출이 필요하다. 사이트 워드는 문장에 자주 등장하지만 파닉스 법칙과 맞지 않는 경우가 많아 통으로 익혀야 하는 단어들이다. 예를 들자면 I, you, the, to, is, that, who 같은 단어들로, 점차 dosen't, because 같은 복잡한 형태로 확장된다. 사이트 워드만을 집중적으로 다루는 책들도 있지만 이런 교재들은 문법, 형태를 목적으로 만들어진 다른 교재들처럼 스토리의 맥락이 매끄럽지 못하고 학습적일 가능성이 높다. 지루한 학습 과정 때문에 책 읽기 자체에 흥미를 잃어서는 안 되므로 사이트 워드를 목적 삼아 따로 공부하기보다는 책 안에서 자주 눈에 띄고 그 결과로 자연스럽게 흡수될 수 있는 방법을 찾는 것이 좋다. 아이가 이미 이야기를 알고 있거나 여러 번 읽어서 조금은 만만한 책이 있다면, 우선 그런 책들을 통해 사이트 워드에 자연스럽게 노출시키는 것이 좋다. 의도적으로 의식할 수 있도록 'you'가 몇 번 등장하는지, 'is'가 어디에 있는지 찾아보는 게임도 도움이 된다. 양과 속도는 중요하지 않다. 아이가 흥미를 유지하면서 소화할 수 있을 정도의 노출이면 된다. 만약 좀 더 집중적인 학습을 원한다면, 파닉스 연습을 위해 활용했던 밥 북Bob books을 다시 꺼내는 것도 방법이다. 원어민 아이들이 첫 읽기 연습 책으로 사용하는 밥 북에는 사이트 워드가 간단한 문장 안에서 반복적으로 등장하기 때문에 눈에 쉽게 익힐 수 있다. 단, 이런 종류의 책들은 매끄러운 읽기를 위한 연습 도구일 뿐이므로 너무 많은 시간을 할애하거나 읽기를 강요하는 일은 없어야 한다.

단순히 읽기 VS 이해하며 읽기

사용 빈도가 높은 몇 개의 사이트 워드를 아는 것만으로도 아이들의 읽기는 훨씬 자연스럽고 유창해진다. 지금부터 중요한 것은 입으로는 알파벳을 따라 읽으면서도 무슨 내용인지 모르고 음가만 읽는 디코딩decoding 단계에 머무르지 않고, 읽은 글을 이해comprehension할 수 있도록 만드는 일이다. 읽기의 최종 목표는 글의 내용과 배경, 속뜻에 대한 종합적인 이해이다. 한국에 온 지 1년밖에 되지 않은 미국인 교사 조이는 한국어 수업에 다니면서 한글 조합을 빠르게 이해하고 몇 달간의 연습만으로 웬만한 한국어 간판들을 모두 읽을 수 있게 되었다. 모두 조이의 한국어 실력을 칭찬했지만, 당사자는 읽기는 해도 정작 무슨 뜻인지 모르기 때문에 아무 짝에도 쓸모 없는 한국어 실력이라며 부끄러워했다. 조이의 한국어 실력은 듣고 말하는 능력을 갖추지 못한 아이들이 파닉스를 먼저 배웠을 때 나타나는 부작용과 똑 닮아 있다. 파닉스 규칙대로 입으로는 줄줄 읽지만 정작 무슨 뜻인지는 알지 못한다. 실제 파닉스를 뗀 아이들은 대학교 원서도 읽어 낼 수 있다. 하지만 아무도 그것을 진짜로 읽었다고 보지 않는다. 파닉스 학습으로 읽을 수 있게 되었다면 그 의미를 이해하는 작업reading comprehension이 동시에 일어나야 한다. 먼저 읽고 난 다음 의미를 알아가는 식의 읽기는 해석 단계를 꼭 거쳐야 하는 잘못된 읽기 습관으로 굳어질 수 있다. 읽기를 이제 막 시작하는 초기 단계라면 글밥과 레벨에 욕심을 내기보다는 아이가 흥미를 느끼고 이해할 수 있는 수준의 그림책을 소리와 함께 읽기 시작하는 것이 좋다. 글자를 읽고 그림을 통해 이해하는 과정이 동시에 진행될 수 있는 조합이다. 한동안 그림 동화에 CD가 부록으로 달려 있는 오디오 북이 인기를 끌었고, 그 다음에는 스스로 읽고자 하는 문장에 펜을 찍어 소리를 듣는 세이펜Say pen이 등장하더니, 이제는 어떤 책을 가져다 놓든지 글자를 소리로 전환하여 읽어 주는 독서 램프가 등장했다. 기술 발달과 함께 영어 읽기를 배울 수 있는 기회와 방법은 점점 많아지고, 또 쉬워지고 있다. 대략적인 순서만 알고 있다면 우리 아이의 영어 읽기 교육은 크게 헤매지 않고 효율적으로 해낼 수 있다.

과도기적 읽기

아이의 영어 실력이 늘어갈수록 부모는 새로운 고민에 빠진다. 아이의 수준에 맞는 읽을 거리를 단계별로 제공해 주어야 한다는 막중한 책임감 때문이다. 이때 부모 입장에서 가장 안전하다고 믿고, 실제로 많이 하는 선택은 유명한 동화책들을 읽히는 것이다. 세계적인 상을 수상한 유명 작가들의 동화책은 이미 한국에서 두터운 마니아층을 형성하며 꾸준한 사랑을 받고 있다. 대표적으로 에릭 칼의 《The very hungry caterpillar(배고픈 애벌레)》, 《Brown bear, Brown bear, what do you see?(갈색 곰아, 갈색 곰아, 무엇을 보고 있니?)》, 앤서니 브라운의 《My Dad(우리 아빠)》, 《My Mom(우리 엄마)》, Willy 시리즈, 레오 리오니의 《A color of his own(저마다 제 색깔)》, 《Swimmy(헤엄이)》 같은 책들은 유아가 있는 가정이라면 빠트릴 수 없는 필수 동화 목록이다.

인기 작가들의 책은 명성에 걸맞게 아이들 눈높이에 맞는 스토리를 그림과 글로 훌륭하게 표현한다. 그런데 여기서 한 가지 주목해야 할 점은 아이들의 눈높이에 맞춰져 있다는 것이 이해할 수 있는 의미(음성언어)로서의 레벨이지, 읽을 수 있는 파닉스(문자언어)의 레벨은 아닐 수도 있다는 점이다. 즉, 내용이 쉽다고 해서 모두가 읽기 쉬운 책은 아니다. 예를 들어 곰을 뜻하는 'bear'라는 단어는 두세 살 아이들도 이해할 수 있는 쉬운 의미이지만, 파닉스 관점에서는 복모음이 포함되어 있어 결코 쉬운 단어가 아니다. 딸기를 뜻하는 'strawberry'도 아이들에게 익숙한 단어지만 파닉스 법칙에 따라 읽기에는 어렵게 느낄 수 있는 단어이다. 만약 strawberry의 의미를 알고 있는 아이라면 정확한 발음대로 읽지 못해도 /s/와 /t/의 기본 음가와 그림 힌트를 조합해 눈치껏 읽어 낼 수 있다. 파닉스를 정확히 알고 읽었다고 볼 수는 없지만 이 아이는 글과 그림의 맥락 안에서 읽기를 하고 있는 것이다. 보통 글밥이 적은 책일수록 읽기 쉬운 책이라고 생각하고 책을 고를 때 글밥의 양에 지나치게 신경을 쓰는데, 아이 수준에 조금 넘치는 책이라도 그림 힌트를 활용해 얼마든지 읽기를 시도해 볼 수 있다.

영어교육 초기에는 읽기의 의미를 정확히 문자를 읽어 내는 능력으로만 한정하지 말아야 한다. 여러 힌트를 조합하여 읽어 나가는 과도기적인 읽기는 아이가 가진 문해 능력의 발전 가능성을 가늠할 수 있는 중요한 단서가 된다. 한마디로, 정확성은 떨어지지만 책이 주는 정보를 종합하여 읽어 내는 센스는 훗날 가지게 될 진짜 읽기 능력과 밀접하게 연결된다. 아이가 막 읽기를 시작할 때 엄마들은 손사래를 치며 "진짜 읽는 게 아니라 읽는 척하는 거예요"라며 겸손의 말을 한다. 이는 읽기의 의미를 매우 좁게 보기 때문에 나오는 이야기다. 유아기의 읽기는 특별하다. 외워서든 눈치로든 여러 힌트를 유추해 읽는 척할 수 있는 이 능력은 흉내 이상의 많은 것을 내포한다. 두려움 없이 책 읽기를 시도하는 아이는 영어에 대한 호감과 자신감을 갖고 있으며, 앞으로 읽기 쓰기를 포함한 문자 영역에서 눈부신 발전을 기대할 만하다는 긍정의 사인이다.

과도기적 읽기 단계에서 그림책을 그저 글자대로 읽어 내는 용도로만 사용한다면, 그 가치를 반밖에 누리지 못하는 것이다. 유아기의 읽기에서는 파닉스대로 읽는 것decoding에 초점을 두기 보다는 좀 더 넓은 범위에서의 책 읽기를 시도해야 한다. 이 시기의 글 읽기 최종 목표는 아이가 글자를 잘 읽는 것이 아니라, 책을 좋아하는 사람으로 성장할 수 있도록 기초를 마련하는 데 있다. 작가의 명성이나 글밥의 양처럼 획일화된 기준으로 고른 책들은 책장에만 꽂혀 있게 될 가능성이 매우 높다.

첫 읽기

잘못된 목표를 세우고 전략 없이 읽기만을 강요하다가 아이들을 지치게 만드는 경우는 너무나 많다. 대표적인 실수는 파닉스를 떼고 나서 바로 리더스 북Readers book을 시작하는 경우다. 일찍 시작하면 남들보다 빨리, 많이 할 수 있다는 오해가 엄마들을 부추긴다. 단계별로 나눠져 있는 리더스 북에 입문하는 순간 내 아이의 영어 능력 위치를 정확히 파악하게 되었다는 안도감이 드는 건 사실이다. 학년이 올라가면서 읽기의 레벨은 점점 중요해지지만 유아기에는 그렇지 않다. 이제 막 파닉스를 익히고 소리에 맞춰 읽는 재미에 겨우 눈을 뜬 아이들에게 고학년 아이들에게나 해당하는 읽기 레벨의 잣대를 들이대는 것은 매우 위험하다.

리더스 북은 보통 렉사일 지수 또는 AR 지수라고 하는 기준으로 레벨이 나뉜다. 이 지수들은 미국 교육 연구기관이 개발한 독서 능력 평가지수로, 미국 국공립 학교의 교과서와 추천 도서들은 레벨에 따라 특정 지수를 부여 받는다. 지수가 낮을수록 초보적인 수준의 쉬운 도서를 가리키며, 높을수록 읽기 난이도는 높아진다. 유아들이 읽는 수준의 책들은 BRBeginning Reader로 분류되고 보통 미국 초등학교 1학년 아이들은 렉사일 지수 300L 수준의 책을 읽는다. 숫자로 나타내는 기준이 편리하지만, 아이들의 초기 읽기를 단순히 정량적인 잣대로만 판단하기에는 무리가 있다. 몇 개의 단어를 읽었는지보다는 아이가 보이는 흥미는 얼마만큼인지, 책 읽기에 자신감이 있는지, 자율적인 읽기였는지와 같은 정성적인 면이 유아기의 영어책 읽기에서는 더 중요할 수 있다. 숫자로 표현되는 레벨은 읽기 수준을 가늠하는 하나의 참고 사항은 될 수 있지만, 거기에 너무 집착하는 것은 바람직하지 않다. 레벨이라는 굴레에 일단 발을 들여 놓으면 빠져 나오기가 쉽지 않기 때문에, 리더스 북을 선택하고 시작할 때에는 신중해야 한다. 다른 아이들은 계속 한 단계씩 올라가는 상황에서 우리 아이만 잠깐 쉬게 할 수는 없다. 아이가 힘들다는 사인을 보내와도 한번 레벨을 계산하기 시작하면 멈출 수 없다. 그래서 강제적으로 앞만 보고 직진해야 하는 상황이 되어 버린다.

잘 다니고 있던 유치원을 하루아침에 그만두고 영어유치원으로 옮긴 H의 엄마는 "나는 다른 엄마들과 다르다"며 자신했다. 아이의 사촌이 영어유치원을 다니면서 힘들어하는 모습을 보았기 때문에 본인은 그 부담을 안고 시작한다고 이야기했다. 미리 겁먹고 시도조차 하지 않으면 나중에 후회할 것 같아 일단 아이와 함께 도전하지만, 아이가 스트레스를 받으면 언제든 미련 없이 그만둘 수 있다는 점을 여러 차례 강조했다. H가 한동안 소아 자위 행동을 심하게 보였을 때, 소아정신과에서는 영어유치원을 포함하여 아이의 스트레스 상황을 줄이라는 처방을 내렸다. 그러나 H의 엄마는 영어유치원을 그만두겠다는 의지를 조금도 보이지 않았다. 오히려 "지금껏 해 온 걸 어떻게 그냥 내려놓겠어요?"라고 말하며 되려 원장인 나를 설득했다.

아이들은 일정 시간만 지나면 어디서든 적응한다. 적응한 후에는 영어유치원에 즐겁게 다닐 것이고, 부모는 하루하루 늘어가는 아이의 영어 실력에 감동하며 투자한 돈이 아깝지 않다고 느낄 것이다. 하지만 아이는 스트레스 상황에 노출되어 있을 수 있다. 스트레스의 원인이 무리한 영어 학습 때문인지, 친구 관계인지, 선생님한테 혼이 나서인지 정확한 이유를 짚어 내기는 어렵다. 확실한 건 아이들은 "저랑 맞지 않는 것 같아요" 또는 "힘들어요"라고 정색을 하거나 자신의 힘든 상황을 정리해 표현하지 않는다는 것이다. 대신 찡찡대고, 안 하던 짓으로 스트레스를 표출한다.

엄마의 말처럼 해보지도 않고 후회하느니 일단 시작하고 아니다 싶으면 돌아가는 것이 최선이다. 하지만 한참을 달리던 중간에, 다른 아이들은 계속 달릴 것이 뻔한데 우리 아이만 멈춰 세워 되돌아오게 하는 것이 말처럼 쉽지 않다. 그래서 많은 엄마들은 아이들의 힘들다는 신호를 못 본 척하며 계속 트랙 위에 남아 있기를 응원한다.

그렇다면, 처음 읽기에 도전할 때는 어떤 책이 좋을까? 스토리와 매칭되는 삽화가 적재적소에 배치되어 있어서 그림 힌트를 충분히 얻을 수 있는 책들이다. 글의 수준은 아이들이 현재 갖고 있는 파닉스 지식으로 완벽히 소화하지는 못해도 도전해 볼 만한 수준의 책이면 좋다. 언어학자 크라센Krashen은 아이들의 외국어 학습은 'i+1' 즉, 아이의 실력보다 한 단계 정도 높은 수준의 레벨이 좋다고 했지만, 여러 해 많은 아이들에게 첫 읽기를 가르치면서 자기 실력에서 만만하다 싶은 'i−1'을 간간이 넣어 주는 것도 나쁘지 않은 선택이라는 것을 터득했다. 첫 읽기에서 무엇보다 중요한 것은 자신 감이다. 자기의 파닉스 실력으로 읽을 수 있는 책이 있다는 것만으로도 아이들은 큰 성취감을 느낀다.

D는 내성적인 까불으로, 집에서와 다르게 밖에서는 낯을 많이 가리는 아이였다. D가 처음 영어책 읽기를 시작했던 것은 6세 후반이었다. 처음에는 문자 공부에 영 흥미가 없는 듯 지루해했지만 한 페이지에 한 문장씩 있는 8쪽짜리 얇은 책을 눈치코치로 혼자서 끝까지 읽어 낸 후부터, 이 아이는 진정 읽기 사랑에 빠지게 되었다. 아이가 읽어 낸 문장은 고작 'I Like~' 형식으로 그나마 목적어가 되는 단어들은 그림 힌트로 충분히 알아낼 수 있는 수준이었다. 자신감이 붙은 D는 일주일에 한 번씩 빌려 가는 책을 엄마, 아빠 앞에서 읽고 또 읽고 지치지도 않고 반복해서 읽었다.

읽기 전략

집중력 약한 유아들이 책 읽기를 처음 시작할 때 사용하면 좋은 규칙은 검지손가락을 활용하는 포인터 룰Pointer rule이다.

🎵 "Where is pointer? Where is pointer? Here I am, Here I am." (검지 어디 있니? 검지 어디 있니? 나 여기 있어. 나 여기 있어.)

노래를 신나게 부른 후, 선생님과 책을 읽을 때에는 무조건 두 번째 손가락으로 글자를 하나하나 짚어 가며 읽기로 약속한다. 산만하고 집중 시간이 짧은 아이들은 보통 그룹 읽기나 교사와 함께 소리 내어 읽기를 할 때, 입은 따라 읽고 있으나 눈은 사방을 헤매는 경우가 많다. 이런 경우, 손가락 읽기는 보고 있는 글자와 입에서 나는 소리를 연결시켜 집중하는 데 도움이 된다. 읽기가 유창해지면 당연히 그만두어야 하는 습관이지만, 초반에는 글자에 집중하는 데 도움이 되는 전략 중 하나이다.

파닉스 규칙에 따라 곧잘 읽어 내던 아이가 어려운 단어 등장에 주춤할 때, 옆에 있는 어른이 해 줄 수 있는 가이드는 천천히 그 발음을 음절로 나누어 읽어 주는 것이다. St-r- aw- be- rry, strawberry. 두 번 세 번 반복하며 낯선 파닉스 규칙에 익숙해지는 연습은 읽기 초반에 꼭 필요한 과정이다. 또한 이 시기에는 완성되어 가는 과정에서 아이가 스스로 느끼는 기쁨이 크므로 한 번 읽은 책이라고 덮어 버리는 일은 없어야 한다. 이렇게 하나의 책으로 읽기의 자동성reading automaticity 연습, 즉 자연스럽게 읽는 연습을 여러 번 진행한 후에는 읽기 전략을 위한 질문들을 적재적소에 배치해 아이들이 내용을 이해할 수 있도록 돕는 것이 중요하다. "What is this?(이게 뭐지?)" 같은 얕은 수준의 질문에서 자신의 경험을 끌어내 논리적으로 추론할 수 있는 "What makes you think that?(왜 그렇게 생각해?)" 같은 질문까지 책과 관련된 다양한 질문을 던짐으로써 아이는 읽기의 기초를 단단히 다질 수 있게 된다.

읽기 초기에는 아이가 책 내용을 이해하고 있는지 확인하는 질문보다는 "이만큼이나 알고 있구나" 하고 칭찬해 주기 위한 질문이면 좋다. 아이가 스스로 대답할 수 있는 수준의 질문과 함께 상의해 대답을 만들 수 있는 질문들을 적절히 섞어 책 읽는 시간을 아이와 상호 작용하는 시간으로 만들어야 한다. 유아동을 위한 책은 내용 자체가 실생활과 연결되는 경우가 많아 아이에게 익숙한 인물들과 오늘 아침 또는 어제 저녁에 아이들 스스로가 겪었을 만한 상황들이 책 속에 등장하곤 한다. 이때를 놓치지 말고 책 내용과 자신의 경험을 연결 짓게 하는 질문을 던져 자기 이야기를 할 수 있도록 유도하는 것도 좋은 방법이다.

아이가 영어책 읽기에 어느 정도 자신감이 붙었다면, 책에 있는 내용 또는 드러나 있지 않은 내용에 대한 질문을 던져 추측하고 상상하게 만드는 것이 좋다. 질문을 던졌을 때 아이들이 추론해 '왜냐하면because'으로 대답할 수 있는 질문들은 숨겨져 있는 주인공의 감정과 행간 의미를 찾아내고 이해하는 데 도움이 된다. 아이들의 상상력이 최고치에 이르는 때인 만큼 책 내용을 넘어서 상상할 수 있는 기회를 주는 것도 좋은데, "If I were the girl/boy(내가 만약 그 여자아이/남자아이였다면)" 하며 직접 주인공이 되어 보기도 하고, 마음대로 결말을 상상해 만들어 낼 수도 있다. 책을 다 읽은 후에는 책이 전달하고자 하는 메시지를 종합적으로 이해할 수 있는 시간이 필요하다. 동화책 읽기를 끝내고 난 후 아이의 기분이 어떤지, 어떤 것을 배웠는지 등을 질문함으로써 전체적인 내용을 이해하고 정리하는 시간을 가질 수 있다.

　부모들은 대개 좋은 책을 고르려는 노력은 많이 하지만, 고른 책을 어떻게 활용할지에 대한 고민에는 영 인색하다. 매번 새로운 책을 사기보다는 우리 집 책장에 꽂혀 있는 책들을 올바른 읽기 가이드로 재발견하기를 권장한다. 책 읽기에서 아이와 호흡이 맞춰지면 조금씩 글밥이 많아지고 주제가 확장되는 그림책을 골라 같은 방법으로 읽어 주면 된다.

　아이들의 영어 읽기를 지도하다 보면 그 발전 속도에 놀랄 때가 많다. 다이어트처럼 당연히 정체기도 있지만 속도 면에서 가장 신나게 읽기의 성장을 경험하는 나이는 7~8세이다. 한글 공부에서도 그렇듯이 문자 학습에 가장 눈부신 잠재력을 갖고 있는 이 시기를 제대로 이끌어 준다면 아이들은 영어 독서라는 항해를 순조롭게 시작할 수 있다.

쓰기(Writing): 쓰기보다 중요한 아이디어

유아들의 영어 쓰기writing라고 하면 쉽게 떠오르는 이미지가 있다. 뒤에서 팔짱을 끼고 서 있는 극성 엄마와 스트레스 가득한 표정으로 책상머리에 연필을 쥐고 앉아 있는 아이의 모습이다. 여섯 살 아이가 영어로 쓰기를 한다고 했을 때 사람들이 보이는 반응은 크게 다르지 않다. "너무 이른 거 아니야?", "아직 한글도 모르는 애한테 영어 쓰기를 시킨다고?", "아이가 스트레스 받지 않겠어?" 등등 부정적인 시선들 일색이다. 그런데 생각해 보면 아이가 연필을 잡고 한글을 끄적거리는 시기도 6~7세 즈음이다. 이 나이 아이들이 연필이든 색연필이든 필기도구를 들고 뭔가를 그리거나 쓰고 싶어 하는 것은 본능에 가깝다. 한국 사회에서는 영어 쓰기의 시작을 '점선 따라 알파벳 그리기'로 오해하는 경향이 짙다. 덮어 두고 영어 쓰기에 대한 부정적인 반응을 보이는 것은 그동안 대한민국에서 쓰기라는 이름 아래 어린아이들에게 잘못된 교육을 해 온 탓이다. 영어든 한글이든 이 나이 때에 글쓰기에 관심을 보이는 것은 자연스러운 일이고, 적기의 교육은 언제나 그렇듯 최고의 효과를 가져온다. 중요한 건 '아이가 영어 쓰기를 시작할 수 있는 준비가 되었냐'이다. 영어는 모국어가 아니기 때문에 6~7세가 됐다고 해서 무턱대고 쓰기를 시작할 수 없다. 영어 쓰기를 시작하기 전 아이들은 영어로 어느 정도 듣기와 말하기가 가능해야 하고, 알파벳 26개의 음가를 알고 그 모양을 기억할 수 있어야 한다. 무엇보다 쓰고자 하는 말의 의미와 소리를 머릿속에 가지고 있어야 한다. 여기에 연필을 꼭 쥐고 글씨를 써 내려 갈 소근육까지 발달했다면 영어 쓰기로의 자연스러운 입문이 가능하다.

8단계 글쓰기

영어가 모국어인 아이들이 쓰기를 배울 때 일반적으로 오른쪽 그림과 같이 8단계를 거치게 된다.

보통, 아이들이 연필을 쥐고 글자 비슷한 것을 끄적이는 3단계가 되면 많은 부모들은 핏덩이가 언제 이렇게 자라서 글까지 쓰게 되었나 감동하면서도 한편으로는 마음이 조급해진다. 그래서 모국어라면 반드시 거쳤을 4, 5, 6단계(불완전한 글쓰기 단계)를 무시하고 바로 8단계(정확한 글쓰기 단계)로 넘어가고 싶어 한다. 사실 8단계의 글쓰기를 흉내 내는 것은 어렵지 않다. 연습과 숙제만 있다면 얼마든지 만들 수 있는 결과다. 하지만 유아기의 글쓰기에서 중요한

쓰기의 발달 단계

1단계
Scribbling
끄적거리기

3단계
String of letters
이어지는 글자

(위치상 2단계)

2단계
Letter like symbols
글자 비슷한 기호

4단계
Beginning
sound emerging
첫 소리 등장

5단계
Consonants start to
represent words
단어 대표 자음

6단계
Initial, middle,
and final sound
첫, 중간, 마지막 소리

7단계
Transitional phrases
과도기 문장

8단계
Standard spelling
표준 쓰기

것은 또박또박 정확하게 써 내려 간 8단계 결과물이 아니라, 과정 중에 나타나는 4, 5, 6단계이다. 이 단계들은 글쓰기에 충분한 소근육이 발달하기 전, 그리고 정확한 스펠링을 쓸 수 있기 전에 나타나는 일종의 과도기적 쓰기 형태로 인벤티드 스펠링Invented spelling이라고 부른다. 해석하자면 '스스로 철자를 독창적으로 만들어 내며 쓰기' 정도가 된다. 이 과도기적인 글쓰기 단계를 충분히 경험한 아이들은 절대로 쓰기를 두려워하지 않는다.

흔히들 영어 유창성fluency을 완벽한 영어 실력에만 붙일 수 있는 단어라고 오해하지만 사실은 그렇지 않다. 유창성은 틀려도 주눅들지 않고 효율적으로 자기 표현을 하는 능력이다. 아이들의 쓰기는 자기 생각을 자신감 있게 표현하는 유창성을 거쳐 정확성accuracy으로 이동해야 하는데, 안타깝게도 유아를 대상으로 하는 어떤 영어 쓰기 교재에도 이러한 순서가 반영되어 있지 않다. 쓰기 기초 교재에는 어김없이 점선 따라 그리기가 등장하고, 그 다음에는 4선이 등장해 네 칸 안에 글자를 등분해 또박또박 정확히 채워 넣는 연습이 시작된다. 처음부터 정확성만 강조하는 쓰기가 시작되는 것이다. 쓰기의 본질은 자기 생각을 표현하는 것인데, 점선 그리기 연습에는 그 어디에도 자기 생각이 들어갈 틈이 없다. 그냥 소근육 운동이 될 뿐이다.

인벤티드 스펠링(Invented Spelling)

한글이든 영어든 쓰기의 본질은 베껴 쓰기가 아니라 생각과 아이디어이고, 그것을 문자로 표현하는 것이다. 흉내에서 그치지 않고 생각을 글로 표현하는 진짜 글쓰기를 하기 위해, 유아기에는 정확한 글쓰기에 앞서 과도기적 글쓰기 경험이 꼭 필요하다. 아이들은 자신의 파닉스 지식을 총동원해 표현하고 싶은 것들을 소리 나는 대로 적어 보는 과정을 거치며 머릿속 생각을 문자로 표현하는 진짜 글쓰기 연습을 시작하게 된다.

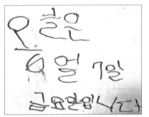 

위의 사진들은 보통 6, 7세 아이들이 한글 쓰기를 처음 배우는 단계에서 나타나는 글쓰기 예시이다. 완벽하지는 않지만 하고 싶은 말들을 써 내려 간 아이들의 글쓰기에 어른들은 타박하거나 지적하는

대신 칭찬하고 감동한다. 모국어처럼 편안하게 영어를 배우기 위해서는 영어 쓰기에서도 한글 쓰기와 같은 규칙이 적용되어야 한다.

It's raining. I see a rainbow.
(비가 오네요. 무지개가 보여요.)

Rainbow를 RNBO로 쓰고 있는 이 문장은 문법, 띄어쓰기, 스펠링 무엇 하나 정확한 게 없지만 아이는 하고 싶은 말을 아쉬움 없이 표현해 내고 있다. 처음 글쓰기를 할 때 아이들이 힘들어하는 것들 중 하나는 띄어쓰기이다. 읽는 사람이 편하게 읽을 수 있도록 단어 사이사이에 새끼손가락을 넣어 간격을 두는 연습을 하기도 하는데, 초기 글쓰기에서 형식은 크게 중요하지 않다. 띄어쓰기 연습에 앞서 강조되어야 할 것은 자기가 하고 싶은 말을 자신감을 갖고 표현하는 것이다. 아이들은 자기가 무엇을 쓰고 싶은지에만 집중하면 된다. 다른 사람들이 읽을 것까지 배려하며 쓰기를 할 단계는 아직 아니다.

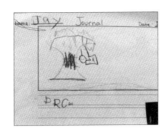

Park (공원)   Teacher is beautiful. I Love you.

(선생님은 아름다워요. 사랑해요.)

머릿속 생각을 말로 표현할 수 있는 아이들은 초기 쓰기 작업에서 자음 초성을 적극 활용한다. 파닉스를 알고 있지만 완벽한 상태가 아니기 때문에 가장 대표적인 자음을 먼저 떠올려 쓰게 된다. Park를 PRC, Teacher을 Tur로 쓰고 있지만 아이들은 Park, Teacher라는 단어를 생각하고 말로 표현할 수 있다.

다음은 좀 더 발전한 인벤티드 스펠링 글쓰기 예시이다. 암호처럼 보이는 아이의 글쓰기를 교사는 정확히 이해하고 "Was your brother sick at home yesterday?"라는 답글을 달아 주었다. 교사의 질문에 아이는 다시 "NO"라고 대답한다.

아이: I was sick yesterday. I cannot come to school. (나는 어제 아파서 학교에 올 수가 없었어요.)

교사: Was your brother sick at home yesterday? (어제 집에서 남동생도 아팠니?)

아이: No. (아니요.)

아이는 이 과정을 통해 생각을 말이 아닌 글로 표현하고 의사소통하는 새로운 경험을 하게 된다. 유아기 글쓰기의 가장 큰 동기는 내가 쓴 글을 이해해 주고 격려해 주는 주변인의 반응이다. 아이가 글자를 끄적거렸을 때, 내용을 알아보고 반응해 주는 부모의 격려는 아이를 계속 쓰게끔 만드는 가장 강력한 에너지가 된다. 더 나아가 아이가 쓴 단어, 문장을 포함한 부모의 답장을 받을 수 있다면 아이에게는 자신이 잘못 쓴 스펠링 또는 글자를 자연스럽게 수정할 수 있는 기회가 된다.

처음 걸음마를 배우는 아가들의 얼굴에는 한 발자국 내딛고 버틸 때마다 스스로 신기해하고 자랑스러워하는 감정이 고스란히 드러난다. 스스로 미지의 세계로 들어가 성공해 내는 첫 경험은 딱 한 번씩밖에 없기 때문에 너무나 소중하다. 제대로 된 첫 쓰기 경험은 자신감을 끌어 올린다.

자음 초성만으로 글을 쓰던 아이들은 어느덧 모음을 사용하기 시작한다. a, e, i, o, u 다섯 개 밖에 안 되는 모음이지만 여러 형태로 결합하면서 수십 개의 소리를 만들어 낸다. 너무나 많은 예외의 소리가 나기 때문에 대부분의 아이들은 모음을 어려워한다. 초기 쓰기에서는 정확한 모음 사용에 대한 스트레스가 없어야 한다. 모음이 등장하면서 아이들이 공통된 실수를 보이는 단어는 'Because'이다. 자주 사용하는 단어지만 모음이 잔뜩 들어 있는 이 단어를 아이들은 각자의 창의력을 동원해 소리 나는 대로 만들어 적는다. becuz, bicoz, beacouse… 어떻게 적든 크게 상관 없다. Because의 의미를 이해하고 필요한 대목에서 적절히 쓸 수 있으면 된다. 유아기 아이들에게 필요한 것은 자신 있게 자기 생각을 술술 써 내려가는 유창성이지, 정확성이 아니다. 정확성은 더 많은 글자들에 노출되는 과정을 거쳐 자연스럽게 완성되는데, 시험이 중요해지는 나이에 시작해도 늦지 않다.

영어 글쓰기 준비
생각이 중요해요

쓰기를 위해서는 우선 머릿속에 쓰고자 하는 생각이 있어야 한다. 생각을 만들기 위해 필요한 것은 경험과 아이디어이다. 당연히 그 아이디어를 말(영어)로 표현할 수 있어야 한다.

K의 부모는 서울 근교에 카페를 열고 사업에 전념하고 있었다. 선생님들을 모시고 오라며 건네준 명함을 검색해 보니 수영장까지 딸린 큰 규모의 가족형 카페였다. 모든 사업이 그렇듯 이 젊은 부부

는 처음 시작한 사업을 안착시키기 위해 애를 썼고, 하원 시간에 맞춰 아이를 사업장에 데리고 가서는 꽤 늦은 시간까지 머무는 듯했다. 몇 달이 지난 어느 날, 담임 교사가 그동안 K가 쓴 글이라며 원고 한 뭉텅이를 들고 원장실을 찾아왔다. 그동안 모아온 아이의 글은 거의 다른 내용 없이 "I went to ○○○(카페 이름). It's fun"으로 끝나고 있었다. 처음에는 카페 방문이 꽤 신나 보였던 아이의 글에서 지루함이 묻어나기 시작했다. 글쓰기 시간에 주어지는 주제와 상관없이 아이는 늘 같은 글을 쓰고 있었다. 이후 학부모와의 만남 기간에 교사가 조심스럽게 꺼낸 아이의 글을 보고 젊은 엄마는 울음을 터트렸다. 아이에게 미안한 마음을 애써 외면하고 있던 엄마의 감정이 아이가 쓴 영어 몇 글자에 무너지고 만 것이다.

아이들의 쓰기는 쓰는 행위 자체보다는 자기 생각을 글로 표현하는 데 중점을 두어야 한다. 생각이 우선이고, 그걸 표현하는 도구로써 글쓰기가 진행되어야 한다. 글쓰기가 목적이 되어 또박또박 정확히 쓰는 것을 강조할 때 아이들은 흥미를 잃게 된다.

자기 생각을 글로 표현하는 재미를 느끼려면 글로 하는 의사소통의 경험이 중요하다. 거기에 자기가 쓴 글에 대해 칭찬을 듣고 자부심까지 맛본다면 아이는 절대 글쓰기를 어려워하지 않는다. 아이가 영어 쓰기 단계에 막 들어서면 부모들은 어떤 교재를 사야 할지, 어떤 워크시트가 효과적인지를 고민하지만 가장 좋은 교재는 빈 종이와 쓰고자 하는 아이디어이다. 쓸 거리가 있을 때 아이들은 쓰는 것에 주저하지 않는다. 문제는 할 얘기가 없는데 자꾸 쓰라고 강요할 때 생긴다. 먼저 자신의 경험이 중심이 되고, 여기에 스토리텔링이나 책을 통한 다양한 콘텐츠가 더해지면 더할 나위 없이 좋은 글쓰기 환경이 만들어진다. 자신의 생각을 글로 표현하는 법을 먼저 배우고 서서히 정확한 글씨 쓰기로 옮겨가는 것이 유아기의 올바른 쓰기 과정이다.

영어 글쓰기 준비
소근육 발달을 기다려 주세요

글을 쓰기 전 또 다른 준비 사항은 아이가 연필을 쥐고 쓸 수 있는 단단한 손가락 힘이다. 파닉스를 시작하면 근육이 발달하기 전이라도 어쩔 수 없이 써야 하는 경우가 생긴다. 이럴 땐 종이와 연필보다는 글자 모양을 손끝 감각으로 익히는 것이 좋다.

몬테소리 교육에서는 연필로 직접 쓰기 전에 다양한 방법으로 소근육 준비를 시킨다. 까끌까끌한 글자 모양을 따라 손가락을 움직이게 하거나, 상자에 고운 모래를 담고 그 위에 손가락으로 글자를 써 보게 하는 식이다. 소근육이 충분히 발달하기 전에는 무리하게 연필을 잡고 작은 글자 쓰기를 강요하지 않는다. 꼭 몬테소리 전문 교구가 아니어도 좋다. 아빠의 면도 크림 위에, 쌀 위에, 밀가루 위에 쓰기처럼 촉각을 이용한 글쓰기 아이디어는 무궁무진하다. 이런 놀이들은 촉감이 예민한 유아들이 감각적으로 글자의 모양을 익히는 데 효과적이다.

6세 B의 엄마는 교사가 리포트 카드report card에 써 놓은 'scribble(끄적거림)'이라는 단어에 단단히 화가 나서 면담을 요청했다. 영어유치원에서는 1년에 한두 번 리포트 카드를 집으로 보내 아이의 발달 단계 또는 학습 성과 정도를 학부모들에게 알려 주는데, B의 엄마는 이 리포트 카드를 성적표로 받아들이고 민감한 반응을 보였다. B의 엄마는 영어유치원을 보낸 지가 언제인데 아직도 글쓰기가 끄적거리는 단계일 수 있냐며 항의했고, 또 어떻게 아이의 글쓰기에 그런 부정적인 단어를 쓸 수 있냐며 섭섭해했다.

'scribble'은 말 그대로 손가락 힘이 약한 아이들의 끄적거리는 글씨 쓰기로, 소근육이 완전히 발달하기 전에 등장하는 자연스러운 단계이다. 근육에 힘이 생길수록 흘림체는 사라지고 단단한 글씨를 쓰게 된다. 글씨를 쓰기 위한 준비가 온전히 될 때까지 끄적거린 듯한 글씨체가 나타나는 것은 당연하다. 아이가 처음 한글을 배울 때 쓴 삐뚤빼뚤 글씨에는 한없이 호의적이었던 부모들이 영어 쓰기에서는 과도하게 깐깐한 기준을 세운다. 틀린 스펠링은 고쳐 줘야 직성이 풀리고, 4선 안에 맞춰서 또박또박 써야 비로소 칭찬이 나온다. 부모들은 잘못된 기준을 갖고 처음부터 점선을 따라 쓰는 교재를 사 주고, 연필로 쓴 글자가 점선 밖으로 삐져나오면 지우개로 깨끗이 지워 주며 다시 쓰기를 강요한다. 밥숟가락을 정확히 입에 넣는 것조차 완수하지 못한 아이들에게 자꾸 정확한 글쓰기를 강요하는 것은 무리한 요구다. 한글을 쓸 때 말랑말랑했던 고사리손이 영어를 쓸 때 갑자기 힘이 들어가 단단해지지는 않는다. 아이가 쓰기에 관심을 보인다면 우선은 좋아하는 펜을 잡고 흰 종이 위에 마음껏 끄적일 수 있는 시간이 필요하다. 초등학교에 입학해서 아이들이 스스로 써 오는 알림장 글씨는 사방으로 날아다닌다. 야무지지 못한 글씨를 보고 안달복달하지 않아도 아이들의 손은 한 해 한 해 단단해져 결국은 정교하고 바른 글자를 쓸 수 있게 된다. 아이의 손 근육이 발달하면 더 이상 볼 수 없게 되는 것이 끄적거림이고, 이는 유아기의 글쓰기에서 꼭 거쳐야 할 단계이다. 아이의 탄탄한 글쓰기 기초를 원한다면, 기다림이 필수인 준비 과정들을 무시한 채 결과물에만 집착하는 실수를 저지르지 말아야 한다.

영어 글쓰기 준비
일단 칭찬해 주세요

아이가 영어를 배울 때 어른보다 유리한 수백 가지 이유 중 하나는 실수에 대한 주변의 관대함이다. 실수를 한 당사자도 크게 신경 쓰지 않을 뿐더러, 주변 사람들도 아이의 실수를 크게 지적하거나 꾸짖지 않는다. 삐뚤빼뚤한 글씨로 "엄마 아빠 사랑해요"라고 써서 부모를 감동시키는 것도 바로 이 나이이다. 한창 한글을 배우는 여섯 일곱 살 아이의 글씨는 부모 눈에 어떤 명필보다 아름답다.

버리고 정리하기 좋아하는 나지만, 아직도 소중히 간직하고 있는 오래된 편지가 있다. 제목까지 붙어 고유명사가 되어 버린 우리 딸의 '정자 낭자 편지'이다. 일곱 살 때, 유치원에서 어버이날을 맞아 나눠 준 편지지 위에 아이는 정성스레 하트 모양의 난자와 올챙이 모양의 정자를 그려 넣고 "정자 낭자 엄마 아빠 사랑해요"라는 내용의 편지를 써 왔다. 그 전 주에 유치원에서 배운 성교육 내용을 잘 기억했다가 엄마 아빠를 위해 예쁘게 써 온 것이다. 이 편지가 소중한 이유는 아이가 쓰고 싶은 내용, 머릿속의 아이디어를 처음으로 글로 표현했기 때문이다.

아이가 처음 한글을 배우는 단계에서 맞춤법이 틀린 편지를 써 왔다고 해서 그것을 고쳐 주고 싶은 생각은 조금도 들지 않는다. 대신 너무 귀엽고 기특한 마음에 무한한 칭찬과 격려를 쏟아 낸다. 틀렸지만 지적하지 않고, 잘했다고 말해 주는 무조건적인 격려는 부담 없이 충분히 연습하고 다음 단계로 나아갈 수 있는 힘이 된다. 영어 글쓰기도 이와 크게 다르지 않다.

우리나라의 유명 요리사와 연예인들이 다른 나라에서 푸드트럭을 운영하며 현지 사람들의 반응을 보는 한 리얼리티 프로그램이 있었다. 한국식 핫도그를 소개한 미국 편에서는 손님들에게 설문지를 돌려 음식 평을 물었다. 이때 핫도그 맛에 홀딱 반한 여섯 살 정도의 남자아이가 자기가 쓰겠다며 의욕적으로 연필을 들었다. 누가 시키지 않았는데도 스스로 연필을 쥔 아이는 서툰 글씨체로 'Varee goood!'이라는 스펠링도 맞지 않는 단어를 적어냈다. 아이의 글쓰기를 흐뭇한 표정으로 지켜보던 부모는 틀린 스펠링을 고쳐 주기는커녕 잘 썼다며 칭찬을 아끼지 않는다. 아무도 이 아이가 시간이 지나서도 계속 잘못된 스펠링을 쓸 것이라고 생각하지 않는다. 스스로 고쳐 나갈 수 있도록 기다려 주는 잠깐의 시간은 제대로 된 글쓰기를 배울 수 있는 소중한 기회가 된다. 진정한 글쓰기는 자신의 생각과 아이디어를 글로 표현하는 것이다. 틀린 스펠링, 칸을 삐져 나간 글씨체 따위는 전혀 중요하지 않다.

영어로 쓰기를 시작할 때가 되었다면, 소리나는 대로 쓰고 싶은 내용을 쓸 수 있도록 격려해 주는 것이 우선이다. 따라 쓰기가 가득한 교재를 섣부르게 들이밀어서는 안 된다. 틀린 글자를 매번 고치는 것도 금물이다. 너무 거창하게 생각할 필요 없이 하지 말아야 할 것들을 걸러내 주는 것만으로도 성공적인 영어 쓰기의 시작이 된다.

5장

부모가 직접 짜는
영어 로드맵

영어교육 큰 그림 그리기

××××× •• ×××××

아이가 어릴 적에는 옆집 아기가 뒤집고, 기고, 걷는 게 신경 쓰이고 몇 년 지나고 나면 옆집 아이가 말하고, 숫자를 세고, 영어를 하는 것이 신경 쓰인다. 초보 엄마들은 끊임없이 비교하고 불안해하지만 아이를 키워 본 엄마들은 잘 안다. 아이마다 시간의 흐름이 다르고, 조금 늦는다고 걱정할 필요가 없다는 것을. 목적지까지의 전체 지도를 모른 채 무작정 나서면 헤매기 십상이다. 영어교육도 크게 다르지 않아서 큰 그림 없이 일단 시작한 영어는 불안감만 키우게 된다. 언어를 배워 나가는 단계가 계단처럼 딱딱 떨어지지는 않지만, 대략적인 순서와 과정은 당연히 존재한다. 이 과정은 상당 부분 겹치고 때로는 물러나기도 하면서 점차적으로 전진하는 모양새를 갖춘다. 대략적인 순서만 알고 있어도 주변에 휘둘려 시간 낭비하는 일 없이 아이의 올바른 영어 첫 단추를 끼워 줄 수 있다.

아직 아이가 어려서 본격적으로 영어를 가르치기 전이라면 여러 정보들을 잘 취합해 내 아이에게 맞는 교수법, 환경, 교재를 선택하기 위한 사전 준비가 필요하다. 유아 교육전도 부지런히 돌아 다니고, 아이를 키워 본 선배 부모의 이야기에도 귀 기울이고, 시간을 들여 영어교육 관련 서적들도 읽어 보는 것이 좋다. 또한 아이 교육과 관련해 아빠의 관심과 참여는 언제나 결과를 극대화한다. 아이 교육이 전적으로 엄마의 책임으로 역할 분담되어 있더라도 큰 그림을 그리는 사전 준비 단계에는 아빠의 참여가 필수적이다.

아이의 언어 습득 성향 파악하기

××××× ●● ×××××

아이마다 다른 건 시간과 속도만이 아니다. 아이에 따라 같은 내용을 자기 것으로 습득하는 방법에도 큰 차이가 있다. 콘텐츠를 시각적으로 흡수할 때 더 잘 이해하는 아이들도 있고, 청각적으로 또는 신체를 활용해 학습이 이루어졌을 때 더 잘 받아들이는 아이들도 있다. 정말 드문 경우지만 어린 나이에도 문자로 접근하기를 좋아하고 문제지로 최상의 학습 효과를 내는 아이들도 있다.

다른 영어유치원을 짧게 다니다가 흥미를 영 느끼지 못해 놀이식 영어유치원을 찾아 왔다는 7세 D는 학습 성향이 뚜렷한 친구였다. 보통은 긴장해서 진짜 실력을 발휘하기 어려운 첫 인터뷰에서도 D는 조잘조잘 스스럼없이 영어로 말을 걸어왔다. 당연히 해외 경험이 있는 친구인 줄 알았는데 엄마는 손사래를 쳤다. 집에서 시청각 교재로 엄마표 영어를 하다가 집 근처 영어유치원을 다닌 지 3개월 정도 되었다고 했다. 그런데 영어유치원을 다니면서부터 오히려 아이가 흥미를 잃는 것 같아 수소문 끝에 차로도 40분 이상 걸리는 놀이식 영어유치원을 찾아 오게 된 것이다. D의 영어 실력을 가늠해본 결과, 아주 흥미로운 사실을 발견했다. 듣고 말하기의 음성언어는 원어민과 원활한 대화가 될 정도로 유창하지만 파닉스는 모르고 있었다. 영어 말하기가 그 정도 실력이라면 당연히 파닉스를 시작하고도 남았을 텐데…. 의아한 생각이 들었다. D의 엄마가 시치미를 떼고 있지만 혹시 어학 전문가로서 소신을 갖고 문자교육을 의도적으로 미루고 있는 건 아닌가 의심이 들 정도였다.

그런데 D 엄마는 해외 경험은커녕 집안에 영어를 잘하는 사람조차 없다고 했다. 다만 D가 세 살 때 유아 교육전에서 받은 샘플 CD로 처음 영어 노래를 접하게 됐는데, 바로 다음 날부터 아이가 노래를 따라 부르기 시작했고 이후 당장 전집을 구입해 주구장창 CD와 영상을 통해 영어에 꾸준히 노출시켜 주었다고 한다. 그러자 어느 순간 아이가 자연스럽게 영어로 말을 하기 시작했다며, D 엄마는 비싼 전집을 들여놓은 것이 전혀 아깝지 않을 만큼 본전을 뽑았다며 자신의 선택을 뿌듯해했다. 5세가 되었을 때 남들이 한다는 파닉스에 도전해 봤는데 아이는 전혀 흥미를 보이지 않았고, 6세 때에는 파닉스 전문 과외 선생님을 붙여 수업도 해 봤지만 1년이라는 시간이 무색할 정도로 진도가 나가지 않았다고 한다. 실제 D의 파닉스 수준은 그만큼의 시간과 노력을 들였다고는 절대 생각 못할 정도의 레벨이었다. 듣고 말하는 영어를 아주 쉽게 깨우친 아이였지만, 문자에서는 아주 더딘 학습 진행을 보이고 있었던 것이다. 같은 반 친구들 대부분이 읽기를 시작하는데 반해, D는 단자음에 해당하는 파닉스 기초조차 제대로 알지 못하는 상황이었다.

이런 경우 아이의 학습 성향이 지나치게 '듣는 것'에 맞추어져 있을 가능성이 크다. 아이가 극단적인 청각적 학습자라면 듣고 말하기 형태의 학습 도구에는 효과적으로 반응하지만 그 외의 학습 도구, 즉 문자로 접근했을 때는 습득이 더디고 그 효과가 미미할 수밖에 없다.

학습 성향은 크게 세 가지, 청각적인 감각이 좋은 청각적 학습자Auditory learner, 시각적인 감각이 좋은 시각적 학습자Visual learner 그리고 신체적 감각이 좋은 신체 운동적 학습자Kinesthetic learner로 나눠진다. D처럼 한 가지 성향이 두드러지게 나타나는 경우도 있지만 대부분의 유아들은 세 가지 성향을 모두 갖추고 있으므로 유아기 영어 학습은 청각, 시각, 신체적인 방법을 골고루 활용하는 것이 좋다.

청각적 학습자는 청각적인 자극을 통한 정보 습득력이 좋은 아이들이다. 이 유형의 아이들은 어조, 말투의 변화에 주목해 의미를 파악하므로 풍부한 어조를 활용하여 이야기해 주면 오래 기억한다. 문자보다는 소리로 영어에 접근하는 전략이 필요하며 음악과 노래, 챈트처럼 리듬이 있는 정보를 듣고 따라 말할 때 습득 효과가 크다.

특히 영어는 라임과 악센트가 풍부한 강세 박자 언어로, 청각적 학습자들이 호기심을 갖고 습득하기 유리한 언어이다.

시각적 학습자는 시각적 자극을 통한 정보 습득력이 좋은 아이들로, 새로운 것을 배울 때 이미지나 그림, 영상, 그래프, 아이콘 등 시각적인 자료를 활용하면 이해가 빠르다. 영어책을 읽기 전에 그림을 통해 대략적인 내용을 추측하고 상상해 보는 그림 읽기Picture walk 활동의 효과가 크며, 말로 설명하는 것보다 애니메이션이나 TV 영상 등으로 영어를 접할 때 영어 학습의 몰입도가 높아진다.

신체 운동적 학습자는 신체적 활동을 통해 새로운 것을 배우는 것이 익숙한 아이들로, 정보를 듣거나 보는 것보다 신체 활동을 통해 배우는 것이 효과적이다. 이 부류의 학습자들은 설명이나 교과서를 통한 학습보다 역할극, 견학 등 스스로가 직간접적 체험을 할 때 정보를 더욱 쉽게 받아들이며 손동작, 표정 같이 신체 언어를 활용해 의사소통할 때 이해도가 더욱 높아진다. 영어 학습에서도 손에 직접 들고 하는 교구hands on materials나 몸의 움직임을 활용할 때 효과가 크다. 신나는 영어 동요에 맞춰 움직이거나 춤을 추는 활동은 영어 학습 효과를 높이는 데 도움이 된다.

보편적으로 유아기 아동들은 이 세 가지 학습 유형을 모두 갖고 있지만 내 아이에게 좀 더 도드라지게 나타나는 성향이 있다면 잘 관찰했다가 아이에게 맞는 영어 습득 환경을 만들어 주는 것이 유리하다.

세 가지 학습 유형 외에 아이들의 성향을 좀 더 세밀하게 분류한 가드너Gardner의 다중지능 이론도 유아기 교육을 논할 때 빠질 수 없는 단골 주제이다. 예전에는 아이들을 한 줄로 세워 등수를 가렸다면 가드너의 이론에서는 아이들을 옆으로 세워 모두가 자기 트랙 안에서 1등이 될 수 있다. 학습 성향과 더불어 내 아이의 강점을 찾아내는 잣대로 활용하면 좋다.

첫 번째, 언어 지능linguistic intelligence이 높은 아이들이다. 언어 지능이 높은 아이들은 소리에 민감하고 단어와 문장의 강세, 리듬, 억양을 빠르게 파악할 수 있어 언어 습득이 쉽다. 언어를 통한 해석이나 설명을 잘 하고 언어적 감각이 뛰어난 아이들이 여기에 속한다. 교사, 소설가, 변호사, 작가 등이 높은 언어 지능을 가진 직업군이다. 꽤 빠른 시기에 발현되는 지능으로, 유아기 언어 지능이 높은 아이들은 주변 엄마들의 부러움의 대상이 되곤 한다.

두 번째, 논리 수학 지능logical-mathematical intelligence이다. 논리적인 사고에 강하므로 수학과 사회 현상 등 여러 대상에 대해 높은 관심을 갖는다. 논리적으로 탐구하고 추론하면서 규칙이나 법칙을 발견하는 능력이 뛰어나다. 유아기에 도드라지게 발현되는 지능은 아니며 회계사, 엔지니어, 과학자 등이 관련된 직업군이다.

세 번째는 음악 지능musical intelligence이다. 음악, 소리, 리듬에 대한 인지 능력으로 언어 및 논리 수학 지능과도 관계가 깊다. 악기를 다루거나 곡을 쓰는 능력이 여기에 해당한다. 당연히 유명한 음악가들은 높은 음악 지능의 소유자들이다.

네 번째는 공간 지능spatial-visual intelligence이다. 공간과 이미지를 잘 이해하는 능력으로, 이미지와 사진들을 시각화해 정확하게 묘사하거나 창조하는 능력이 해당된다. 사물을 균형 있게 배치하고 사진을 잘 찍으며 로고 디자인에도 강하다. 건축가, 화가, 사진작가 등이 이 지능과 관련된 직업군에 속하며 피카소와 레오나르도 다빈치는 공간 지각 능력이 뛰어난 대표적인 인물이다.

다섯 번째, 신체 운동 지능bodily-kinesthetic intelligence이다. 이 지능이 발달한 경우 몸으로 표현하거나 움직이는 것을 즐기며, 손으로 만드는 것을 잘하고 활동적이다. 기술자, 운동선수, 배우에게서 주로 발견되는 소질이다.

여섯 번째, 인간 친화 지능interpersonal intelligence이다. 다른 사람의 기분이나 동기, 원하는 바를 잘 이해하는 공감 능력이 발달한 사람들이 속한다. 이 지능이 뛰어나면 상황을 잘 파악하고 원만한 인간관계를 유지할 수 있다. 이러한 기질의 아이들은 그룹의 리더 역할에 적합하다.

일곱 번째, 자기 성찰 지능intrapersonal intelligence이다. 자신의 강점과 약점을 잘 파악하고 뛰어난 감정 조절로 자신의 신념 및 목표를 계획하에 성취해 가는 능력이다. 종교인 또는 심리학자들이 특히 이런 기질이 뛰어나다.

여덟 번째, 자연 친화 지능naturalist intelligence이다. 식물이나 동물, 과학 현상을 포함한 자연에 대해 관심이 높은 성향으로, 식물

학자와 동물학자 및 탐험가 등이 관련 직업에 속한다.

    교육열이 높은 한국에서는 전통적으로 언어 지능과 논리 수학 지능을 높이 평가하는 경향이 강한데, 최근에는 아이의 성향과 강점을 일찍 파악해 재능으로 발전시켜 주려는 합리적이고 똑똑한 부모들이 늘어나는 추세다. 내 아이의 지능 성향과 학습 스타일을 일찍 파악하고, 그에 맞는 학습법과 환경에 좀 더 많은 시간과 노력을 투자한다면 보다 효과적인 유아기 영어 습득이 이루어질 수 있다.

연령별 영어교육 키워드

3~4세
#영어책 #소리 노출

　서울에서는 1년에 두 번 유아 교육 박람회가 열린다. 작은 규모의 박람회들도 사이사이 열리지만, 가장 큰 규모는 세계 전람회에서 개최하는 코엑스 유아 교육 박람회이다. 유아 관련 회사들을 총망라한 이 대규모 행사의 꽃은 뭐니 뭐니 해도 영어교재 회사들이다. 유아 영어교재 회사들은 거대한 부스를 차리고 고객 상담을 진행한다. 물론 자신들의 제품 소개와 판매 위주의 상담이므로 걸러들어야 할 내용들도 있지만, 최근 유아 영어교육의 트렌드를 한 장소에서 만날 수 있는 소중한 기회가 된다. 영어교육 관련 부스 앞은 유모차를 끌고 나온 젊은 부모들로 박람회가 열리는 4일 내내 북적댄다. 판매되는 그림책, 교구, 콘텐츠는 모두 다르지만 영어교재 회사들이 하나같이 주장하는 바는 같다. 본격적으로 교육 기관에 다니기 전, 자신들의 교재를 활용해 집에서 영어 노출 환경을 만들어 주라는 것이다.

어른들의 소유 욕구마저 자극하는 예쁜 그림책들과, 글자에 대면 소리가 나는 세이펜은 기본이다. 거기에 책 내용을 기반으로 한 애니메이션, 노래, 드라마 등의 영상물과 아이들이 갖고 놀 수 있는 각종 교구들이 부록으로 딸려 온다. 펜으로 보드를 찍으면 자동으로 텔레비전에 영상이 재생되는 시스템 기기와 아이들 스스로 쉽게 조작할 수 있는 태블릿 등이 함께 제공되기도 한다. 다양한 구성만큼 영어 그림책 전집은 300~400만 원을 훌쩍 넘기는 고가다.

엄마들이 비싼 영어 전집을 사는 이유 중 하나는 영어 전집을 구입하면 그 교재를 콘텐츠로 하는 주 1~2회 오프라인 수업을 받을 수 있기 때문이다. 수업 비용이 따로 발생하지만 영유아 아이들이 갈 만한 단기 영어 기관이 많지 않은 터라 이런 형태의 영어 놀이 수업은 경험 차원에서 엄마들에게는 큰 인기다. 수업 서비스 형태는 다양해서 집으로 강사가 찾아오는 방문 수업도 가능하고, 비대면 시대에 맞춘 온라인 수업도 가능하다. 그래서 영어 전집 활용은 본격적인 기관 영어 수업을 시작하기 전 유아들이 선택할 수 있는 꽤 괜찮은 옵션이 된다.

집에서 책이나 애니메이션을 보고, 노래와 율동도 하면서 아이들은 노는 듯이 영어에 노출된다. 그리고 아이들이 알고 있는 내용을 바탕으로 일주일에 한두 번 오프라인 영어 놀이에 참여해 직접 말을 해 보고 선생님과 상호 작용하는 영어를 체험한다. 중고로 전집을 구입한 고객들에게는 이 영어 놀이 혜택이 없기 때문에 알뜰한 엄마들은 고민에 빠진다.

유아 영어 콘텐츠를 전집으로 만드는 사업은 개발 과정에 엄청난 노력과 투자가 필요하다. 기본적으로 줄거리와 그림, 영어가 조화를 이루는 좋은 콘텐츠가 필요하고 작곡, 노래를 포함한 음악 영역, 그리고 아역 배우들이 출연하는 영상 제작까지 아울러야 하는 종합 예술이다. 최근에는 고객들의 편의를 위해 앱 개발 같은 각종 기술 경쟁도 치열하다.

이런 이유로 유아 영어 전집은 비쌀 뿐 아니라 고객의 입장에서 볼 때 선택의 폭도 그다지 넓지 않다. 여러 곳에서 상담을 받다 보면 자신들의 콘텐츠가 최고라며 타사 제품들을 헐뜯는 통에 선택이 더욱 어려워진다. 비슷비슷해 보이는 콘텐츠들 가운데 우리 아이에게 맞는 최선의 선택지를 골라내는 일은 결국 부모들의 안목에 달렸다.

영어책 전집은 한번 구입하면 5년 이상 활용하게 되므로 AS 비교는 필수다. 무엇보다 방치되지 않고 손이 자주 가려면 아이들이 좋아할 이야기와 그림을 담고 있는 퀄리티 높은 콘텐츠여야 한다. 이런 영어 전집들은 40~50만 원대에서부터 600만 원대까지 가격대가 다양하다. 싼 게 비지떡일 수도 있고 비싼 게 호구일수도 있다. 꼼꼼히 비교해 선택한 후에는 일상에서 잘 활용될 수 있도록 영어 노출 환경을 만들어 주어야 한다.

영어책뿐 아니라 모든 아동용 유아 전집은 아이들에게 외면당하는 순간 부모의 마음만 뿌듯한 장식품으로 전락하고 만다. 아이들이 손을 뻗어 스스로 책을 꺼내 올 수 있는 환경을 만들기 위해서는 섬세한 노력과 전략이 필요하다. 전집 구매 후 흔히들 하는 실수는 순서와 양에 집착하는 일이다. 몇 권의 책을 읽었는지는 절대 중요한 포인트가 아니다. 초기에 아이가 한 권의 책에 푹 빠지는 경험을 하게끔 만드는 전략이 중요하다. 책을 읽고 이해하는 과정을 놀이로 확장시켜서 책에 대한 호감도를 높이면, 아이들은 다른 책들도 자발적으로 뽑아 오게 된다. 예를 들어 그림 그리기가 등장하는 책 내용이라면, 사후 활동으로 아이가 직접 그림 그리기 놀이를 할 수 있도록 연계해 주면 된다. 책에 쿠키가 등장한다면 아이와 베이킹 시간을 가져 보거나 함께 동네 빵집을 방문하는 식이다. 다소 번거롭지만 독서 후 다양한 아이디어로 진행되는 연계 활동은 가장 확실한 독서 체화의 방법이다.

또한 어릴수록 영상보다 소리에 먼저 노출시켜야 한다. 글로 접근하기 전에 같은 콘텐츠를 소리로 먼저 접한 후 자연스럽게 책으로 넘어가고, 그 이후에 영상을 틀어 주는 것이 맞는 순서이다. 요즘 영어책들은 노래, 스토리텔링, 챈트 등 퀄리티 높은 음원을 포함하는 경우가 많다. "이제부터 영어를 배우는 시간이야"하며 대놓고 공부 시간을 만들기 보다는 음원을 일상 속 배경 음악으로 활용하고, 책 내용을 자연스럽게 놀이로 확장해 주는 것이 3, 4세에게 적합한 영어교육 방법이다.

5세
#홈 스쿨링 #부분 몰입 환경

집 주변에 아이를 보낼 만한 문화센터 또는 평이 좋은 유아 대상 영어 기관이 있다면 운이 좋은 경우다. 엄마의 정신 건강 측면에서 가장 속 편한 방법은 좋은 학원을 찾아 보내는 것이다. 여건이 맞지 않거나 주위에 마음에 드는 곳이 없다면 꼭 기관에 보내지 않아도 괜찮다. 다행히 5세는 집에서도 영어유치원과 같은 효과를 만들어 낼 수 있는 시기이다. 물론 부모가 열심히 발품을 팔고 공부해야 한다. 부지런한 부모에 아이까지 협조적이라면 공짜 콘텐츠만으로도 얼마든지 홈 스쿨링이 가능하다. 매번 콘텐츠 찾기가 번거롭다면 영어유치원에 보낼 정도의 큰 액수는 아니더라도 적정 수준의 투자는 필수이다. 전집을 구매하기 부담스럽다면 영어 단행본 책들을 골라 홈 스쿨링 환경을 만들어 보는 것을 추천한다. 책을 사면 휘리릭 한두 번 읽고 끝내는 것이 아니라, 그 책에서 확장될 수 있는 놀이들을 개발하고 책에 나오는 표현을 의도적으로 사용할 수 있게끔 계속해서 발화를 유도해 주어야 한다.

영어 홈 스쿨링의 성패는 집에서의 꾸준한 노출에 달려있다. 공부 시간이 아닌 영어로 놀 수 있는 시간을 만들어 주고, 이때 엄마와 아빠가 보여 주는 열렬한 호응은 아이에게 큰 동기 부여가 된다. 영혼 없는 "Good job(잘했어)"의 남발이 아니라, 아이가 영어책을 선택하고 영어 비디오를 볼 때 엄마와 아빠가 나의 시간에 동참하고 있다는 느낌을 받게 하는 것이 중요하다. 아이의 책 스토리와 대사를 미리 알아 두었다가, 비슷한 상황이 전개될 때 또는 아이가 관련된 이야기를 할 때 책 속에 등장하는 대사로 적절히 반응해 준다면 더욱 좋다.

간혹 아이가 갖고 있는 영어 콘텐츠로 함께 놀아 주다가 자신의 영어 실력이 늘었다는 고백을 하는 부모들이 있다. 간단한 회화 위주로 이루어진 아이 교재를 따라 듣다가 말하기에 자신이 붙었다는 아빠는 30년 동안 공부한 어휘와 말하기 자신감이 시너지를 내면서 그 어느 전문 회화 수업 보다 효과가 좋았다는 반응을 보였다. 또 아이와 늘 붙어 있다는 한 엄마는 아이의 영어 노래를 주구장창같이 듣다 보니 해외 여행에서 영어가 한마디씩 들리기 시작했고, 이제 남편 뒤에 숨지 않고 거들 수 있게 되었다며 기뻐했다. 영어를 배울 때 글자부터 접했던 부모 세대가 음성언어로 바뀐 자녀 세대의 영어 학습법에 역으로 효과를 보는 경우이다.

아이가 어릴 때는 건강한 보살핌을 주는 걸로 충분했지만 아이가 유치원에 갈 나이가 되면서부터는 부모도 더욱 부지런히 공부하는 자세가 필요하다. 아이가 영어의 첫발을 뗄 시기가 되었다면 집에서 꾸준히 영어 노출에 신경 쓰는 동시에 올바른 교육 기관 선택을 준비해야 한다. 기관에 보낼 때 즈음 선택지는 국제학교, 비인가 국제학교, 영어유치원, 영어 학원, 방과 후 수업, 문화센터 정도로 나뉜다. 이 중에 국제학교와 비인가 국제학교는 해외 학교 진학이라는 장기적 목적을 갖고 있는 경우 필수적인 선택이 된다. 물론 비용도 높고 입학 자격도 까다롭다. 무엇보다 대한민국 정규 학제를 포기해야 하는 결단이 필요하므로 일반적인 학부모들이 마음 편히 고를 수 있는 선택지는 되지 못한다.

영어유치원은 더 이상 특별한 선택으로 보이지 않는다. '일유'를 보낼지 '영유'를 보낼지를 기본으로 고민할 만큼 대중화되어 있다. 영어유치원은 형태에 따라 월 80~90만원 저가에서부터 200만 원을 훌쩍 넘는 곳까지 학비 차이도 크다.

대한민국의 다섯 살들이 할 수 있는 가장 무난한 선택은 현재 다니는 어린이집 또는 일반 유치원에서 특별 수업 또는 방과 후 수업으로 영어 수업을 받든지, 유치원 일과 후 집 근처 학원이나 문화센터에서 영어 수업을 받는 것이다. 40분 정도의 수업을 일주일에 고작 두세 번 듣는 것이 아쉽지만, 좋은 교사를 만나 제대로 된 방법으로 영어에 노출된다면 기대 이상의 효과를 볼 수도 있다.

노출 시간이 긴 교육 기관일수록 아이들의 영어 실력과 엄마들의 심리적 안심도가 높지만, 당연히 그에 비례해 학비도 비싸진다. 경제적 여유가 있다고 해서 아이 상태를 무시하고 무작정 일찍부터 높은 단계의 영어 몰입 기관에 보내는 것은 추천하지 않는다. 분리불안이 심한 아이를 완전히 영어만 쓰는 환경에 던져 놓는 것이 마음에 걸리거나, 아이가 아직 영어유치원에 갈 준비가 되지 않았다는 생각이 들 수도 있다. 그렇다면 5세 때는 쉬엄쉬엄 집 주변 문화센터의 영어 놀이 수업들을 활용하면서 꾸준한 노출을 일상화하는 것이 더욱 효과적인 선택이 될 수도 있다.

6세
#전문 기관 #파닉스

영어유치원을 보낼 생각이라면 늦어도 6세에는 시작하는 것을 추천한다. 어떤 형태의 기관에 보내든 가장 큰 학습 효과를 볼 수 있는 나이는 6세이다. 5세 때까지 집에서의 꾸준한 영어(듣기, 말하기) 노출이 이루어졌다면 6세 때는 별 어려움 없이 문자언어(파닉스)를 시작하면서 본격적인 읽기 준비를 할 수 있다. 한글 학습을 효과적으로 할 수 있는 나이인 6세는 영어 파닉스 입문에도 가장 좋은 나이이다. 영어유치원에 보낼 생각이 없다면 집에서도 얼마든지 파닉스 학습은 가능하다.

26개 알파벳이 가지고 있는 소릿값을 아는 것이 파닉스의 시작이다. 파닉스 자체가 소리와 글자와의 관계이므로 파닉스를 시작하면서 아이들은 자연스럽게 문자 영역에 발을 들여놓게 된다. 당연히 파닉스를 시작하더라도 아직은 문자보다 소리가 중요하다. 인터넷에서 쉽게 찾을 수 있는 파닉스 송phonics song들은 알파벳에 소리로 접근하는 좋은 예다.

♫ "A/æ/ is an apple, a/æ/, a/æ/ apple."
글자를 몰라도 애플의 "애" 소리에 초점을 두는 접근이다.

이때, 알파벳 장난감으로 스스로 소리를 읽어 보고 소리 나는 대로 단어를 조합해 보는 놀이는 큰 도움이 된다. 몬테소리 교육에서 사용하는 움직이는 알파벳Movable alphabet은 아이들이 글자의 소리를 배우고 자연스럽게 쓰기로 이어지게 하는 교구이다. 아이들이 소리 나는 대로 알파벳을 조합해서 단어를 만들고, 만든 단어를 그대로 종이에 베껴 쓰면서 파닉스와 쓰기에 함께 접근한다. 실제 미국의 몬테소리 유치원에서는 6~7세가 되면 필기체 알파벳을 사용해 부드럽게 이어 쓰는 연습을 시작한다. 긴 단어가 아니더라도 아이들은 스스로 무언가를 썼다는 것을 매우 자랑스러워하며 끊임없이 소릿값을 만들어 낸다.

모음vowel이 넉넉히 있는 알파벳 타일이나 블록, 알파벳 모양 플라스틱 자석은 집에서 파닉스를 연습하는 데 실제로 큰 도움이 된다. 음가 연습을 게임처럼 할 수 있는 가성비 좋은 교구들이다. 아이의 손가락 힘이 충분히 생겨 연필로 쓸 준비가 되었다면 메모지를 가까이 두고 언제든 알파벳 블록으로 스스로 만든 단어를 직접 베껴 쓸 수 있도록 기회를 주는 것이 좋다. 파닉스와 연계해 영어 글쓰기를 놀이하듯 시작할 수 있는 시기이다.

7세
#음성언어의 확장 #읽고 쓰기의 기초

7세는 아직 본격적인 문법이나 문자 학습이 필요 없는 나이다. 대신, 듣고 말하는 음성언어 영역은 인지 발달, 사회성 발달과 함께 그 확장 속도가 더욱 빨라지는 시기이므로 좀 더 집중적인 노출이 필요하다.

파닉스 연습이 좀 더 필요하다면 음가 읽기 연습에 특화된 교재를 단기적으로 활용하는 것도 추천한다. 재미도 없고, 이야기의 맥락도 없고, 귀여운 그림도 없지만 읽기 연습 초기에는 꽤 효과적이다. 간단한 그림과 함께 Mat met Sam(맷이 샘을 만났다), Dog ran fast(개가 빨리 달렸다)처럼 단자음 단모음 위주의 파닉스 연습을 반복적으로 할 수 있다. 기본적인 파닉스 연습이 된 후에는 아이들의 감정 이입을 돕고 흥미를 돋우는 짧은 글밥의 이야기와 그림 힌트가 풍부한 책들로 좀 더 복잡한 파닉스 연습을 이어 나가는 게 좋다.

읽기가 편해지기 전, 읽기 단계 초기에는 그림 힌트가 매우 중요한 역할을 한다. 그래서 아이들 책에서 그림은 이야기만큼이나 중요하다. 유아기에는 컴퓨터가 그려 낸 화려한 그래픽 그림보다는 사람의 손길이 닿은 서정적인 그림을 추천한다. 스토리텔링의 대가이신 한 교수님은 아이들의 그림책을 음식에 비교하며 너무 일찍부터 화려한 상업적 캐릭터에 노출되는 건, 아이가 조미료가 많이 들어간 음식을 먹는 것과 같다는 이야기를 하셨다. 심심하더라도 서정적인 그림에서부터 시작하는 것이 맞다.

알파벳 음가를 알게 된 아이가 각각의 소리를 모아 드디어 온전한 단어를 읽게 되는 순간은 지켜보는 사람도 아이들 스스로에게도 감동의 순간이다. 흥분한 엄마에게서 아이가 같은 책을 계속 반복해서 읽었다는 소식을 전달받을 때면 어제 저녁 그 집에서 어떤 일이 벌어졌을지 상상이 된다. 아빠는 물론 할머니와 할아버지에게까지 전화로, 영상으로 영어책 읽기를 선보인 아이는 아낌없는 칭찬과 찬사를 경험했을 것이다. 아이의 영어 자신감은 하늘 높은 줄 모르고 올라가고, 이 에너지는 다음 책으로, 또 다음 책 읽기로 이어지게 된다. 단, 읽기 연습의 초반 단계를 위해 특화된 교재들은 절대로 진정한 책 읽기의 즐거움을 줄 수 없으므로 목적 달성이 된 후에는 과감히 덮어 버려야 한다.

그림의 도움 없이도 충분히 책 읽기가 가능해지면 레벨이 정해져 있는 리더스 북으로의 입문이 한국 엄마들의 보편적인 선택이다. 리더스 북은 읽기 실력 향상을 목적으로 레벨을 구분해 놓은 책들이다. 읽기 능력만을 목적으로 현재 아이 실력의 위치를 관리, 추적하고 싶다면 하나의 콘텐츠 회사를 정해 리더스 북을 꾸준히 읽히는 것도 좋지만 레벨에 집착하는 것은 유아들이 영어를 배우는 데독이 될 수 있다. 무엇보다 여전히 듣고 말하기가 중요한 시기인 만큼 읽기 교재들이 문자 학습에서 끝나지 않고, 듣고 말하기와도 연계될 수 있도록 사전, 사후 독서 활동에 더욱 신경 써야 한다. 영어읽기 연습을 위한 읽기는 자칫 독서 자체에 대해 흥미를 잃게 만들수도 있다. 평생의 재산이 될 독서의 힘을 키우기 위해서 레벨보다는 좋은 콘텐츠와 이야기 그리고 아이가 보고 싶은 책을 직접 고를수 있는 자율성이 중요하다.

　간혹 영어유치원 투어를 하다 보면 어른보다 더 또박또박 써 내려 간 7세들의 아주 길고 완벽한 쓰기writing 샘플들을 보게 된다. 언어적으로 감각이 뛰어난 아이들은 뭐든 빠르다. 몇몇 아이들이쓴 글에 현혹되어 기관을 선택하거나, 내 아이의 속도와 비교하며안달하는 건 불행의 시작이다. 글자 좀 빨리 읽고, 쓰는 것이 긴 인생에서 큰 의미가 없다는 걸 잘 안다면 언제 영어 글쓰기를 시작하고 얼마나 길게 쓰는지에 너무 큰 의미를 두지 말아야 한다. 대신아이의 정서와 발달 수준에 맞는 책을 선택해 생각하는 힘을 키워주는 노력이 필요하다.
　파닉스를 배우고 문자가 익숙해지면 쓰고자 하는 욕구는 저절로생겨난다. 이때, 정확하게 쓰는 것을 연습하기보다는 자신이 하고 싶은 말 표현을 소리 나는 대로 적어보는 연습이 중요하다. 듣고 말하기에 충분히 노출된 아이들이 완벽한 글을 쓰기 전 거치게 되는 불완전한 쓰기Invented spelling 단계가 길어질수록 아이들의 쓰기 자신감은 커지게 된다. 이후, 더 많은 읽을거리에 노출되면서 아이들의 쓰기는 좀 더 정확해지는 방향으로 발전한다.

초등 저학년
#영어 학원 선택

유아기에 영어 기초를 잘 다져 주었다면, 초등학교 진학과 동시에 아이와 맞는 좋은 학원을 찾아 등록하는 것으로 '영어 첫 단추 바로 끼우기'의 여정은 마무리된다. 영어유치원 졸업과 함께 이제부터는 학원의 관리하에 좀 더 문법적이고 형태적인focus on forms 영어 공부를 시작하게 된다.

대부분의 영어유치원들은 졸업생들을 위한 초등 프로그램을 2~3학년 과정까지 개설해 운영한다. 학부모는 초등학교 진학이라는 일생 최대의 변화를 겪게 될 아이들이 조금이라도 익숙한 환경에서 편하게 영어를 배울 수 있도록 다니던 영어유치원 초등 프로그램에 등록하기도 하고, 졸업과 동시에 초등 전문 영어 학원에서 새로운 출발을 계획하기도 한다. 초등 영어는 유아기 영어와 비교해 습득보다는 학습이, 음성언어보다는 문자언어의 비중이 커진다. 초등 저학년까지는 여전히 듣고 말하기가 중요하므로 학원을 선택할 때 음성언어 영역에 어느 정도 비중을 두고 관리하는지를 따져 보아야 한다. 급격한 교육 과정의 변화는 아이들의 영어 흥미를 급속히 냉각시킬 수 있다. 마음에 드는 학원이지만 문자 교육에 너무 치우치는 것 같다면 부족한 음성언어 부분은 온라인 영어 회화로 보충하는 것도 현실적인 해결책이 될 수 있다.

올바른 영어 습득 단계를 밟아온 아이들은 영어에 대한 호감도가 높고 듣기와 말하기 능력이 뛰어나지만, 어휘 문법을 정량적으로 평가하는 각종 테스트에서는 그다지 높은 점수를 받지 못할 가능성이 크다. 영어 학원들의 박한 평가에 좌절하거나 불안해 하는 건 얄은 상술에 놀아나는 길이다. 단단한 기초가 마련되었다면, 아이들은 움츠렸던 개구리들이 그렇듯 더욱 높이 멀리 뛸 수 있다.

6장

아는 사람만 아는
영어유치원 이야기

영어유치원을 고민하고 있다면

× × × × × ●● × × × × ×

유아기 영어교육의 핵심을 이해했고 경제적인 상황도 뒷받침되어 영어유치원을 보내기로 마음먹었다면, 좋은 기관을 신중히 선택해 가장 효과적인 타이밍에 아이를 등록하는 일만 남았다.

시간의 흐름과 함께 영어교육의 트렌드도 수시로 바뀐다. 방식이야 언제든지 바뀔 수 있지만, 아이에 대한 이해를 바탕으로 한 유아기 영어교육의 기본 방향은 바뀌지 않아야 한다. 내 아이를 영어유치원에 보낼 때 우려될 만한 것들을 나열해 보고, 충분히 극복할 수 있다고 생각된다면 네 살에 보내든 일곱 살에 보내든 시작 시기는 선택의 문제이다. 다만 시간의 법칙은 어김없이 적용되어 3년을 다닌 아이들은 세 달 다닌 아이들보다 양적인 노출에 훨씬 유리하고 여유롭다. 물론 이 시간의 법칙을 거스르는 아이들도 더러 있다. 훨씬 늦게 시작했지만 빠른 속도로 다른 아이들을 따라 잡아 3년 차, 4년 차 엄마들을 배 아프게 만들기도 한다. 그래도 평균 결과치를 봤을 때 영어 노출이 길었던 아이들은 영어를 훨씬 편하게 받아들이고 표현도 풍부하다. 즉각적인 결과물이 나오지 않더라도 영어 환경에 노출이 길어지면 언어 폭발기인 아이들은 그 내용들을 내면에 차곡차곡 쌓았다가 어느 순간 밖으로 꺼내 보인다.

영어유치원을 보내면 훨씬 쉽겠지만 영어 노출 환경이 꼭 영어유치원에서만 가능한 것은 아니다. 꾸준히 규칙적으로 노출만 시켜줄 수 있다면 한 달에 100만원을 훌쩍 넘는 영어유치원 원비를 얼마든지 절약할 수 있다. 엄마의 노력과 지혜로운 선택으로 돈을 안 들이고도 효과적인 영어교육은 가능하다. 유아기가 바로 그런 시기다.

어느 영어유치원을 보내고, 어떤 책을 사고, 어떤 유료 서비스를 이용할지에 대한 구체적인 방법은 개인의 환경과 취향대로 각자가 선택하면 된다. 올바른 영어교육은 노출로부터 시작한다는 전체 흐름에 대한 기본 이해가 있다면 세부적인 것들은 상황에 따라 얼마든지 바뀌어도 좋다. 또한 충분한 노출로 귀가 트이고 발화할 준비가 되었다면 혼자 하는 말이 아닌 상호 작용이 될 수 있도록 영어로 대화하는 연습이 필요하다. 만약 대화 상대가 되어 줄 누군가가 없다면 노출 다음 단계에서 영어유치원을 고려해 볼 수 있다.

첫 영어유치원 / 기관을 옮길 때

우리나라에서는 영어유치원에 다니기 적합한 나이를 보통 5~6

세로 보지만, 노출 효과의 관점에서 생각하면 3~4세도 결코 이른 나이는 아니다. 다만 영어유치원을 다니는 3~4세는 노출의 효과가 크더라도 즉각적인 결과물이 겉으로 드러나지는 않는다.

아이의 나이가 어릴수록 기관을 고르는 기준은 훨씬 섬세해야 한다. '시설이 좋아서', '집에서 가까워서', '선생님이 친절해 보여서' 같은 단편적인 기준으로 영어유치원을 고르는 것은 위험하다. 아무렇게나 막 가르치는 기관에 보내는 것은 안 하느니만 못한 결과가 되어 돌아올 수 있다. 유아기의 경우, 단순히 영어 기능만을 목표로 달려가기에는 치러야 할 희생이 크다. 중요한 첫 단추를 정성스럽게 잘 끼울 수 있도록 제대로 된 기관을 부지런히 발품 팔아 찾아내야 한다. 무엇보다, 3~4세 때 처음 영어유치원에 보낸다면 파란 눈, 금발의 담임보다는 아이들을 정성껏 보살펴 주고 긍정적인 관계를 경험하게 해 줄 담임 교사가 우선 조건이 되어야 한다. 선택을 한 후라면 어떤 기관에서든 2년 이상 다니면서 그 기관이 가진 장점을 충분히 경험하고 효과를 보는 것이 좋다. 쇼핑하듯 1년에 한 번씩 유치원을 옮겨 다니는 것은 엄마들의 불안감 때문이다. 그렇다고 새로운 곳에 대한 막연한 두려움과 '귀차니즘'으로 4살 때 들어간 기관을 졸업할 때까지 다니라는 말은 아니다. 아이도 엄마도 새로운 도전은 쉽지 않다. 아이도 아이지만, 엄마끼리 끈끈한 친목이 형성된 후에는 유치원을 옮기는 것이 더욱 힘들어진다. 아이가 다니는 유치원이 엄마들의 사교의 장이 되어 버리면 올바른 결정에 방해를 받는다. 반대로, 엄마들 사이의 갈등으로 인해 아이가 잘 다니고 있던 원을 옮겨야 하는 경우도 있다. 그래서 아이의 유치원에서는 주객이 바뀌지 않도록 현명한 관계 맺기가 필요하다.

아이는 스스로 자기 환경을 바꿀 수 없다. 환경을 바꿔 줄 수 있는 건 부모다. 만약 아이가 너무 한 기관에 익숙해져 새로운 도전이 필요하다는 판단이 든다면 과감히 행동에 옮겨야 한다. 물론 유치원을 바꿀 때 야반도주하듯 기습적으로 통보하고 다음 날 바로 퇴원하는 상식 없는 행동은 삼가야 한다. 부모들은 우리 아이가 불이익을 당하지 않을까 하는 걱정에 최대한 임박해서 퇴원을 통보하려고 하지만, 대다수의 담임과 원장들은 미리 이야기해 준 학부모에게 감사한 마음이 더 크다. 아이를 위해 선택한 결정이니 죄짓는 기분으로 유치원을 그만둘 필요는 전혀 없다.

어른들의 이해관계를 떠나서 아이들에게도 자기 주변을 정리할 시간이 필요하다. 이틀 전까지만 해도 '돌핀 클래스'였는데, 오늘부터 당장 '데이지 클래스'가 된다면 혼란스러울 수밖에 없다. 보통 급하게 원을 옮기는 엄마들은 목요일 통보, 금요일 퇴원 그리고 월요일이 되면 새로운 기관에 아이를 보낸다. 그러나 가능하면 바로 원을 옮기기 보다 며칠이라도 휴식기를 가지고 새롭게 가게 될 유치원과 클래스에 대해 아이에게 충분히 설명하고 준비할 시간을 주는 것이 좋다. 무엇보다 엄마들이 아무리 "아직 선생님한테는 다른 유치원 가는 거 말하지 마"라고 신신당부를 해도, 아이들은 한 달 전부터 다른 학원 가서 시험을 보았다는 사실과 그날 엄마가 사 준 간식 종류까지 상세히 전달한다. 엄마가 선생님한테 말하지 말라고 했지, 방과 후 선생님, 차량 선생님, 기사 아저씨에게 말하지 말라고는 안 했으니까. 이야기는 결국 담임 귀에, 원장 귀에 들어간다.

아이들은 담임 교사와의 관계가 중요하고, 엄마들은 기관과의 신뢰적 관계가 중요하다. 또한 언제 시작하는지가 중요한 만큼 언제, 어떻게 끝내는지도 못지않게 중요하다. "2~3년째 한 기관에 쭉 다니고 있는데 이제 옮길 때가 됐지요?"라는 질문을 종종 받는다. 일반화하여 정답을 주기는 어려운 문제다. 새로운 환경 적응을 힘들어하는 아이라면 반드시 새로운 곳으로 옮길 때의 리스크를 고려해야 한다. 아이들은 결국 적응하기 마련이지만, 그 과정이 너무 길고 고통스러울 수 있다. 그 시간과 노력에 대한 기회비용까지 생각해 신중한 선택을 해야 한다. 반대로, 아이가 현재 다니는 곳에 너무 익숙해져서 매사에 흥미를 보이지 않고, 새로운 자극을 받지 못한다는 판단이 든다면 다니고 있는 원을 바꿔 보는 것도 문제 해결책이 될 수 있다.

새 학기가 될 때마다 "이 선생님으로 해 주세요", "이쪽 교실이 채광이 더 잘 되니 이쪽 반으로 해 주세요", "얘랑은 같은 반 해 주시고 재랑은 절대 같은 반 해 주지 마세요" 하는 무리한 요구 상황들이 쏟아진다. 물론 부모가 발 벗고 나서 아이에게 도움을 주려는 마음은 이해하지만, 언제까지 내 아이의 성향에 딱 맞춘 환경을 만들어 줄 수는 없다. 유아기에 빠질 수 없는 중요한 교육 중 하나는 집이라는 울타리에서 벗어나 가족이 아닌 사람들과 사회적 관계를 맺는 일이다. 이때 주변 상황을 정리해 주기보다는 아이가 어떤 관계에서도 긍정적으로 적응할 수 있도록 격려하고 내면의 힘을 키워주는 것이 바른 교육이다.

어떻게 선택하면 좋을까?

2021년 통계에 따르면 서울 내 유아 대상 어학원의 숫자는 250여 개이다. 서울 내 숫자만 이렇다고 하니 대도시를 중심으로 전국의 영어유치원 숫자가 상당할 것을 미뤄 짐작할 수 있다. 이 많은 기관들 중 어떤 곳을 선택해야 할까 고민되는 건 당연하다. 보통 부모들은 집 근처에서 보낼 수 있는 영어유치원을 인터넷 검색이나 지인을 통해 알아보고, 11월 경부터 시작되는 입학 설명회를 쫓아다닌다. 그리고 조금이라도 마음에 드는 구석이 있다면 설명회가 끝나자마자 등록금을 예치해, 적게는 두세 곳부터 많게는 대여섯 곳까지 가등록을 해 둔다. 보통 영어유치원들은 원복, 가방, 도시락 통, 그리고 보험료 등의 명목으로 30~50만원 정도의 등록금을 받는다. 수업료 전체를 내기 전까지 등록금만 예치해 놓으면 일단 가등록 상태가 되는데, 이 돈은 입학 취소 시 언제라도 돌려받을 수 있어서 엄마들은 별 고민 없이 등록금을 결제한다. 얼마나 많은 곳에 가등록을 해 두었는지, 까마득하게 잊어버리고 있다가 등록금을 찾아가시라는 유치원 측 전화를 받고 나서야 부랴부랴 환불 절차를 받는 학부모도 있다. 지역 내에서 잘나가는 영어유치원이라면 설명회가 끝나기도 전에 등록이 마감되곤 한다. 언제든 취소가 가능해 허수일 수 있는 가등록이지만, 공정한 진행을 위해 엄격한 절차가 적용된다. 카드를 들고 대기하면서 신경전을 벌이는 경우가 많기 때문에 미리 입금 가능한 계좌를 공지하고 설명회 시작 당일 오전 9시부터 선착순 입금을 받는 식이다. 입금 순서대로 등록 순서가 정해지기 때문에 뒷말을 차단할 수 있다.

기관마다 등록금 예치 절차가 다르니 마음속의 1순위 기관이라면 미리 전화해서 등록 절차를 자세히 알아 놓는 것이 안전하다. 10월이 되면 대부분의 영어유치원들은 입학 설명회 일정을 계획하기 시작하므로, 후보가 여러 군데라면 미리 날짜를 확인하고 참석 스케줄을 짜는 것이 좋다. 될 수 있다면 엄마와 아빠가 함께 참석하기를 권한다. 훨씬 빠르고 쉽게 최종 선택을 할 수 있다.

설명회에서 소개된 교육 철학과 전체적인 분위기, 교육 과정, 환경, 교사들의 태도, 원장의 마인드 등이 좋았다면 일단 빠른 속도로 등록금을 내 두는 게 유리하다. 사실 원 입장에서는 이렇게 여러 군데 등록금만 걸어 두고 막판에 취소하는 대기자들이 골머리일 수밖에 없지만, 학부모 입장에서는 여러 곳을 꼼꼼히 비교하고 선택하려면 일단 자리 선점이 필수다. 단, 너무 이기적인 자세로 끝까지 버티다 다른 아이의 등록 기회를 뺏고 유치원의 새 학기 계획에 방해가 되지 않도록 취소 결정이 되면 하루라도 빨리 취소 의사를 밝히고 환불받는 것이 좋다.

입학 설명회는 공식적으로 기관에 대한 소개를 듣고 궁금증을 해소하는 자리이긴 하지만, 많은 사람들이 모인 자리에서 내 아이와 관련된 질문을 꺼내기는 쉽지 않다. 만약 개인적인 질문이 많다면 조금 이른 9월 즈음에 개별 상담을 받는 것을 추천한다. 담임 교사가 누가 될지 어떤 교실을 쓰게 될지 같은 새 학기에 대한 구체적인 내용들은 정해지지 않았지만, 아이의 성향에 맞춘 개별 상담이 가능해 시간을 투자할 만한 가치가 충분하다.

시설 및 교실 환경

기관을 선택할 때 학부모를 가장 혹하게 만드는 건 역시 건물 외관과 시설이다. 다양한 부대시설을 갖춘 번듯한 건물이라면 일단 높은 점수를 따고 들어간다. 지역 사회에 수영장이 있는 대형 영어 유치원이 문을 연다는 소문이 돌면서 개원 전부터 맘 카페가 술렁였다. 오직 수영장 하나만 보고 등록을 하겠다는 엄마들도 있을 만큼 수영장은 화제였다. 그런데 막상 개원을 하고 보니 난방이 되지 않는 옥상 층이라 한여름철 물놀이 외에는 쓸 수 없는 시설이었다. 난방이 된다 한들 그 큰 수영장을 제대로 관리할 수나 있었을까 싶다. 경험 없는 사람들이 폼 나게 교육 사업을 해 볼까 할 때 나타나는 폐해 중 하나는 교육적 목적을 고려하지 않은 시설 투자이다. 좋은 시설로 학부모를 혹하게 만드는 기관들의 반짝 매력은 시설 낙후와 함께 쉽게 사그라진다. 막대한 투자금만 가지고는 절대 성공할 수 없는 것이 영어유치원이다.

유아교육에서 환경은 교사와 부모에 이어 제3의 교사라고 부를 정도로 그 영향력이 크다. 하지만 아무리 유치원이 으리으리한 시설을 갖추고 있어도 교육적 목표 없이 운영되거나, 일주일에 고작 30~40분 활용할 수 있다면 큰 의미를 두기 힘들다.

가장 중요한 것은 아이가 대부분의 시간을 보내는 교실 환경이다. 기본적으로 아이들이 생활하기에 안전하고, 밝고, 깨끗한 환경이어야 한다. 교실 환경은 대체로 그 기관의 교육 철학을 자연스럽게 반영한다. 교실의 공간 배치와 소품들이 어떤 의미를 내포하는지 알아챌 수 있다면 올바른 기관을 선택할 가능성도 높아진다. 유아들의 경우 교실 내 카펫 공간이 있는지가 중요한 기준이 된다. 카펫 공간 없이 책상과 네모진 칠판만 덩그러니 있다면 학습적인 부분을 강조할 가능성이 매우 높다. 좁은 책상 위에 바르게 앉아 있는 연습이 되지 않은 유아들은 오랜 시간 책상 생활이 힘들다. 특히 우리 아이가 에너지가 많고 진득하지 못한 성향(사실 대부분의 아이들이 해당된다)이라면 교실 내의 카펫 공간은 절대적으로 필요하다. 대수롭지 않은 것 같지만 이 작은 공간이 의미하는 바는 매우 크다. 해당 교육 기관이 아이들의 뻗치는 에너지를 이해하고 있는지를 판단하는 의미 있는 단서가 된다.

또 하나 유치원 환경에서 눈여겨보아야 할 것은 전시되어 있는 아이들의 작품이다. 쉽게 지나칠 수 있지만 해당 유치원의 교육 철학을 가늠할 수 있는 중요한 단서 중 하나다. 몇몇 아이들의 빽빽하게 써 내려 간 글쓰기 샘플을 공용 공간에 자랑스럽게 전시하고 있다면 당연히 결과 위주의 학습을 강조하는 기관일 가능성이 크다. 유치원 투어를 하면서 남의 집 아이들의 잘 쓴 글을 보고 부러워하거나 현혹되지 말아야 한다. 그 극소수의 아이들은 비단 이 유치원이 아니라 어느 유치원에 갔어도 같은 결과물들을 만들어 냈을 것이라는 사실을 상기해야 한다.

나이가 어려 아직 글쓰기가 힘든 4~5세 아이들의 작품에서도 힌트를 얻을 수 있다. 한번은 교실에서 'Shape(모양)'을 주제로 한 동그라미, 세모, 네모가 가득한 게시판을 보게 되었다. 그런데 자세히 들여다보니 교사가 나누어 준 똑같은 밑그림에 12명의 아이들은 색연필로 각각의 도형을 채워넣고 있었다. 이 활동에서 아이들의 자율적 의지가 반영된 부분은 고작 자기가 좋아하는 색깔을 선택하는 정도였다. 좀 더 센스 있는 교사라면 다양한 사이즈와 모양을 오려 놓고 아이들이 직접 골라 도화지에 재배치하면서 원하는 것을 만들어 내게 할 수도 있었다. 아니면 모양을 따라 그릴 수 있는 여러 가지 틀을 준비해 놓고 그리고 싶은 것을 도형으로 표현하게 했을 수도 있다. 그러면 아이들 개개인의 선택과 개성이 훨씬 잘 드러나는 12개의 각기 다른 작품이 나왔을 것이다. 아이들의 작품에서 주목해야 할 포인트는 화려한 재료와 미술적 기교가 아니라 아이들의 자율성과 개성을 좀 더 반영하려는 교사의 노력과 센스이다.

교실 환경에서는 현재 교실 안에서 어떤 배움이 진행되고 있는지가 잘 드러나야 한다. 전시된 작품들이 전체적인 주제, 맥락과 잘 맞는지도 눈여겨볼 대목이다. 교실 내 작은 소품, 전시 작품, 환경판 등은 정리 정돈된 환경인지를 판단하는 기준을 넘어서 교사의 성향을 짐작하는 힌트가 된다. 아이들 솜씨일 것이라고는 믿기지 않는 정갈한 작품들이 걸려 있다면 교사가 학부모들에게 보이기 위해 아이들 작품에 손을 댔거나 아이들에게 심한 스트레스를 줘 가면서 통제했을 가능성이 있다. 가장 자연스러운 모습으로 아이들이 발전하고 성장하고 있음을 나타내는 작품들이 전시되어 있으면 합격이다.

아이들의 서툰 작품을 소중히 여기고 멋지게 전시하는 것은 교사들의 몫이다. 아이들의 작품을 성의 없이 테이프로 찍찍 벽에 붙여 놓는 대신 프레임을 만들어 돋보이게 전시하고 있는지, 자신의 작품을 감상하며 자랑스러워할 수 있도록 아이들 눈높이에 맞춰 전시하고 있는지, 이런 작은 단서들을 통해 부모들은 교사의 철학과 교실 운영 자세를 미루어 짐작 할 수 있다. 학부모에게는 이런 포인트를 집어낼 수 있는 안목이 필요하다.

인적 환경

　물리적인 환경보다 훨씬 더 중요한 것은 아이들과 함께 생활하는 사람들, 즉 유치원의 인적 환경이다. 아이들을 진심으로 사랑하고, 유아교육을 전공해서 유아 관련 지식이 풍부하고, 아이들 눈높이에 맞춘 완벽한 영어(참고로, 원어민 교사라고 해서 모두 완벽한 영어를 하는 건 아니다)를 구사한다면 말 그대로 환상적인 교사다. 한곳에서 장기간 변동 없이 근무할 수 있는 안정성까지 갖춘 조건이라면 더할 나위 없다. 하지만 현실에서 이런 조건의 교사를 만나는 경우는 극히 드물다. 위의 기준을 비슷하게라도 갖춘 선생님을 모시려면 면접관인 원장도 면접자들에게 최선을 다해 매력을 어필해야 한다.

　보통 영어유치원 교사들은 유아교육 쪽 배경지식이 약한 경우가 많다. 그래서 이런 부분들을 가르치고 메꿀 수 있는 역량 있는 원장이나 원감이 필요하다. 유치원마다 아이들을 바라보는 특유의 시선과 전체적인 분위기가 존재하는데, 이런 분위기는 원장이나 원감 같은 리더들의 기본적인 교육 철학과도 맞물려 있다. 유아교육 기관에서 아동 학대처럼 불미스러운 사건이 터지면 가해 당사자인 교사들의 행동에 주목하지만, 그런 잘못된 행동이 용인되는 문화가 이미 오래전부터 해당 기관에 뿌리내리고 있었을 가능성이 크다. 터질 수밖에 없었던 시한폭탄이 터진 것뿐이다.

예전에 300여 명 규모의 대형 유치원에서 방과 후 수업 파견 강사로 일하고 있을 때였다. 아이들이 강당에 모여 각자 버스의 순서를 기다리는 하원 시간이었는데 한 교사가 어리숙해 보이는 아이의 모자를 빼앗아 숨기고 시치미를 뗐다. 금세 주위에 있던 두세 명의 교사도 이 놀이에 합세해 서로 패스해 가며 놀리듯 모자를 숨겼고, 당황한 아이는 모자를 찾아 이 손 저 손을 기웃거려야 했다. 결국 아이가 울음을 터트리고 나서야 모자를 돌려주는 모습을 일개 방과 후 강사였던 나는 찝찝한 마음으로 지켜볼 수밖에 없었다. 그곳에 가는 것이 즐겁지 않았기 때문에 다음 해 계약 연장은 하지 않았다. 전반적인 분위기라고 하는 것은 그 안의 일원으로 있을 때 제대로 보인다. 교사들이 장난으로라도 그런 행동을 할 수 있었다는 건 유치원의 전반적인 분위기가 그 정도의 행동이 용인되는 문화였다는 것이고, 교실 내 생활에서도 아이들을 인격적으로 대하지 않은 사건들은 수없이 일어났을 것이다.

교사와의 신뢰 관계

좋은 수업이 이루어지기 위해서 가장 중요한 것은 가르치는 교사와 배우려는 학습자의 긍정적인 관계 형성이다. 아이들은 선생님에게 맹목적인 사랑과 신뢰를 보낸다. 교사들은 그 관계에서 힐링을 얻고 그 힘으로 유치원 선생님이라는 어려운 직업을 수행해 나간다. 아이들의 이런 순수한 감정을 악용하는 어른들은 정말 나쁘다.

아직 교사로서 철이 덜 들었을 때, 6세 반 담임을 맡은 적이 있다. 또래들보다 유난히 밥 먹는 속도가 느린 반이어서 한 시간 안에 점심을 먹고 정리까지 마치기가 쉽지 않았다. 그래서 점심 시간 내내 밥 먹는 아이들에게 서두르라는 재촉을 해야만 했다. 어느 날, 그중에서도 제일 속도가 느렸던 S가 숟가락에 국을 뜬 채로 재촉하는 나에게 특유의 느린 목소리로 "Soup is hot(국이 뜨거워요)"이라고 말했다. 주방에서부터 배식되는 데까지 이미 시간이 꽤 흘렀고, 아이들 개인 식판에 국을 나눠 준 지도 한참이 지났기 때문에 절대 뜨거울 리 없다는 확신에 나는 "No, it's not. It's cool enough to eat. Please hurry up(그렇지 않아. 이미 충분히 식었으니 서두르자)"이라고 말하며 재촉을 멈추지 않았다. 그 순간 아이가 나를 빤히 쳐다보더니, 아주 천천히 한국말로 이렇게 말했다. "어른들 입에는 차갑지만, 우리 어린이들 입에는 뜨거울 수 있어요." 아이에게 미안한 마음이 들었다. 느려도 너무 느린 S와는 그 이후로도 점심 시간마다 실랑이를 벌여야 했다. 6세 반 수업 마지막 날, 아이가 하도 졸라서 전화를 했다며 퇴근 시간 직전 S의 엄마가 미안해하며 전화를 걸어 왔다. 수화기 너머에서 S 특유의 느린 말투가 들려 왔다. "밥을 너무 늦게 먹어서 미안해요. 나는 Ms.은희가 제일 좋아요. 예뻐요. 사랑해요." 여섯 살짜리 아이의 뜬금없는 고백에 마음이 더없이 환해졌다.

6살 M은 가벼운 ADHD 증세를 보이며 잠깐의 집중도 하지 못하는 친구였다. 영어유치원이라는 사교육 현장에서는 아이들 한 명한 명의 수업권이 똑같이 중요하므로, 교사는 한 아이가 다른 친구들의 학습권을 방해하지 않도록 각별히 주의해야 한다. 개인적인 생각이지만, 특히 흐린 날 M 같은 친구들은 교사를 더욱 힘들게 한다. 교사의 경고를 못 들은 척 무시하는 정도가 더 심해지는 날이다. 비가 올까 말까 우중충했던 어느 날, M은 옆에 앉은 친구를 자꾸 만졌고, 상대방 친구는 선생님을 쳐다보며 징징대는 목소리로 보라는 듯 "Don't do that!(하지 마!)"을 외치고 있었다. 처음에는 말로, 두 번째는 M의 손을 잡고, 세 번째는 친구와 자리를 떨어뜨려 앉히며 하지 말라는 경고를 했지만 M은 같은 행동을 멈추지 않았다. 아이를 안아 들고 원장실에 가서야 끝이 났다. 아이에게 거칠게 눈을 부라리고 결국은 좋아하는 수업까지 못 듣게 만들어 버렸다. 퇴근 후에, 나의 행동들이 너무 감정적이지 않았나 하는 후회의 마음이 밀려들었다.

다음 날 아침, 나의 우려와 다르게 M은 유치원 로비에서부터 로켓처럼 달려와 큰 팔을 벌려 나를 안아 주었다. 눈물이 핑 돌았다. 교사로서 느껴 본 최고 감격의 순간이었다. 하지만 안타깝게도 한 시간이 채 되지 않아 아이와의 실랑이는 또다시 시작되었다. 아무리 노력해도 M의 상태가 드라마틱하게 좋아지지 않는다는 것을 잘 안다. 하지만 M은 나를 엄마가 없는 동안 자신을 보살펴 줄 보호자로 믿어 주었고, 나 또한 이 아이에 대한 책임감을 무겁게 느끼고 있었기에 오늘을 지지고 볶더라도 다음 날 반가운 얼굴로 다시 서로를 반길 수 있었다.

모든 아이들에게 같은 손길과 애정이 갈 수는 없다. 손이 덜 가는 아이도 손이 유난히 많이 가는 아이도 있다. 교사는 자신에게 맡겨진 모든 아이들과 신뢰를 바탕으로 긍정적인 관계를 맺어야 한다. 아이 입장에서는 오늘 선생님이 나를 좀 덜 쳐다봐 주어도 크게 불안하지 않은 관계, 오늘 혼이 났지만 선생님이 나를 미워하지 않는다는 확신이 있는 관계이다. 유아들을 만나는 교사들은 이 관계 형성의 책임감을 무겁게 느껴야 한다. 나에게 예뻐 보이지 않는 아이와도 신뢰의 관계를 맺고, 그들의 보호자로서 관계의 책임을 질 수 있는 사람들만 이 직업을 선택해야 한다.

외국인 담임 교사

영어유치원에서는 보통 외국인 교사와 한국인 교사가 공동 담임을 맡는다. 원에 따라 외국인 교사가 담임을 맡고, 한국인 교사는 전적으로 돌봄만 담당하는 곳도 있다. 교육적 사명감을 가지고 한국에 온 외국인 선생님들은 아이와 부모뿐 아니라 원장에게도 큰 행운이다. 아무리 좋은 철학을 바탕으로 교육 기관의 문을 열었어도 직접적으로 아이를 만나는 교사들이 그 철학대로 행동하지 않으면 아무 소용이 없다. 나와 같이 일했던 교사들 중에는 훌륭한 원어민 교사도, 내놓기 부끄러운 교사도 있었다.

최근에 함께 일한 테레사는 먼 타국에서도 교사로서 사명감을 가지고 일을 하는 훌륭한 선생님이었다. 사실 테레사가 영어유치원에서 첫 담임을 맡았을 때, 엄마들의 반응은 영 시큰둥했다. 미국에서 나고 자라 교육받았지만 태국인 어머니와 영국인 아버지를 둔 테레사는 동남아 느낌이 강한 외모를 가졌고 낯가림도 있어 학부모들에게 그다지 살갑게 구는 스타일도 아니었다. 나중에야 테레사가 가진 교사로서의 진가가 드러났지만, 첫인상과 외모적인 면에서 한국 엄마들의 우선순위에 드는 교사가 아니었던 것은 확실하다. 하지만 테레사는 일정에 쫓겨 다음 날 수업 준비가 충분하지 않다고 생각되면 일요일 저녁에라도 나와 교안을 짜고, 수업 준비를 완벽히 해놓고 돌아가곤 했다. 원을 졸업한 후에도 아이들은 테레사 선생님 열병을 앓았고 부모들은 물론 동료 교사들마저도 테레사와 함께 일하는 것을 자랑스러워했다.

반면 한국 여자들이 예뻐서 왔다고 당당히 말하던 조나단 같은 부류의 교사들도 있었다. 금발의 푸른 눈동자를 가진 조나단은 늘 웃는 얼굴로 복도에서 만나는 아이들을 번쩍번쩍 들어 올렸고, 젊고 잘생기기까지 해 엄마들의 1순위 희망 교사였다.

이렇게 완벽해 보였던 원어민 강사 조나단의 반전은 교실에서는 늘 피곤하고 의욕 없는 모습이라는 것이다. 점점 지각하는 날이 잦아지더니, 급기야 이 젊은이는 상가 화장실에 가방을 숨기고 지각이 아니라 마치 잠깐 편의점이라도 다녀온 듯한 연기를 하기 시작했다. 학부모들이 좋아할 만한 조건을 두루 갖춘 조나단은 겉으로는 흠잡을 데 없는 선생님의 모습을 하고 있었지만, 아이들 곁에 두고 싶지 않은 교사였다.

　우리나라 학부모들이 아이를 영어유치원에 보내는 이유 중 하나는 외국인을 무서워하지 않고 친근한 관계를 경험했으면 하는 바람 때문이다. 그래서 외국인 선생님에 대한 주문이 까다롭다. 가장 인기 있는 유형은 금발에 파란 눈을 가진 젊은 선생님들이다. 흑인 선생님이 배정될 경우, 학부모들은 자신은 괜찮은데 아이가 무서워한다며 아이 핑계를 댄다. 하지만 아이들은 선생님과 일단 신뢰의 관계를 맺으면 절대로 인종 차별, 외모 차별을 하지 않는다.

　아무리 완벽한 자격을 갖추었어도 영어유치원 원장들이 원어민 교사 포지션에 교포 채용을 꺼리는 이유는 단 하나, 원어민 선생님 외모에 대한 부모들의 왜곡된 기대치 때문이다. 아직도 외국인 교사의 외모적인 면을 중요시하는 학부모들이 더러 있지만, 10년 전처럼 대놓고 드러내지 않는다는 것은 희망적인 신호다. 백인 교사로 담임을 배정해 달라는 요구를 하면서 이래저래 핑계를 댄다는 것은, 자신들의 행동이 부끄러운 짓이라는 것을 스스로 인지하고 있다는 증거이다. 고학년이 되면 아이들 스스로가 옆 반의 예쁜 선생님을 부러워할 수도 있겠지만 유아들은 다르다. 우리 선생님은 우리 선생님이라서 최고다. 담임 선생님과의 신뢰적 관계rapport가 형성된 후에는 어떤 것도 그 관계를 방해하지 못한다. 무턱대고 교사를 겉모습으로 평가하는 쪽은 아이들이 아닌 어른들이다. 좋은 담임 선생님의 기준은 외모가 아닌 직업에 대한 책임감과 아이들을 대하는 진정성에 있다.

종종 면접에서 만난 교사들에게 "왜 이 직업을 선택했냐"라는 질문을 던지곤 한다. 개인적으로는 이때 "아이들이 너무 예쁘고 귀여워서요"라고 대답하는 교사들을 신뢰하지 않는다. 입으로는 이렇게 말하면서 아이들을 하나의 인격체로 대하지 않는 교사들을 많이 봐 왔기 때문이다. 물론 아이들을 좋아해서 유치원 교사라는 직업을 선택했을 것이라는 데는 의심의 여지가 없다. 하지만 아이들을 예뻐하고 좋아한다는 개인적 취향이 교사가 되기 위한 충분 조건은 되지 못한다. 아이들이 늘 예쁘고 귀여운 짓만 하는 건 아니다. 고집을 부리고 떼를 쓰고, 크고 작은 사고들을 늘 달고 다닌다. 오죽하면 자기 자식이라도 지긋지긋해서 얼굴도 보기 싫을 때가 있다. 그래서 귀엽고 예쁜 모습만 보고 유치원 교사라는 직업을 선택하는 건 위험하다. 그보다는 한 아이 한 아이가 얼마나 소중한 존재인지를 알고, 그런 소중한 존재를 나에게 맡겨 준 사람들에 대한 책임과 의무가 이 어려운 직업을 수행해 나갈 수 있는 힘이 된다.

짧은 시간 안에, 소중한 내 아이를 믿고 맡길 수 있는 교사인지 아닌지를 판단한다는 것이 말처럼 쉽지 않다. 인상, 학력, 경력 어떤 조건도 좋은 교사를 구별해 내는 완벽한 기준은 되지 못한다. 다만 유치원의 전체적인 분위기를 좌우하는 원장과 원감 같은 리더들의 올바른 교육 철학과 마음가짐이 최소한의 안전장치가 될 수 있다.

학부모 관계

영어유치원의 인적 환경에는 다른 아이들의 부모들도 포함된다. 비슷한 수준의 엄마들이 함께 모여 자연스럽게 친목을 나누는 데 아이 유치원 모임만한 것도 없다. 아이와 관련된 일이기에 내세울 명분도 확실하다. 사회성 발달이 중요한 시기에 우리 아이가 기죽지 않고 좋은 친구들을 사귈 수 있도록 열심히 엄마 역할을 해야 한다는 의무감으로 비장하기까지 하다. 실제 이렇게 노력해서 만들어 준 유치원 단짝 친구들은 아이들이 성인이 되어서까지 중요한 사교 그룹이 되기도 한다. 아이들이 성장하면서 겪게 될 고민을 함께 나누고 정보를 얻을 수 있는 소중한 친목 모임이 유치원을 통해 결성되는 것이다.

교사로서 한국에서의 첫 직장은 프랜차이즈 놀이 학교였는데 당시 원장님의 남편과 본사 사장이 유치원 동기였다는 얘기를 듣고 적잖이 놀란 적이 있다. 그 당시 지방 명문 유치원에 함께 다녔던 다섯 명의 멤버들은 40여 년이나 관계를 이어 나가, 성인이 된 후에도 서로에게 도움이 되고 있었다. 이렇게 큰 그림까지는 아니더라도 또래 아이를 키우며 공통 관심사로 이야기를 나누고, 친목을 다질 수 있는 모임은 젊은 부모들에게 매우 중요하다. 현재의 타이틀은 전업 주부지만 한때 잘나갔던 엄마들은 육아에 지치고 대화에 목마르다. 비슷한 처지의 사람들을 아이 유치원에서 만나서 더욱 반갑고 서로에게 쉽게 빠져든다.

　주말마다 아이들을 함께 놀게 하고, 부부 동반 모임을 가지고, 가족 여행도 다니면서 당장은 친형제자매보다 더 끈끈한 친목 관계를 유지하며 평생 갈 것이라 기대하는 경우가 많다. 사실 이런 모임일수록 구성원 간의 많은 노력과 이해, 희생이 필요하다. 그렇지 못할 경우 대부분 단기간 열정적인 에너지를 쏟다가 아주 작은 일로 관계가 틀어지거나, 또는 자연스럽게 아이들 반이 갈리면서 친목의 끈이 느슨해져 결국은 허무하게 끝나 버리게 된다.

　아이를 통해 만난 관계는 단순하게 아이 자체에 초점을 두는 것이 현명하다. 그래서, 아이들이라는 울타리 안에서의 관계는 더욱 예민하고 조심스러워야 한다.

　강남의 최고급 영어유치원은 재계 인사 및 연예인의 아이들이 다니는 것으로 유명하다. 신문에 오르내리며 물의를 일으켰던 대기업의 자제가 등록하면서 그 원은 어마어마한 등록 대기가 생길 정도로 호황을 누렸다. 상대방의 도덕성을 운운하며 뒷이야기를 하면서도 많은 학부모들은 사회적 유명인, 또는 재벌과 같은 유치원에 아이를 보낸다는 타이틀을 자랑스러워한다.

　대기업 자제의 중학교 진학 기사 밑에 같은 반 아이들은 최고의 인맥을 선물 받았다며 부러워하는 댓글이 잔뜩 달리기도 했다. 아이들을 둘러싼 인적 환경은 어른들로 인해 훨씬 복잡해진다. 어린 아이를 키우는 부모들은 자신들의 노력과 계획으로 아이의 사회관계를 통제할 수 있다고 생각한다. 당장은 부모가 원하는 지역으로 이사를 하고, 원하는 기관을 선택하고, 부모 눈에 드는 친구를 골라 초대할 수 있기 때문이다. 하지만 큰 착각이다. 부모는 그저 올바른 환경을 만들어 주기 위한 최선의 선택을 할 수 있을 뿐, 결국 주어진 환경 안에서 스스로의 역할을 해 나가야 할 당사자는 아이들 자신이다.

영어유치원 선택 기준

각 가정마다 갖고 있는 교육의 기대치가 모두 다르기 때문에 '이 것이 정답'이라고 일반화할 수는 없지만, 영어유치원을 고려하고 있다면 아래와 같은 교육 환경에 대한 기본적인 확인은 필수다.

* 아이가 스트레스 없이 자연스럽게 영어를 받아들일 수 있는 교육 철학과 커리큘럼을 갖고 있는가?

* 신체적인 움직임이 자유롭고 에너지를 발산할 수 있는 공간적 여유가 있는가?

* 원장 및 교사들이 아이들에 대한 책임 의식과 아동의 인격을 존중하는 마인드를 갖고 있는가?

* 충분히 위생적이고 안전한가?

* 교사가 아이들과 긍정적인 관계 형성의 자세를 갖추고 있는가?

* 아이들의 배움에 긍정적인 교실 환경인가?

새 학기가 되면 '우리 아이, 처음 유치원 보낼 때 체크해야 할 것' 과 비슷한 류의 기사들이 단골로 등장한다. 혹해서 읽었다가 너무 나 일반적인 이야기에 실망하기 일쑤지만, 오히려 상식적이고 기본 적인 사항일수록 놓치기 쉽다. '아니다 싶으면 그만두면 되지'라고 생각할 수도 있지만 잘못 끼운 첫 단추 하나는 줄줄이 문제를 일으 키고, 우리 아이에게 치명적인 내상을 입힐 수 있다. 아이의 첫 영 어유치원을 제대로 선택하기 위해서 부모는 충분히 공부하고 꼼꼼 한 잣대를 가져야 한다.

미리 보는 영어유치원의 하루

× × × × × ●● × × × × ×

영어유치원에서의 하루 일과는 등원, 오전 활동, 점심, 오후 활동, 방과 후, 하원이라는 큰 틀 안에서 각 시간대별 세부 일정으로 움직인다. 아이들이 지내는 원에서의 하루하루는 같은 듯 다르다. 원 생활이 정해진 루틴 안에서 단조로울 거라는 생각은 오산이다. 매일매일 일어나는 사건 사고, 아이들의 웃음, 울음, 다양한 행사로 지루할 틈 없이 돌아가는 것이 영어유치원의 일상이다.

등원

등원 시간은 원마다 차이가 있지만 보통 오전 9시부터 10시 사이에 이루어진다. 교사들의 출근은 이보다 30분 또는 한 시간 빠른 8시 30분 또는 9시로, 아이들 없이 보낼 수 있는 오전 시간은 교사들이 하루를 준비하며 크게 심호흡할 수 있는 유일한 시간이 된다. 영어유치원의 경우, 국공립 유치원처럼 일찍 등원하는 아이들을 위한 돌봄 시스템이 따로 없기 때문에, 불가피한 사정으로 아이들이 정해진 시간보다 일찍 등원할 경우 각자의 반에서 담임들이 보살피는 상황으로 이어진다. 급한 사정이 생겼다는 학부모의 절박한 요청에 원장이나 원감은 선심 쓰듯 일찍 등원시키라고 할 수 있지만, 일과 중 유일한 자신만의 시간을 빼앗겨야 하는 담임들은 불만일 수밖에 없다. 이런 경우 아이의 이른 등원을 원감이나 원장에게 부탁하기보다는 담임 선생님에게 직접 말하고 커피나 디저트류처럼 작은 감사의 표시를 하는 것이 깔끔하다.

하루는 네 명의 엄마들이 각자 다른 핑계를 대며 아이들을 한 시간 일찍 등원시켜도 되냐는 문의를 해 왔다. 친정 엄마의 병원 동행서부터 남편 공항 배웅까지 저마다 급한 사정들이어서, 원장인 나는 담임 교사에게 특별히 부탁을 해야 했다. 나중에 알게 된 사실은 엄마들끼리 골프 예약을 해 놓고 시간이 빠듯하자 아이들을 한 시간 정도 일찍 등원시키기로 결정하고 각자 다른 핑계를 만들어 내기로 입을 맞춘 거였다. 무덤까지 가져가야 할 비밀이었지만 너무 쉽게 이야기가 새어 나가고 말았다. 한 아이가 엄마가 말하지 말랬다는 친절한 설명까지 덧붙여 차량 선생님에게 "우리 엄마 오늘 어디 갔는 줄 아세요?"라며 엄마의 행선지를 알려 주었고, 그 이야기는 담임 선생님과 원장에게도 전달되었다. 약간의 끼워 맞추기 센스가 발휘되면서 엄마들의 치밀한 계획은 허무하게 들통나고 말았다.

급한 사정으로 아이를 원에 일찍 보내거나 늦게 데려가야 하는 일들은 늘 일어난다. 이런 경우 불가피한 상황임을 설명하고 아이의 이른 등원이나 늦은 하원을 미안한 마음으로 부탁한다면, 설사 자신의 소중한 개인 시간을 뺏긴다 해도 교사들은 충분히 이해하고 받아들인다. 하지만 당연한 권리인 것처럼 행동하거나 너무 습관적으로 같은 일이 발생한다면 교사들의 불만을 살 수밖에 없다.

영어유치원에서 학부모의 불만 사항이 가장 많이 접수되는 문제 중 하나는 등·하원 버스 스케줄이다. 결론부터 말하면 모두를 만족시키는 버스 스케줄은 존재하지 않는다. 대부분의 학부모들은 조금 손해 본다는 생각이 들어도 원의 입장을 이해하고 기꺼이 협조한다. 일부이기는 하지만 마치 버스를 태우려고 유치원에 보내는 사람들처럼 타협 불가의 강성으로 나오는 몇몇 학부모들이 문제다. 학기 초가 되면 2~3분 단위의 촘촘한 버스 스케줄이 짜여진다. 요즘은 아파트 단지 안까지 버스가 들어갈 수 없어서 얼마나 다행인지 모른다. 예전에는 아파트 단지 안으로 스쿨버스 출입이 가능했고, 동마다 버스를 세워야 했기 때문에 아이들이 들고 날 때마다 "이놈의 버스 스케줄 때문에 그만둬야겠다"는 담당 선생님들의 곡소리가 새어 나오곤 했다. 그도 그럴 것이 통원 버스를 타야 하는 아이가 늘거나 줄 때마다 줄줄이 스케줄을 다시 짜고 학부모들에게 일일이 시간표 변경을 알려야 하는 일은 여간 큰 스트레스가 아니다.
아이들이 유치원 버스를 타는 시간은 최대 40분을 넘지 않게 짜는 것이 원칙이다. 30분 내외의 짧은 시간 동안 등원 버스 안에서는 어른들이 생각하는 것보다 훨씬 많은 일들이 벌어진다. 언니 오빠를 보고 사랑에 빠지기도 하고, 어젯밤 집에서 있었던 얘기들을 제일 먼저 털어놓는 곳도 등원 버스 안이다. 아이들이 엄마 손을 놓고 독립적인 존재로서 처음 발을 내딛는 공간인 만큼 버스 안에서의 시간은 중요하다. 버스 안에서의 사소한 갈등으로 기분이 나빠지기도 하고, 운 좋게 좋아하는 언니나 형아 옆에 앉게 된 날은 기분이 완전히 좋아지기도 한다. 하루의 기분이 오전 등원 버스 안에서 정해진다고 해도 과언이 아니다. 그래서 운전하시는 기사 선생님도, 버스 안에서의 안전을 책임지는 차량 선생님도 아이들을 사랑하시는 분들이어야 한다.

유치원 버스를 이용할 때 학부모가 가장 피해야 할 것은 지각이다. 유치원 버스를 이용할 때는 시간을 딱 맞추는 게 아니라 정해진 시간보다 5분 미리 나와 있는 것이 적절한 계산법이다. 상습적으로 지각하는 소수의 학부모들은 따로 분류해 처음부터 스케줄 시간을 2~3분 앞당겨 알려 주기도 한다. 참 불명예스러운 분류가 아닐 수 없다.

아이를 키워 본 사람은 다 알겠지만 돌발 상황은 늘 생긴다. 엘리베이터를 타고서야 발레 가방을 놓고 나온 게 기억난다든지, 잠깐 편하자고 켜 두었던 텔레비전을 끄자 아이가 드러누워 울기 시작한다든지, 신발 신기 직전 똥이 마렵다고 한다든지 유치원 버스 시간에 늦을 수밖에 없는 이유는 수백 가지도 넘는다. '5분만 일찍 서두르자'라고 매일 저녁 다짐을 하지만 결과적으로 버스 시간에 꼭 2~3분을 늦고 만다. 여러 아이들이 타고 있는 버스 시간에 늦으면서 마음 편한 사람은 없다. 그래서 버스를 향해 달려오는 지각생 엄마들은 아이 손을 잡고 오는 건지 공중에 매달고 오는 건지 모를 정도로 겅중거리며 급하게 뛰어온다. 그리고 큰 죄를 지은 사람처럼 굽신대며 "죄송합니다"를 연발한다.

'2~3분 정도쯤이야'라고 생각할 수도 있지만, 여러 사람들의 2~3분이 모여 마지막 아이는 20~30분까지 기다려야 하는 결과가 된다. 뒷 순서에서 기다리던 학부모가 시간이 지났는데 왜 안 오시느냐고 항의하듯 전화라도 하는 날에는 차량 선생님의 표현대로 땀이 삐질삐질, 입이 바짝바짝 마른다. 당연히 기사 선생님은 늦어진 시간을 만회하려고 운전을 서두른다. 결국 아무것도 아니라고 생각했던 2~3분의 지각은 버스를 타고 있는 아이들의 안전 문제와 직결된다. 유치원 버스를 이용하기 위해서는 약속 시간보다 5분 먼저 대기하고, 버스가 늦더라도 10분 정도는 기다린다는 느긋한 마음이어야 한다. 만약 피치 못할 사정으로 늦었다면 버스를 붙잡기보다는 전화로 상황을 알리고 과감히 보내 버리는 게 맞는 선택이다.

등원 버스를 이용할 때 하지 말아야 할 행동들도 있다. 너무 바쁘게 준비하다 보면 제대로 아침밥을 못 먹이고 급하게 아이들 손에

빵이며 과자를 들려서 나오는 경우가 있는데, 버스 기사님들이 싫어하는 행동 중 하나이다. 대부분 영어유치원 차량은 기사님들의 개인 소유인 지입 차량으로, 버스를 내 몸같이 아끼는 분들이 많다. 아이들이 음식물을 시트에 묻히고 바닥에 흘리는 것을 반길 리 없다. 아침 먹일 시간이 부족했다면 먹거리를 아이 손에 들려 버스를 태우는 것보다는 잘 싸서 가방에 넣어 주고 차량 선생님께 아침을 못 먹어서 급하게 가방에 넣었다고 귀띔해 주는 것이 좋다. 메세지는 담임에게 잘 전달되고 아이는 교실에서 편하게 아침 식사를 마무리할 수 있다.

  음식물뿐 아니라 아이들이 장난감을 손에 들고 유치원 버스에 타는 것도 좋지 않은 습관이다. '큰 장난감도 아니고 손에 쥐어지는 작은 사이즈인데도 안 되나?'라고 생각할 수 있지만 크기가 작을수록 안전상 더욱 위험하다. 손에 쥐고 있던 작은 물건을 놓치고 스스로 찾아내려고 안전벨트를 풀거나, 찾아내라고 울고 떼쓰는 경우가 많다. 아이들은 먹을 것을 손에서 놓쳤을 때는 쉽게 포기하지만, 좋아하는 장난감을 손에서 놓쳤을 때에는 절대 포기하지 않는다. 선생님이 바로 주워 줄 수 있으면 다행이지만, 운행하는 버스 안에서 굴러다니거나 틈새에 끼어 보이지 않는 경우라면 운전 선생님까지 산만해져 위험천만의 상황으로 이어질 수 있다. 통원 버스 안에서의 시간은 결단코 안전이 최고다. 안전을 방해할 수 있는 요소는 어떤 것이든 사전에 제거해야 한다.

사소하지만 버스를 탈 때 들이면 좋은 습관도 있다. 아이들이 가방을 맨 채로 자리에 앉는다면, 그대로 안전벨트를 차고 원에 도착할 때까지 등이 불편한 채로 있어야 한다. 차에 오를 때 가방을 교사에게 전달하거나, 6~7세 아이들이라면 자리에 앉을 때 가방을 벗어서 손에 들라는 당부를 아이에게 직접 해 두는 것이 좋다.

새 학기의 등원 풍경은 우는 아이들과 아이를 억지로 떼어 놓고 울며 돌아서는 엄마들이 뒤엉켜 아수라장이다. 특히 아이가 처음 기관에 다니게 된 경우, 오전 등원 시간은 엄마와 생이별을 해야 하는 인생 최대의 고비이자 고통의 시간이다. 하지만 아이에게 딱 2주일만 제대로 된 이별을 경험하게 해 주면 대부분의 경우 큰 문제 없이 새로운 환경에 적응한다. 분리 불안이 있는 아이에게 가장 좋지 않은 이별 방법은 "엄마 여기 있을 거야"라고 안심시켜 놓고 아이가 잠시 한눈파는 사이 스르륵 사라지는 경우다. 엄마가 인사도 없이 사라졌다는 배신감에 아이의 울음은 더욱 거칠고 길어진다. 이런 경험을 한 다음 날, 아이는 엄마가 또 말없이 사라질 거라는 두려움에 더욱 필사적으로 엄마 목에 매달린다. 인생의 법칙이 그렇듯 쉬운 선택은 결국 더 큰 수고를 동반한다.

아이들만큼이나 엄마들도 첫 이별이 힘들기는 마찬가지다. 그렇다고 엄마가 아이와의 헤어짐에 안절부절 못하는 모습을 보여서는 안 된다. 엄마의 불안감을 본능적으로 느낀 아이는 이 새로운 환경이 더 낯설고 두려워진다. 그래서 엄마는 끝까지 담담하고 일관성 있는 태도를 보여야 한다. 우는 아이를 교실에 들여보내 놓고 몇 시간째 교실 복도를 서성이는 엄마들 때문에 꾹꾹 잘 참고 있던 다른 아이들의 울음보가 터지기도 한다. 문틈으로 또는 창문 너머로 넘실대는 엄마의 실루엣에 내 아이는 안심할지 모르지만, 자신의 엄마가 아님을 확인한 다른 아이들은 애써 잊고 있던 엄마와의 이별을 떠올리게 된다. 아이가 기관 생활을 시작하면 내 아이만 생각하는 행동은 과감히 끊어 내야 한다.

동서양을 막론하고 첫 아이를 기관에 보내는 엄마들의 불안한 심리는 똑 닮았다. 한 러시아인 엄마가 아이를 영어유치원에 보내는 과정을 지켜보면서 알게 된 사실이다. 한국에 온 지 1년이 되었던 이 엄마는 아예 교실 반대편 원장실에 쭈그리고 앉아 작은 틈으로 자신의 아이를 하루 종일 관찰했다. 말도 다르고 생긴 것도 다른 사람들 틈에 어린 자식을 떼어 놓고는 그 마음이 오죽 불안할까 싶은 생각에 마음이 약해져 엄마가 원하는 대로 유치원에 머무르게 한 것을 두고두고 후회했다. 아이는 하루가 다르게 적응해 나갔지만 시시때때로 교실 문을 벌컥 열고 나와 항상 그 자리에 있는 엄마를 확인했고, 결국 두 달이라는 시간을 질질 끌고서야 간신히 엄마는 원장실에서 자리를 뺄 수 있게 되었다. 아이는 이후로도 한동안 교실을 나와 엄마를 찾아 헤매곤 했다. 원장의 오지랖 넓은 배려 때문에 2주면 될 분리 훈련이 두 달을 훌쩍 넘겼고, 아이와 엄마는 물론 교사들까지 함께 고생하는 결과가 되어 버렸다.

　20년 경험 중 분리 불안이 가장 심했던 4살 B는 꼬박 한 달 동안 똑같은 강도로 반나절 이상씩 엄마를 찾으며 울던 아이였다. 나중에는 아이의 목이 상할까 걱정이 될 정도로 그 작은 몸에서 나오는 울음은 처절했다. 유치원 내 어른 중 누구든 한 명은 우는 B를 전담해야 했기에 어느 날은 주방 선생님이 아이를 안고 복도를 서성였고, 어떤 날은 원장이, 또 다른 날은 원감이 아이를 안고 유치원 안팎을 배회해야 했다. 엄마는 아이의 고집 센 성향 때문에 유치원 첫 등원이 만만치 않을 걸 오래 전부터 예상하고 각오를 단단히 했다고 했다. 다행히 엄마는 원을 믿고 그 힘든 시간을 잘 견뎌 주었다. 한 달을 훌쩍 넘긴 어느 날, 아이는 감격스럽게도 유치원 가는 것이 가장 재미있다는 말과 함께 엄마에게 씩씩하게 손을 흔들어 주며 교실로 들어가 험난했던 유치원 적응기를 해피 엔딩으로 마무리했다.
　평생에 한번은 꼭 거쳐야 하는 유치원 첫 등원, 분리의 경험은 엄마에게도 아이에게도 큰 시련이 아닐 수 없다. 단, 어떻게 대처하는지에 따라 이 고통의 시간은 짧게 끝날 수도 한없이 늘어질 수도 있다.

오전 자유 놀이

　오전 놀이 시간은 첫 아이가 교실에 들어서는 순간부터 정규 스케줄이 시작하기 전까지의 20~30분 정도로, 다른 아이들의 등원과 겹치는 시간이기도 하다. 도착한 아이들은 각 반마다 정해 놓은 규칙에 따라 자기 옷가지와 가방을 정리한 후, 원하는 장난감과 교구로 자유 놀이 시간을 갖는다. 과거 인턴을 했던 미국 유치원에서 이 시간은 아침을 못 먹고 온 아이들이 한쪽에 준비된 시리얼과 우유, 사과 등을 먹을 수 있는 아침 식사 시간이기도 했다. 등원하는 아이들을 맞이하면서, 동시에 교실에서 노는 아이들의 안전도 살펴야 하기 때문에 교사들에게는 바쁜 시간대 중 하나다.

이 시간에 교사들을 가장 곤란하게 만드는 것은 아이를 데려다 주러 온 학부모들이 너무 많은 이야기를 쏟아 내는 상황이다. 아이가 집에 와서 한 행동이나 이야기를 놓고 왜 이런 말과 행동이 나왔는지, 어제 원에서 자신이 모르는 무슨 일이 있었던 건 아닌지를 의심하며 교사를 붙잡고 끊임없이 캐묻는 학부모들이 종종 있다. 그 심정은 이해하지만, 이 시간은 다른 아이들에게도 담임 선생님이 필요한 시간이다. 정말 긴박한 사항이 아니라면 아침에 담임 교사를 붙잡고 얘기하기 보다는 아이들이 모두 하원한 후 담임 교사의 오후 수업 스케줄을 고려해 전화나 이메일로 상담하는 것이 바람직하다.

오전 중 진행되는 짧은 놀이 시간은 아이에게 꽤 큰 의미를 갖는다. 내 마음대로 했던 집에서와는 다르게, 규칙을 따르고 다른 친구들을 배려해야 하는 공동 환경에 스스로를 준비시키는 시간이다. 종종 이 시간을 그냥 노는 시간이나 건너뛰어도 되는 시간으로 생각하고 아이를 늦게 등원시키는 학부모들도 있는데, 이 시간은 어른들이 생각하는 공부 시간보다 훨씬 더 중요한 시간이다. 아이들은 오전에 하던 놀이를 오후에도 이어서 하는 경우가 많고, 6~7세의 경우는 놀이 주제뿐 아니라 아침에 함께 놀았던 놀이 그룹이 그대로 오후까지 이어질 확률이 높다. 하루 동안의 놀이 주제와 함께 놀 친구들이 결정되는 시간이므로 정시에 등원해 오전 자유 놀이 시간에 참여하는 것이 좋다.

게더링 타임 (Gathering time)

등원과 짧은 놀이 시간을 마친 후에는 캘린더 타임 또는 게더링 타임이라고 부르는 정규 수업의 첫 일정이 시작된다. 현실과는 다소 차이가 있지만, 유치원 이미지로 자주 등장하는 '선생님 주위에 아이들이 예쁘게 둘러 앉아 하루를 계획하는 시간'이다. 유난히 손을 번쩍 드는 아이들이 많은 이유는 "What day is it today?(무슨 요일이지?)", "How's the weather?(오늘 날씨는?)", "How do you feel?(기분이 어때?)" 같은 가벼운 질문들이 등장하기 때문이다. 늘 반복적으로 진행되기 때문에 영어에 자신이 없는 아이들도 눈치껏 대답하기 쉬운 만만한 시간이다.

이때 바르게 앉아 있는 친구들, 즉 컨디션이 좋은 친구들은 선생님의 지목을 받을 확률이 높고 클래스 리더class leader로 뽑힐 가능성도 크다. 집에서 사소한 일로 아이를 다그쳐 아침부터 시무룩하게 만들거나 눈물 바람으로 등원하지 않도록 최대한 기분을 맞춰

유치원에 보내야 하는 이유다.

   보통 월요일 아침에는 주말에 각자의 집에서 무엇을 했는지에 대해 이야기 나눠 보는 시간을 갖는다. 주말에 특별한 체험을 한 아이들은 신나서 이야기를 하지만 별다른 기억이 없는 아이들은 "I don't know(잘 모르겠는데요)" 또는 "Watching TV(TV 봤어요)"라고 무심한 대답을 한다. 만약 주말 동안 신나고 특별한 경험을 했다면, 아이가 다음 날 원에서 발표할 소재를 기억해 낼 수 있도록 주말 동안 어디서 무엇을 했는지, 그때의 즐거웠던 기분 등을 아이 수준의 영어로 함께 정리해 보는 것도 좋은 연습이 된다. 게더링 타임에는 '쇼앤텔Show and Tell'이 진행되기도 하는데, 각자 보여 주고 싶은 아이템을 원에 가지고 와 친구들에게 자기 물건에 대해 소개하고 설명하는 시간이다. 보통 일주일에 한번 요일을 정해 진행하는데, 학기 초에는 물건을 들고 나와 몸만 베베 꼬다 들어가던 아이들이 점차 익숙해지면 자기 물건을 영어로 표현하려고 애를 쓴다. 쇼앤텔은 자신들에게 친근하고 좋아하는 물건을 매개로 자연스럽게 발화할 수 있는 시간으로, 엄마의 센스 있는 아이템 선정이 필요하다.

오전 학습

   하루 일정 가운데 점심 시간 전까지의 오전 시간은 아이들의 컨디션이 가장 좋은 시간이다. 시간표를 짤 때 학습의 강도가 높은 시간을 게더링 타임이 끝난 직후로 배치하는 이유는 아이들의 집중력이 오전 시간에 가장 높기 때문이다. 오전에 잠깐 공부하고 단체로 화장실 몇 번 다녀오고, 점심 먹고 오후에 몇 가지 활동을 하면 끝이 나는 짧은 하루 일과 중, 아이들이 그나마 오래 집중하고 학습의 효과를 볼 수 있는 시간은 오전 한두 시간 정도이다. 그래서 읽고 쓰기 literacy, 파닉스phonics 같은 학습 위주의 과목들은 오전 시간에 집중 배치된다. 그런데 이 소중한 오전 시간은 종종 지각생들로 인해 방해 받기도 한다. 내 아이의 지각이 다른 친구들의 소중한 수업권을 방해하지 않도록 정해진 시간에 등원하는 노력을 기울여야 한다.

점심 및 간식 시간

직장인들에게 점심 시간은 하루 중 가장 느긋한 시간이지만 유치원 교사들에게는 해당되지 않는다. 전직 유치원 교사들이 일을 그만 두고 가장 좋은 건 편안한 마음으로 점심을 먹을 수 있는 것이라고 말한다. 점심 후 한가로이 즐기는 커피 한 잔은 유치원에서는 절대 누리지 못할 호사다. 집에서는 마음껏 편식하고 늘 누군가 쫓아다니면서 밥을 먹여 주는 것에 익숙한 아이들이 한 시간 남짓한 점심 시간 안에 스스로 먹고, 정리까지 하도록 지도하는 건 결코 쉬운 일이 아니다.

영어유치원 점심은 상황에 따라 주방 선생님을 채용해 직접 조리

한 음식을 제공하기도 하고 케이터링catering업체를 활용하기도 한다. 오전 중에 전문 업체에서 배달된 케이터링 음식은 따뜻하게 또는 시원하게 보관했다가 점심 시간이 되면 아이들 숫자에 맞춰 배식 트레이로 각 교실에 옮겨진다. 카페테리아라는 이름의 식사 장소가 따로 있는 원도 있지만 보통은 분리된 식사 공간 없이 각자의 교실에서 점심을 먹는다.

담임 교사의 역할 가운데 점심 배식은 가장 힘든 업무 중 하나이다. 양질의 맛있는 음식을 제공하는 것은 원장과 주방 선생님의 책임이지만, 아이들에게 적당량을 배식하고 영양소를 골고루 섭취하게 하는 것은 담임 교사의 책임이다. 투철한 사명감을 갖고 있는 교사들은 숟가락에 속도가 붙지 않는 아이들과 점심 시간 내내 실랑이를 벌일 수밖에 없다. 큰 아이들의 경우 자기 도시락 통을 들고 나와 직접 배식 받기도 하지만, 도시락 통이 한쪽으로 기울어진 줄도 모르고 줄줄 흘리기 일쑤인 4~5세 반 아이들은 교사들이 직접 책상 사이를 돌며 밥과 반찬을 나눠 준다.

아이들마다 다르지만 대체적으로 아이들이 먹는 점심 양 자체가 그렇게 많지 않다. 등원해서 아침 간식을 먹는 경우, 12시 점심 시간까지의 간격이 너무 짧은 것도 점심 양이 적은 이유 중 하나다. 요즘 유치원에서는 무조건 정량을 똑같이 주기 보다는 싫어하는 반찬은 아이들이 빼고 선택할 수 있도록 하는 자율 배식이 유행이다. 규칙을 깨달은 아이들은 곧잘 "No soup, please(국은 안 먹을래요)"하며 자기 의사를 밝힌다. 물론 한번 시도해 보라는 권유는 할 수 있지만 많은 양을 퍼주고 "다 먹어야 해" 하는 분위기는 더 이상 아니다.

하지만 각 반에 배식되는 음식은 아이들이 원할 경우 얼마든지 더 먹을 수 있을 만큼 충분한 양이어야 한다. 아이들이 "More chicken, please(치킨 더 주세요)"라고 했는데 더 줄 치킨이 없다는 건 식자재를 아끼느라 아이들에게 충분한 양이 돌아가지 못한 것이고 아주 큰 문제가 된다. 배식을 할 때는 적당량을 주고 아이들이 원할 때 어떤 메뉴든 더 줄 수 있는 시스템이 합리적이다.

아이에 대한 기본 정보를 적어서 내는 입학 원서의 마지막에는 아이와 관련해 일러두고 싶은 말을 묻는 항목이 있다. "Any additional comments about your child?(아이에 대해 더 해 줄 이야기가 있습니까?)"라는 질문에 단골로 등장하는 답변은 "아이가 편식이 심해요. 올바른 식습관을 길러 주세요"이다. 이때 되묻고 싶은 것은 집에서도 아이가 골고루 음식을 먹도록 제대로 지도하고 있는지다. 집에서는 아이가 원하는 것만, 원하는 방식대로 먹게 하면서 유치원에서만 올바른 식습관을 강조할 수 없다. "집에서도 골고루 먹게끔 지도하고 있으니, 원에서도 같은 방법으로 지도해 주세요"가 적절한 요청이다. 문제가 되는 식습관에 대해서는 아이가 혼란스럽지 않도록 가정과 유치원에서의 일관성 있는 대처가 필요하다.

하루는 늦은 점심을 먹으려고 식당에 들어섰는데 미국인 교사 마크와 그 반 6세 아이가 점심 시간이 훌쩍 넘은 시간까지 식판을 가운데 두고 망부석처럼 앉아 있었다. 한눈에 봐도 교사는 먹지 않겠다고 고집을 부리는 아이와 대치 중이었다. 마크는 원장인 내가 들어서자 아이가 오늘은 아예 반찬에 손을 대지 않았다며 상황을 설명해 주었다. 얼핏 본 시계는 한 시를 훌쩍 넘기고 있었고, 12시에 점심 시간이 시작되었으니 얼추 계산해 봐도 아이는 한 시간 넘게 식판 앞에 앉아 있는 셈이 된다. 입이 짧은 이 아이는 평소에도 식판 앞에서 교사와 거래를 하거나 실랑이하는 일이 종종 있었지만, 이 시간까지라면 훈육을 넘어섰다는 생각이 들었다. 보통은 담임들의 결정에 크게 토를 달지 않지만 그날은 중재자를 자처하며 아이와 협상을 시작했고 밥 한 숟가락과 반찬 한 개를 먹이고 대치 상황을 강제 종료 시켰다. 그리고 일과가 끝난 뒤 교사와 개인 면담을 가졌다. 마크는 4년째 영어유치원에서 아이들을 가르쳐 온 베테랑 원어민 교사로, 공평하고 지혜로운 처세로 아이들과 학부모 사이에서 신망이 높은 선생님이었다. 나는 점심 시간에 아이 훈육에 끼어든 것을 먼저 사과하고 그 광경을 본 솔직한 나의 느낌을 말해 주었다. 점심 시간에 내가 본 광경은 훈육이라기보다 여섯 살 아이와 선생님의 기 싸움으로 보였고, 그런 식의 교육은 우리 원과는 맞지 않음을 말해 주었다. 마크는 꽤 억울한 표정을 짓더니 아이 엄마가 식습관eating habit에 대해 특별한 부탁을 했고, 자기는 교사로서 아이에게 균형 잡히고 영양가 있는 점심을 섭취하게 해야 하는 의무가 있다고 주장했다.

"Does your child have any food allergy?(아이에게 알레르기가 있습니까?)"라는 질문에 W의 엄마는 단호하게 '초콜릿'이라고 답을 했다. 당연히 원에서는 아이가 초콜릿을 먹지 않도록 모든 접근을 엄격히 차단했다. 친구의 생일 파티가 있던 날, 학부모가 보내 준 초콜릿 케이크가 간식으로 나왔고, 당연히 초콜릿을 먹을 수 없는 W의 접시에는 바닐라 머핀이 놓였다. 친구들과 같이 아이언맨 초콜릿 케이크가 너무 먹고 싶었던 아이의 눈에는 금세 눈물이 그렁그렁 맺혔고, 교사는 아이를 달래며 초콜릿을 먹으면 간지럽고 아프기 때문에 줄 수 없다는 설명을 차분히 해 주었다. 간신히 진정하고 바닐라 머핀을 먹기 시작한 아이는 갑자기 교사의 팔을 잡고는 집에서는 아이언맨 초콜릿 케이크를 먹어도 된다는 말을 귓속말로 해 주었다.

그날 오후 W의 엄마에게 아이가 속상했던 이야기를 전했더니 그런 경우에는 초콜릿을 주면 좋겠다는 대답이 돌아왔다. 그동안 얼마나 아이를 속상하게 만들며 초콜릿 근처에는 가지도 못하게 했는데, 예상치 못한 엄마의 답변이 당황스러웠다. W의 엄마는 그제서야 알레르기 정도는 아니고 초콜릿을 좋아하는 아이가 먹은 뒤에는 살짝 긁는 것 같기도 해서 많이 먹지 않았으면 하는 마음에 알레르기라고 적어 놓았다는 고백을 했다. 아이의 상태를 과장하는 바람에, 결과적으로 아이만 혼란스러운 상황에 놓이게 된 것이다.

보통 집에서는 아이의 고집을 꺾지 못하고 유치원에 아이의 습관을 바로잡아 달라고 요청하는 경우가 많다. 그러나 집에서는 되고 유치원에서는 안 되는 상황은 아이들을 헷갈리게 만들 뿐이다. 당연히 세상에서 가장 편한 엄마와 그렇지 않은 선생님의 말에는 무게의 차이가 있겠지만 집에서 꺾지 못한 아이의 고집은 유치원에서도 똑같이 힘들다. 특히 아이들은 나이가 어릴수록 집에서 하던 행동들을 밖에서도 그대로 유지하려는 항상성이 강하다. 게다가 마크처럼 사명감이 투철한 교사라도 만나게 되면 별안간 자신의 행동을 고쳐야 하는 상황이 아이들에게는 전혀 이해되지 않을 뿐 아니라 가혹하게 느껴질 수 있다. 따라서 식습관을 포함해 고치고 싶은 아이의 습관이 있다면 담임과 충분히 상의 후, 아이가 혼란스럽지 않도록 집과 원에서 같은 방향과 같은 수준의 노력이 이루어져야 한다.

오후 일정

점심을 먹은 후에는 오후 수업이 이어진다. 정규 일과가 3시에 끝난다고 했을 때, 하원 준비 시간을 제외하고 대략 1시간 40분 정도가 오후 시간이 된다. 어른들이 밥을 먹고 나른해지듯 아이들의 집중력도 점심 시간 이후에는 급격히 떨어진다. 그래서 오후 시간에는 수동적으로 듣는 수업보다는 아이들이 직접 참여하고 움직일 수 있는 활동 위주의 수업을 한다. 정규 수업이 모두 끝나는 시간은 하원하기 전 20분 전후이다. 버스 시간에 맞춰 급하게 서두르며 아이들을 다그치지 않기 위해 담임들은 일찌감치 하원 준비를 마치고 가방을 맨 채 스토리텔링 타임 또는 오후 게더링 타임을 갖는다.

하원을 준비할 때, 아이들 스스로 자기 물건을 챙기다 보니 서로 바뀌기도 하고 빼놓고 가는 일도 일어난다. 겨울철 비슷비슷한 폴로 점퍼는 서로 자주 바뀌는 아이템 중 하나다. 그래서 아이들이 유치원에 입고 가고, 갖고 가는 모든 것에는 이름을 써 주어야 한다. 도시락 통이 바뀌어 오면 센스 있게 잘 세척해 다음 날 유치원으로 보내서 맞교환하면 된다. 실수가 있더라도 교사가 일일이 챙겨 주기 보다는 아이가 스스로 자기 물건을 챙기는 기회를 갖는 것이 의미 있는 교육이 된다.

하원

3시 전후의 하원 시간에는 버스를 타고 나가는 아이들과 개별 픽업을 기다리는 아이들, 그리고 보호자가 한데 뒤엉켜 유치원 입구가 북새통이 된다. 각 버스 교사에게 배정된 아이들이 제대로 인계되었는지, 개별로 하원하는 아이들이 지정된 보호자를 만났는지 담임 교사들은 마지막까지도 긴장의 끈을 놓을 수 없다.

하원 시간이 되기 전에 교사는 미리미리 원에 남는 오후반 아이들과 그렇지 않은 아이들을 구별해 놓아야 한다. 각 요일마다 오후반 일정과 수강 여부가 다르기 때문에 야차 하는 사이 수업이 있는 아이를 차에 태워 보낸다든지, 차에 탔어야 하는 아이를 교실에 남긴다든지 하는 실수가 생긴다. 실제로 아이들은 버스에 탔다가 다시 내리기도 하고, 심지어 버스 출발 후에 되돌아오는 경우도 있다. 아이들의 오후반 일정을 확인하고, 하원하는 아이들의 옷과 가방을 챙기고, 버스 타기 전 화장실을 챙기고 나면 교사들은 녹초가 된다. 학기 초, 스스로 옷을 입는 연습이 안 되어 있는 4~5세 반에는 원장을 포함해 다른 스텝들까지 투입되어 하원 준비를 돕기도 한다. 정신없는 와중에 오후반 스케줄이 있는 교사들은 자신의 수업까지 재빠르게 준비해야 한다. 하원 시간은 자타공인 유치원에서 하루 중 가장 정신없는 시간이다.

방과 후 교실

  방과 후 수업은 선택 영역이지만, 6~7세의 경우 정규 수업이 끝나는 세 시에 바로 하원하는 아이들 수는 그리 많지 않다. 대부분 40분 정도 진행되는 오후 방과 후 수업을 적어도 주 2~3회 선택해 듣는다. 영어유치원마다 학부모들의 요청 사항을 적극 반영하여 특색 있는 방과 후 프로그램을 운영하는데, 인기 있는 수업은 발레나 체육, 요가처럼 전문적인 수업들이다. 보통 외부에서 특별 강사가 직접 유치원을 방문해 수업을 진행하므로 원 입장에서는 직접 채용하는 부담 없이 수업을 개설할 수 있다는 장점이 크다. 학부모 입장에서는 번거롭게 학원으로 이동하지 않고도 전문 수업을 들을 수 있는 가성비 높은 수업 기회가 된다. 놀이식 유치원으로 분류되어 있는 경우 학습을 보강할 수 있는 파닉스나 읽기, 쓰기 같은 학습적인 과목이 오후반 수업으로 인기를 끈다.

방과 후 수업까지 마치고 하원하는 시간은 보통 4시 30분 전후로, 웬만한 직장인들의 퇴근 시간과도 비슷하다. 방과 후 수업이 끝난 후 아이들이 안전하게 보호자에게 인계되는 것까지 확인하고서야 영어유치원의 하루 일과는 마무리된다. 어른들의 사회생활과 견주어도 결코 짧거나 단순하지 않은 일정 속에서 아이들은 하루하루 배우고 성장한다. 사랑, 배신, 갈등, 화해의 드라마가 매일매일 쓰이는 곳이 바로 이곳 영어유치원이다. 영어라는 특수 목적이 앞에 붙기는 하지만, 일반 유치원과 다름없이 아이들이 친구를 사귀고, 사회를 배우고, 인생의 기초를 다지는 곳이다. 그래서 이 나이 때 배워야 할 것들이 하나도 빠짐없이 촘촘히 짜이고 관리되어야 한다. 만약 오랫동안 고민해서 제대로 된 기관을 찾아냈다면, 그 이후는 전문가들을 믿고 맡기는 것이 최상의 선택이다.

행사로 보는 영어유치원의 1년

영어유치원의 꽃은 한 달에 한 번 꼴로 열리는 다양하고 풍성한 이벤트이다. 4월 식목일 행사를 시작으로, 5월 어린이날, 7월 물놀이 행사, 9월 가을 운동회, 10월 추석과 핼러윈, 11월 김장, 12월 크리스마스, 1월 설맞이 행사를 준비하다 보면 어느덧 1년이 훌쩍 지나가 버린다. 성향에 따라 행사를 즐기며 열성적으로 참여하는 교사들도 있지만 일상의 루틴이 깨진다는 부담과 의무감 때문에 억지로 흉내만 내는 교사들도 있다. 행사를 기획하기 전 단계부터 교사들에게 이벤트의 목적을 분명히 알리고 동기 부여를 충분히 해 주어야 아이들이 즐거운 행사가 될 수 있다.

최근에는 벼룩시장이나 자선 행사, 직업 탐구 등 학부모 참여 행사가 늘어나는 추세다. 유치원의 능력만으로는 불가능했던 이벤트가 학부모들의 도움으로 쉽게 해결되기도 하고, 행사의 퀄리티가 업그레이드될 수 있어 학부모의 참여를 적극 권장한다. 교사들 입장에서는 학부모와 함께 한다는 것 자체가 부담스러울 수 있지만, 아이들을 더욱 신나게 만들고 다양한 경험 확장이라는 취지에서 볼 때 학부모 참여는 실보다는 득이 많다.

계획한 대로 진행되어 교육 목표를 깔끔히 완수하는 완벽한 유치원 행사 같은 건 존재하지 않는다. 아이들이 만들어 내는 돌발 상황은 도처에 깔려 있고, 이를 모두 통제하려고 마음먹는 순간 행사는 망해 버린다. 또한 아이들이 중심이 되어야 하는 유치원 행사가 어른들 눈에만 보기 좋은 번지르르한 행사로 전락하지 않아야 한다. 성공적인 행사는 교사들뿐 아니라 아이와 학부모가 행사의 목적을 충분히 이해하고 함께 즐기려는 준비가 되어 있을 때 가능하다.

3월
신뢰 관계 쌓기

3월은 새 학기가 시작하는 달로, 모든 것이 조심스럽다. 특히 4~5세 반에서는 처음 엄마와 떨어진 아이들의 통곡 소리가 끊이지 않는다. 그래서 이 달에는 될 수 있으면 행사를 잡지 않는다. 유치원 안에서 새로운 친구, 새로운 선생님과 차분히 적응하는 시간이 필요하다. 3월 새 학기 첫날, 원장은 교사들에게 첫 2주 동안은 어떤 종류의 실수도 하지 말아 달라는 아주 특별하고 어려운 부탁을 한다. 첫인상은 남녀 관계에서만 중요한 것이 아니다. 첫 2주 동안에는 작은 실수도 학부모들을 예민하게 만든다. 아이의 도시락 뚜껑이 바뀌어 오면 교사의 섬세함을 의심할 수밖에 없고, 재미없다는 아이의 말에는 유치원 프로그램이 아이와 안 맞는 건지 불안해진다. 하루에 몇 번씩 호불호가 바뀌는 친구 관계인데도 "누구누구 싫어"라는 아이의 한마디에 그 아이가 우리 아이를 괴롭히는 것은 아닌지 걱정이 되기도 한다.

무엇보다 첫 2주 사이에 아이가 다치기라도 하면 유치원 자체에 대한 신뢰에 와장창 금이 가고 만다. 그래서 새 학기에 교사들을 교육할 때마다 '2주간의 기적Magic of the 2 weeks'이라는 표현을 쓰며 간곡히 부탁한다. 3월 첫 2주를 무사히 잘 보내고 학부모의 신뢰를 얻으면 나머지 11개월 반은 수월하게 보낼 수 있지만, 첫 2주 안에 불미스러운 사건이 생긴다면 그 일이 올가미가 되어 사사건건 발목을 잡게 될 것이라는 협박 같은 부탁이다.

기관 생활이 처음인 4세 K는 분리 불안으로 한달 내내 울음을 그치지 못하고 있었다. K의 울음이 조금 잦아든 햇살 가득한 3월 말, 담임 선생님은 아이들을 데리고 근처 공원으로 바깥 놀이를 나가기로 결정했다. 아이만큼이나 불안해하며 자주 유치원 주변을 서성이던 K의 엄마는 아이의 일행을 공원에서 우연히 마주치자 반가운 마음에 한걸음에 달려가 아이를 들어 올렸다. 그리고, 엄마의 예민한 후각으로 단번에 아이에게서 나는 냄새를 감지했다. 변비가 있던 K는 교사가 눈치 채기 힘들 정도의 변을 팬티에 묻혀 놓은 상태였다.

교사는 공원에서 쪼그리고 앉아 개미를 관찰하는 동안 힘을 준 것 같다고 했다.

4세 반은 아무리 가까운 곳을 나가더라도 꼭 점검해야 할 목록이 있다. 화장실은 나가기 바로 직전 들릴 것, 위아래 여벌 옷 챙길 것, 비상 약과 기저귀를 챙길 것 등등… 담임 교사는 원을 나서기 전 주의 사항들을 모두 확인했다며 속상해했다. 유치원에서는 대소변을 잘 가리던 아이들도 환경이 바뀌거나 흥분한 상태에서는 어이없는 실수를 한다. 엄마가 여벌 옷과 예비용 기저귀를 함께 보내 온 경우라면 바깥 외출 시 기저귀를 채워 나가는 것이 안전하다. 교사는 열심히 해명했고, K의 엄마도 그 당시에는 이해한다고 했지만 신뢰가 깨져 버린 불편한 관계는 1년 내내 지속됐다.

3월은 아이들이 사건 사고 없이 재미있고 신나게 잘 지내서 부모들이 교사를 믿고 긍정적인 관계를 쌓을 수 있는 시간이 되어야 한다. 간혹 3월 중에 꼭 야외 활동field trip을 나가야겠다며 고집을 부리는 교사들에게는 조금의 불미스러운 일도 없이 안전하게 다녀올 자신이 있는지를 다짐 또 다짐받는다.

4월

필드트립(Field trip)

봄이 움트면 아이들의 엉덩이도 덩달아 들썩인다. 아침마다 들리던 곡소리도 잦아들고, 무언가 신나는 이벤트를 준비하기에 좋은 계절이다. 식목일에 맞춰 나만의 화분을 만들거나 토마토, 딸기, 상추처럼 두세 달 후에 바로 수확할 수 있는 작물들을 심기도 한다. 아이들은 농사 지은 보람을 느끼며 직접 심은 딸기가 빨갛게 변해 가는 것도 관찰하고, 블루베리도 따 먹고, 상추도 따 먹을 수 있다.

4월은 야외 활동을 나가기 가장 좋은 달이다. 5월만 되어도 종잡을 수 없이 더워지는 날씨에 아이들이 고생이다. 한 유치원 교사는 자기가 아이를 낳으면 절대 유치원 소풍에 보내지 않겠다고 선언했는데, 이렇게까지 이야기하는 데는 다 이유가 있다. 단체로 움직이는 유치원 소풍은 엄마, 아빠와 함께하는 나들이와는 사뭇 다르다. 다리 아파하면 얼른 안아 주고, 목이 마른지 화장실에 가고 싶은지를 체크하며 오롯이 한 아이에게만 집중할 수 없다. 한두 명의 교사가 많은 아이들의 안전을 챙겨야 하기 때문에 교사들의 신경은 날카로워질 대로 날카로워져 있다. 아이들은 화장실도 의무적으로 다녀와야 하고, 선생님을 잃어버리면 집에 갈 수 없다는 협박도 계속 들어야 한다. 선생님들 눈에서 나오는 레이저의 범위는 훨씬 넓어지고 그 강도도 세진다.

과거 담임 교사였던 시절, 5세 반 아이들을 데리고 첫 필드트립을 나갔던 때의 기억은 아직도 생생하다. 주임 교사가 직접 나가보지도 않고 대충 짜 버린 동선과 예측하지 못한 더위로 공원 입구에서 밥 먹는 장소까지 걸어가는 길이 다섯 살 아이들에게는 평생 경험해 보지 못한 고행길이 되고 말았다. 다리가 아프다며 징징대기 시작하는 아이들을 어르고 달래며 걷고 있는 와중에 한 녀석이 화장실에 가고 싶다며 내 옷을 잡아당겼다. 조금 참을 수 있겠냐고 물었더니 세차게 고개를 저었다. 이건 정말 급하다는 신호이기 때문에 무조건 안고 뛰어야 한다. 그늘 하나 없는 길바닥에서 아이들을 기다리게 할 수가 없어 "화장실 가고 싶은 친구?" 했더니 두셋이 더 손을 든다. 분명히 출발할 때 모두 화장실에 갔다 왔지만 이런 일은 늘 생긴다. 하는 수 없이 모두를 데리고 화장실로 이동이다. 원어민 남자 선생님은 밖에서 아이들을 데리고 기다리고, 나는 화장실로 직행해 한 명씩 앉히고, 누이고, 올리고를 반복했다.

아이들의 손까지 모두 씻기고 다시 온 길을 돌아가는데, 이번에는 아이스크림 가판대가 등장했다. 아이들은 누가 시키지 않았는데도 아이스크림 앞에서 자동으로 발걸음을 멈췄다. 한 녀석이 "목말라요" 하자 모두들 아이스크림을 사 내라는 압력의 눈길을 보내기 시작했다. 나도 아이를 키우는 엄마로서 사비를 내서라도 시원한 아이스크림 하나씩을 물리고 싶었지만 흘리고, 떨어뜨리고, 녹고…. 뒷감당을 할 자신이 도저히 나지 않았다. 지친 아이들을 데리고 겨우 정해진 장소에 도착해 도시락을 먹고 자리를 정리하고 나니 유치원 하원 시간에 맞춰 부랴부랴 돌아갈 시간이 되어 있었다. 아이들은 차 안에서 모두 곯아떨어졌다. 차 안에서 짧은 낮잠을 즐기고 다시 생생해진 아이들은 교실에서 남은 간식을 먹으면서 오늘 필드트립이 너무너무 재미있었다고 말해 주었다.

엄마, 아빠와 좋은 곳을 다 다녀 보았을 아이들에게 어디를 가느냐는 크게 중요하지 않다. 그저 친구들과 함께 교실 밖으로 놀러 나가는 게 신나고, 가방 안에 있는 간식을 먹을 생각에 설렌다.

아이들이 싸오는 간식에는 엄마들의 성격과 양육 태도가 고스란히 묻어난다. 어제 저녁 마트에서 아이가 직접 고른 티가 나는 조미료 범벅 과자도 있고, 깐깐한 엄마가 엄선한 첨가물 제로의 유기농 과자, 그리고 몸에 좋지 않은 것은 절대 먹일 수 없다는 의지가 보이는 견과류, 과일 간식까지 다양하다. 안타깝게도 소풍날 간식은 엄마의 정성이 많이 들어갈수록 홀대 받는다. 그래서 한껏 멋을 내 정성껏 싸 보낸 과일은 고주망태가 된 채로 되돌아가기 일쑤다. 심심하기만한 유기농 과자도 인기 없기는 마찬가지다. 김밥이나 주먹밥, 샌드위치 같은 메인 메뉴가 끝난 후에는 가장 신나는 디저트 타임이다. 누가 시키지 않아도 한껏 너그러워진 아이들은 자기가 가지고 온 간식을 친구들과 사이 좋게 나눠 먹는다. 그런데 자세히 들여다보면 절대 그냥 나눠 주는 법은 없다. 자기 간식을 나눠 준 친구의 간식도 꼭 맛봐야 하는 엄격한 기브 앤 테이크give and take 규칙이 있다. 이렇게 물물 교환이 이루어지는 간식 시간에 유기농 과자들은 영 힘을 못 쓴다. 엄마들이 평소 사 주기를 꺼려하는 설탕 범벅, 조미료 범벅 과자들이 단연코 인기다. 기특하게도 코딱지 파던 손으로 달랑 한 개를 집어 선생님한테 가져다 주는 과자도 바로 이런 조미료 과자들이다. 아이들은 평소와 다른 먹거리에 마냥 신이 나 있다. 몸은 힘들어도 아이들이 내뿜는 에너지에 덩달아 행복한 시간이 된다.

아이들의 소풍 도시락을 준비하는 엄마들에게 해 주고 싶은 첫 번째 조언은 소풍 가방을 너무 무겁게 만들지 말라는 것이다. 뽀로로 음료수와 김밥, 따뜻하게 마시라고 준비했을 보온병은 아이들이 짊어지고 다니기에 너무 무겁다. 한번은 물통 포함 음료수를 세 종류나 가져온 아이의 가방 무게를 덜어 주려고 그중 하나를 교실에 빼놓았다가 "내 게토레이 어딨어요?"라는 질문을 하루 종일 들으며 시달려야 했다. 그 후로는 아이들이 싸 온 간식은 양이 많거나 무거워도 덜어내지 않고 그대로 가지고 가게 한다. 하루 종일 짊어지고 다닐 것을 감안해 무거운 간식은 집에서부터 아이를 잘 설득해 빼놓는 것이 좋다.

두 번째, 스낵류는 부피가 크고 버스 안에서부터 깔고 뭉개는 경우가 잦아 막상 점심 시간에 열어 보면 먹기 힘들 정도로 부서져 있는 경우가 많다. 아주 어린 아이들의 경우 봉지째 싸 주기 보다는 뚜껑 있는 가벼운 그릇에 옮겨 담아 보내는 것도 좋은 방법이다. 그리고 세 번째, 소풍 가는 하루만큼은 아이가 원하는 도시락을 싸 주도록 하자. Y 엄마의 간식 통은 언제나 정성이 가득하다. 포도알의 껍질을 일일이 까고 오렌지도 결대로 분해하고 견과류로 장식까지

한 최고의 도시락이다. 문제라면 선생님들은 모두 감탄하는 이 간식을 정작 Y는 거들떠보지도 않는다는 것이다. 자기 간식에는 손도 대지 않은 Y는 늘 옆 친구의 꿈틀이 하나, 꼬북칩 하나를 얻어먹으려고 애를 쓴다.

K의 엄마는 스튜어디스 출신으로, 늘 흐트러짐 없는 외모와 말투를 가진 학부모였다. 외동 아들을 끔찍이 여기는 건 다른 엄마들과 다르지 않았지만, 이 엄마가 센스 있는 엄마라는 이미지를 갖게 된 데는 야외 활동 간식이 한몫을 했다. 아이의 간식을 싸면서 담임 선생님 간식을 보내는 학부모들은 종종 있지만 기사 선생님의 간식까지 함께 보내는 학부모는 거의 없다. 그런데 야외 활동 당일 날 K의 엄마가 준비한 안전 운전하시라는 쪽지와 함께 전달된 캔 커피, 껌, 견과류 간식은 받는 사람을 감동시키기에 모자람이 없었다. K의 엄마는 평소에도 주방 선생님, 차량 선생님, 청소 선생님, 기사님 등 아이의 동선과 겹치는 직원들을 알뜰히 챙기는 사려 깊은 엄마였다.

야외 활동에서 교사들의 중요한 임무 중 하나는 사진 찍기이다. 한번은 대형 유치원과 동선이 겹친 적이 있는데, 두 선생님은 완벽한 분담 시스템으로 일사불란하게 30명은 족히 되어 보이는 아이들의 개인 사진을 찍어 주고 있었다. 아이들도 이런 상황에 익숙한 듯 선생님이 들어 올려놓아 준 자리에서 순간 포즈를 취하고 그대로 다시 들려 퇴장당하는 모습이 꽤나 자연스러워 보였다.

개인적으로, 예쁜 포즈의 독사진은 엄마 아빠와 나들이를 할 때 찍는 것으로 충분하다고 생각한다. 유치원 소풍에서는 그냥 자연스럽게 아이들이 뛰어노는 모습을 순간 포착한 사진이면 된다. 카메라가 보이면 자동적으로 어색한 웃음과 브이를 만들어 내는 아이들은 피곤해 보인다. 그래도 소풍날 단체 사진의 의무에서는 벗어날 길이 없다. 소풍날 단체 사진 찍기에 가장 좋은 시점은 아이들이 지치기 전, 아직 간식이라는 무기가 남아있을 때이다. 모든 아이들이 렌즈를 바라보며 활짝 웃게 만드는 것은 기적과 같은 일이다. 단체 사진 속 우리 아이의 모습이 평소보다 예쁘지 않을 수도 있고, 간혹 땅을 보거나 하늘을 보고 눈을 감고 있을 수도 있다. 하지만 그 사진이 수많은 사진 중 교사가 고르고 고른 최상의 사진임을 이해해 주는 넓은 마음이 필요하다.

안전한 야외 활동이 되기 위해서는 무엇보다 사전 준비 교육이 중요하다. 선생님을 잃어버리면 집에 못 간다는 클래식한 잔소리와 함께 짝꿍도 미리 정해 준다. 보통 가장 모범적인 친구들을 준교사로 취급해 요주의 인물과 짝꿍을 맺어 주는 경향이 있는데, 이런 경우 서로에게 너무 스트레스가 될 수 있다.

선생님 말이라면 무조건 지켜야하는 모범생 H는 전날 P와 짝꿍이 되자 무척 좋아했다. 까불이 P가 밖에 나가서는 또 얼마나 웃기고 재미있게 해 줄지 기대하는 눈치였다. 하지만 소풍 당일 천둥벌거숭이처럼 날뛰는 짝꿍이 감당 안 되자 H는 "P가 자꾸 손을 안 잡아요" 하며 울음을 터트리고 말았다. 전날 누누이 강조한 짝꿍 손을 꼭 잡고 있으라는 당부가 H에게는 너무 큰 스트레스로 작용했던 것이다. 잠깐의 자유도 허락하지 않고 손을 잡아끄는 H 때문에 P도 지쳐 있긴 마찬가지였다. 결국은 교사가 두 아이 사이에 들어가 양쪽 손을 나눠 잡고서야 모두가 행복한 발걸음이 될 수 있었다. 초보 교사 때 시행착오를 겪은 후에는 에너지 차이가 너무 많이 나는 짝꿍보다, 반대 성향이지만 에너지가 비슷한 아이들로 짝꿍을 정해주는 요령이 생겼다.

만약 아이가 "오늘 소풍 가서 선생님이랑 짝꿍 했어"라는 말을 해맑게 던진다면 선생님께 수고하셨다는 인사를 꼭 드리도록 하자. 아이들 숫자가 홀수여서 어쩔 수 없이 한 명이 선생님과 짝꿍이 된다고 해도 얌전하고 말 잘 듣는 아이들은 웬만해선 선생님 짝꿍이 되기 힘들다. 외부 활동에서 특별한 관심과 손길이 필요한 친구들이 선생님의 단골 짝꿍이 된다.

아이들을 데리고 유치원 바깥으로 나가는 일은 아무리 가까운 거리여도 언제 어디서 돌발 사태가 벌어질지 몰라 긴장의 연속이다. 덴마크 국적의 V는 생일도 빠르고 키도 큰 독립적인 아이였지만, 보통의 유럽 아이들처럼 화장실 훈련은 한국 아이들보다 조금 늦어 있는 상태였다. 변기 훈련potty training이 완벽하지 않은 경우 외부에 나갈 때는 기저귀를 차는 것이 안전하지만, 근래에 실수가 없었다면 교사들도 방심하기 쉬운 나이가 바로 5세이다. 버스를 타고 안전벨트를 다 맨 후에, 또는 달리는 버스 안에서 화장실을 가겠다는 아이가 나오면 촘촘히 짜인 일정 자체가 꼬이므로 외부에 나가기 직전 다같이 화장실에 들르는 것은 유치원에서는 불문율이다. 단체로 화장실에 가면 아이들은 소변이 마렵지 않더라도 분위기상 변기에 앉게 되고, 그러다 보면 안 마려웠던 소변이 나오기도 한다. 그런데 독립적이며 자기 의사가 확실한 V는 끝끝내 자신은 소변이 마렵지 않다며 화장실 가기를 거부했고, 목적지에 도착해 약간의 흥분되는 상황이 겹치자 아이는 선 채로 실수를 해 버리고 말았다. 베테랑이었던 담임 교사는 재빨리 화장실에서 아이의 젖은 옷들을 수습했고 준비해 간 여벌 옷을 입혀 지체 없이 아이를 활동에 참여시켰다. 원에서 준비해 간 여벌 옷인 탓에 바지 길이가 껑충하긴 했지만 V는 기분 좋게 모든 활동에 참여할 수 있었다. 그리고 집으로 돌아가는 아이 편에 야외 활동 중 아이의 소변 실수가 있었고 옷을 갈아 입혔다는 메시지가 부모에게 전달되었다.

3일 후, 아이들의 활동 사진이 업로드 되자 V의 엄마는 그날 있었던 일을 상세히 적어 달라는 요청을 알림장communication book 에 적어왔다. 교사는 영문을 몰라 어리둥절한 채 알림장을 들고 원장실을 찾아왔다. 엄마가 편지를 쓰게 된 의도를 모른 채 답장을 할 수 없어 일단 전화를 걸어 무슨 일 때문인지를 물었다. 엄마는 담임이 보내 준 단체 사진 속 아이의 표정이 너무 안 좋아 보인다며 혹시 실수가 처리되는 과정에서 아이가 부당한 대우를 받은 건 아닌지 확인하고 싶다고 했다. 아이는 재미있었다고 했지만 엄마가 보기에 사진 속 아이의 얼굴이 행복해 보이지 않았고, 의심과 추측으로 이어지게 된 것이다. 물론 외부에서 실수를 하고 뒤처리하는 과정이 아이에게 유쾌한 경험은 아니었겠지만 교사는 이 돌발 상황에도 최선을 다해 프로답게 잘 처리했다. 그 일로 인해 아이가 기분 나쁘거나 주눅 든 상황이 절대 아니었음을 재차 확인한 후에야 엄마는 안심하고 전화를 끊었다. 사실 이 통화 이후 내가 더 신경 쓰고 보듬어야 할 대상은 교사였다. 아이들을 데리고 고생한 보람도 없이 학부모로부터 의심 어린 눈길을 받는 것은 어른들에게도 마음의 상처가 된다.

외부 활동은 교사들에게 원내 활동보다 훨씬 많은 에너지와 노력을 요구한다. 흥분한 아이들의 에너지가 높아지면 안전사고와 돌발 상황의 확률도 덩달아 상승한다. 그래서 외부 활동을 부담스러워하는 교사들도 더러 있다. 하지만 좁은 교실 안에만 갇혀 있기에는 아이들의 에너지가 너무 크고 세다. 적어도 하루에 한 번은 마음껏 소리지르고 쿵쿵 뛰어다니고, 콧구멍에 바람을 넣을 수 있는 시간이 필요하다. 야외 활동이 많을 경우 학부모 입장에서는 '비싼 영어유치원 보내 놨는데 공부 시간이 그만큼 줄어드는 것 아닌가?'라고 생각할 수 있다. 하지만 아이들과 오랜 시간 생활하며 터득한 바로는 아이들의 에너지가 짜증이나 답답함으로 바뀌면 어떠한 학습 효과도 기대할 수 없다. 에너지를 마음껏 발산하고 그 자리를 긍정적인 에너지로 다시 채우는 선순환이 필요하다. 유치원 전체가 함께 움직이는 대규모 소풍 보다는 아이들이 관심을 보이는 주제와 연관 지어, 필요할 때 그 반끼리만 나가는 소규모 나들이를 추천한다. 교사들은 조금 더 수고롭지만 이 시기 아이들에게 꼭 필요한 것은 자주 교실 밖으로 나가 새로운 것들을 직접 보고 체험할 수 있는 기회이다.

영어유치원의 좋은 입지 조건을 물어오는 사람들에게 나는 주저 없이 걸어서 이동할 수 있는 안전한 야외 공간을 꼽는다. 운 좋게도 근무했던 원마다 멀지 않은 곳에 작은 공원들이 있었다. 4~5월 중 미세먼지와 날씨가 둘 다 좋은 날에는 무조건 모든 것을 중단하고 아침 시간을 공원에서 보내기도 했다. 1년 중 며칠 안 되기는 하지만, 놓치기 아까운 날씨라는 판단이 되면 오전 중에 결정을 내리고 아예 점심까지 챙겨 나가 여유로운 시간을 보내다 들어오는 날도 있었다.

아이들은 특별하지 않은 공원에서 놀 거리를 잘도 찾아낸다. 늘 주변에 있는 돌멩이, 나뭇가지, 풀, 벌레인데도 뭔가 대단한 보물인 양 들여다보며 관심을 갖는다. 아쉽게도 요즘 아이들은 스스로 놀 거리를 찾아볼 기회가 많지 않다. 마트에서 다 만들어진 장난감을 손가락으로 가리키기만 하면 바로 뚝딱 카트에 실려 집까지 옮겨진다. 실물을 볼 기회도 없이 엄마, 아빠가 온라인 쇼핑으로 선택한 장난감들이 택배로 도착하기도 한다. 물질적인 면에서 남부러울 것 없는 아이들이지만 스스로 놀 거리를 찾아내고 나만의 놀이로 발전시키는 즐거움을 맛볼 기회가 사라지는 건 안타까운 일이다. 가벼운 산책과 공원 나들이는 아이들이 사소한 것들에 상상력을 더해가며 노는 법을 스스로 터득할 수 있는 좋은 기회가 된다.

5월

어린이날과 어버이날(Children's day & Parents' day)

5월은 어린이날과 어버이날이 함께 있는 행사의 달이지만 황사가 기승을 부려 화창한 날씨를 온전히 즐길 수 없는 아쉬운 달이기도 하다. 교사들은 출근하자마자 핸드폰 미세먼지 앱을 수시로 들여다보며 환기를 시켜도 될지, 바깥 산책이 가능할지를 고민한다. 한국인 선생님들은 네이버 앱을, 외국인 선생님들은 구글 앱을 사용하는데 이 두 앱의 예보가 서로 일치하지 않을 때가 종종 생긴다. 그래서 원장의 오전 일과에는 야외 활동이 가능한지 아닌지를 판단하는 미세먼지 감별 업무가 하나 더 늘어난다. 아침에 측정된 공기질에 따라 그날의 활동 계획이 그대로 진행되기도 하고 수정되기도 하므로 신중히 생각하고 결정해야 한다.

어린이날처럼 큰 야외 행사 때는 일주일 전부터 날씨와 미세먼지 동향을 예민하게 체크한다. 5월 어린이날 행사를 야외에서 치룰 수 있다면 큰 행운이다. 먼지뿐 아니라 이상 기온 때문에 5월 초 날씨는 종잡을 수 없다. 어린이날 행사가 야외에서 열린다면 아이들이

땀범벅이 될 가능성이 매우 높다. 아이들 옷차림에서도 엄마들의 성향이 드러나는데 예민한 엄마들일수록 더운 것보다 추위에 민감해 아이들이 평소 땀을 흘리는 경우가 많다. 5월 행사는 반팔 티와 상황에 따라 입고 벗을 수 있는 얇은 겉옷이 정답이다.

어린이날에 아이들은 신나게 뛰어놀고 평소와 다른 메뉴를 맛있게 먹고, 선물을 들고 집으로 돌아간다. 어른들의 세심한 배려와 수고가 더해지면서 아이들은 최고의 하루를 선물 받는다. 원에 큰 행사가 있을 때마다 아이들에게 선물이나 간식을 제공하고 싶다는 학부모들이 나타난다. 처음에는 여러 가지 복잡한 문제들이 걸려 극구 사양했지만, 아이들의 긍정적인 에너지에 전염되어 함께 들떠 있는 부모들의 마음을 굳이 거절할 필요가 없다는 쪽으로 생각이 기울게 되었다. 음식도 기부 받고, 반 친구들에게 나눠 주고 싶은 선물도 허용하면서 아이들은 더욱 풍성한 어린이날을 보낼 수 있게 되었다. 나중에라도 누구는 하고 안하고 뒷말이 나올까 싶어 아예 어린이날 점심은 엄마들이 모두 참여하는 포트락potluck(각자 음식을 가져 와서 나눠 먹는 식사) 형태로 진행했다. 2주 전에 미리 애피타이저, 메인 요리, 디저트 중 각자 자신 있는 메뉴를 선택하고 행사 당일 아이들 양 기준으로 12인분(같은 반 아이들 숫자만큼) 정도를 준비해 오면 된다. 아이들이 그 메뉴만 먹는 것이 아니므로 양이 많을 필요는 없다. 한쪽 메뉴에만 너무 몰린다 싶으면 담임들이 조정하기도 하면서 각 반별 어린이날 파티는 대성공을 거두었다. 각 메뉴에 엄마들의 솜씨 자랑이 더해져 고급 뷔페가 부럽지 않은 점심 식사가 차려졌다. 무엇보다 음식 준비 과정을 아이들과 함께하라는 미션이 주어지면서 교육적 효과도 누릴 수 있었는데, 조리 단계 또는 포장 단계에서 준비를 도운 아이들은 자신들의 메뉴를 몹시 자랑스러워 했다. 매해 어린이날이 되면 특별한 메뉴 준비를 위해 고민해야 했던 유치원의 고충도 덜고, 엄마들도 자신의 아이디어 가득한 음식 솜씨를 자랑할 수 있는 일석이조의 행사가 되었다.

어린이날이 끝나고 나면 어버이날이 바로 이어진다. 이 두 날이 너무 가까이 붙어 있는 바람에 어린이날 행사에만 신경 쓰다가 어버이날 행사 물품 주문을 놓치고 낭패를 본 적도 있다. 아이들과 함께 카네이션, 손 편지 같은 어버이날 선물을 준비하는 교사들에게 매년 같은 당부를 한다. 아이들의 손길이 그대로 부모에게 전달되게 해 달라는 부탁이다. 요즘에는 인터넷 덕분에 교사들이 훨씬 쉽게 다양한 만들기 아이디어를 얻는다. 아이들 각자의 솜씨에 담임 선생님의 터치를 살짝 더하면 멋진 결과물들이 뚝딱하고 만들어진다. 그 수준이 매해 업그레이드되어 보기에는 좋지만 한편으로는 아이들의 손길이 점점 묻히는 것 같아 걱정이 되기도 한다. 꼭 어른들 눈에 보기 좋아야 할 이유는 없다. 자신들이 만드는 꽃과 편지가 엄마, 아빠에게 줄 선물이라는 것을 아이들이 아는 것만으로도 충분하다. 아이들 행사는 직관적이어야 하고 어른들의 기준으로 너무 많은 욕심을 부리지 않아야 한다. 어버이날과 연계하기 좋은 학습은 우체국, 우표, 우체통에 대해 배우는 체험활동이다. 엄마, 아빠에게 쓰거나 그린 편지를 직접 우체통에 넣고, 며칠 후 집에서 자기가 부친 엽서나 편지를 받아 보는 것은 아이에게도 색다른 경험이 된다.

내 아이에게서 첫 카드, 첫 카네이션을 받는 순간은 모든 부모에게 최고의 경험이다. 마냥 아가로만 생각했던 아이가 어버이날을 챙길 정도로 자랐다는 것 자체가 부모들에게는 무한한 감동이다. 작은 노력으로 가장 큰 감동과 만족의 효과를 볼 수 있는 유치원 행사는 단연코 어버이날 행사이다.

요즘은 크게 신경 쓰지 않는 분위기지만 엄마들의 고민거리인 스승의 날도 5월에 있다. 김영란법이 본격적으로 시작되기 전에는 스승의 날 1, 2주 전부터 상품권과 명품 액세서리들이 선물 명목으로 교사들에게 거리낌 없이 전달되었다. 15년도 넘은 이야기지만 내가 담임을 맡았던 시절에는 헤어 액세서리, 스카프, 화장품과 같은 선물을 받았다. 더 거슬러 올라가 보자면, 나의 국민학교 시절, 엄마가 학교 선생님과 면담이 있던 날 봉투에 3만 원을 챙겨 넣던 기억이 생생하다. 자식의 담임을 만나러 갈 때는 빚진 사람처럼 돈봉투를 챙겨야 했던 그런 시절도 있었다. 세월이 흘러 이제는 촌지 또는 부담스러운 선물 문화는 사라졌지만 아직도 스승의 날 언저리가 되면 "이 정도는 해도 되지 않을까요?"라며 원장 떠보기에 들어가는 학부모들이 있다. 감사의 마음을 진심으로 전하고 싶어 하는 것은 알지만, 나의 대답은 한결같이 "마음만 받겠습니다"이다. 이렇게 속 시원히 정답을 말해 주면 좋으련만, 자율에 맡기는 듯한 분위기가 되면 엄마들은 머리가 아프다. 나만 빼고 모두들 선물을 준비했으면 어쩌나 하는 불안감으로 여기저기 확인을 하고 다짐을 주고받는다.

사실 원장의 입장에서는 학부모들의 선물 호의는 단호히 거절하고 싶다. 뒷말을 비롯해 신경 써야 하는 일들이 성가시기 때문이다. 하지만 박봉에 아이들과 늘 씨름하는 교사들의 작은 위로와 즐거움을 싹둑 잘라 버리는 것에 대한 개운치 못함도 여전히 마음 한편에 존재한다. 물론 상품권이나 고가의 선물은 절대 받을 수 없다는 기준을 확실히 세우고, 혹시 의도치 않게 받게 된다면 바로 돌려 주어야 한다는 이야기를 교사들에게 누누이 강조한다.

한번은 큰 액수의 커피 상품권을 선물했다가 정책에 따라 돌려받은 엄마가 조금은 언짢은 목소리로 "그럼 상품권으로 음식을 사서 보내면 되는 건가요?"라고 물어 온 적이 있다. 커피 쿠폰도 유가증권이므로 받지 않는 것이 맞는 판단이었지만, 한국 사회에서 정을 표현하는 방법에 대해 칼 같은 기준을 두기는 여전히 애매하다. 동네 시장에 갈 때마다 고생하는 선생님들 생각이 난다며 떡볶이와 순대를 사다 주시는 어머니는 항상 반가운 존재다. 떡볶이는 되는데 백화점 식품관 선물은 왜 안 되냐며 따지고 든다면 할 말이 없다. 확실한 건 받는 쪽에서 고민이 되거나 부담을 느낄 수 있는 선물은 하지 않는 것이 맞다.

6월
안정기

6월은 안정적인 달로 아이들뿐 아니라 교사, 학부모들도 새로운 환경에 적응을 마치고 서로에게 완전히 익숙해지는 시기이다. 일상을 방해할 대단한 행사도 없다. 한마디로 아이들이 행사에 들뜨거나, 들고 나는 일 없이 배움에 전념할 수 있는 달이다. 하지만 교사들이 방심한 탓인지 아니면 교실 안 에너지가 높아진 탓인지 크고 작은 사고들이 잇달아 발생하기도 한다. 게다가 학부모들의 건의 사항도 적지 않아, 원 입장에서 볼 때 절대 호락호락한 달이 아니다.

학부모 입장에서는 그동안 잘 적응해 준 아이를 보며 한시름 놓기도 하지만, 동시에 세심한 관찰을 해야 하는 달이기도 하다. 진행되고 있는 교실 프로젝트, 또는 학습 진도가 아이의 이해 범위에 있는지 또는 너무 많은 학습량으로 아이가 지치는 건 아닌지를 잘 살펴보아야 한다. 아이들이 "유치원 가기 싫어"라는 말을 가장 많이 하는 때도 바로 이 안정기인 6월이다. 3월 개학 후 긴장한 채 앞만 보고 달려온 아이들도 지칠 때가 되었고, 쉬어 갈 시간이 필요하다. 아이가 유치원에 가기 싫다는 신호를 꽤 오랫동안 지속적으로 보내고 있다면 하루 원비가 얼마인데 하는 생각은 살짝 접어 두고 하루 정도 과감히 쉬게 하는 것도 방법이다. 단, '가기 싫으면 언제든지 안 가도 되는 곳'이라는 잘못된 메시지가 전달되어서는 안 된다. 오늘 특별히 유치원에 안 가는 이유를 자세히 설명해 주고, 계속은 안 된다는 점을 분명히 이해시켜야 한다. 그 하루의 가치는 아이가 '내가 힘들다는 신호를 보내면 엄마, 아빠가 내 얘기를 듣고 반응을 해 주는구나'라고 깨닫는 것 만으로 충분하다. 이런 날은 너무 신나고 재미있는 하루를 보내기 보다는 집에서 차분히 지내며 '친구들이 그립고 내일은 유치원에 가고 싶다'는 생각이 들 수 있는 시간이 되면 좋다.

환절기인 6월에는 덥거나 춥지 않은 적당한 교실 온도 유지에 신경 써야 한다. 교실마다 공기청정기와 가습기로 공기 질 관리와 적당한 습도 조절도 필요하다. 외국인 선생님들은 한국인들보다 에어컨 의존도가 훨씬 높다. 조금 이르다 싶은 5월 말부터 에어컨을 틀어 놓는 교사들도 있다. 선생님의 체온이 아닌 아이들 체온에 맞춘 적정 온도를 유지하라고 잔소리를 해도 좀처럼 리모컨을 내려놓지 못한다. 아이들의 춥다는 말에 잠깐 에어컨을 껐다가도 얼마 못 가 다시 시베리아 모드로 되돌아가곤 한다. 춥다고 표현하는 아이들도 있지만 대부분은 그냥 참기 때문에 환절기에 콧물을 흘리는 아이들이 많다. 계절이 바뀌는 시기에는 꼭 실내에서 덧입고 있을 얇은 겉옷을 챙겨 보내는 것이 좋다. 추우면 꺼내 입고 더우면 벗으라는 설명을 해 두면 아이들은 곧잘 그대로 따라 한다. 스스로 옷을 벗고 입기에 아이가 너무 어리다면 담임 선생님께 짧은 메모로 부탁해 놓으면 된다.

7, 8월

여름 방학과 물놀이(Water day)

원마다 조금씩 차이는 있지만 영어유치원들은 보통 7월 말에서 8월 초 사이에 1~2주 정도의 여름 방학을 갖는다. 좋은 외국인 교사와 계약을 진행할 때 걸림돌이 되는 것은 월급보다도 휴가 일수인 경우가 많다. 국제학교를 표방하는 영어유치원들은 3주에서 4주간 긴 방학을 하기도 하는데 보통 그 사이 특별 교사가 참여하는 여름 프로그램summer camp을 진행해 수업료와 교사들의 휴가 기간을 확보하기도 한다.

개인적으로 대형 학원식 영어유치원보다 개인이 운영하는 소규모 영어유치원을 선호하는 이유는 아기자기한 이벤트가 가능하기 때문이다. 1년 중 가장 힘들고 마음의 준비를 단단히 해야 하는 이벤트는 바로 여름철 물놀이다. 어른들이 힘든 만큼 아이들의 반응은 뜨겁고 신난다. 아침에 물놀이 준비물을 챙겨 원으로 들어서는 아이들의 에너지는 이미 교실 천장을 뚫을 기세다. 교사들은 오늘 하루 아무도 다치거나 울지 않고 신나게 놀다 돌아갈 수 있기를 바랄 뿐이다.

유치원 뜰에 대형 튜브를 설치하고 미끄럼틀을 연결하는 것만으로 아이들의 반응은 여느 워터파크에 간 것 못지 않게 뜨겁다. 여기에 물 풍선, 호수, 물총 같은 작은 소품들이 더해지면 행사는 더욱 더 풍성해진다. 물놀이 중 간간이 쉴 수 있도록 빔 프로젝터로 한쪽 그늘에 영화관 분위기를 만들고 점심과 간식으로 바비큐, 핫도그, 수박, 슬러시까지 준비해 주면 아이들에게는 더할 나위 없이 행복한 하루가 된다. 흥분한 아이들을 쫓아다니느라 이미 녹초가 된 교사들은 물놀이가 끝난 아이들의 옷을 갈아 입히면서 완전히 방전된다.

오래 전 담임 교사 시절, 반 아이들을 데리고 지역 수영장에 야외 활동을 나갔다가 몸살로 앓아누운 적이 있다. 크고 작은 안전사고 가능성이 도처에 깔려 있는 수영장에서는 잠시도 아이들에게서 눈을 떼거나 방심할 수 없다. 몸이 힘든 건 둘째치고 예민해진 신경 탓에 근육통과 함께 극심한 두통 증상이 나타났다. 그 후로는 아이들이 아무리 좋아해도 수영장 근처에는 얼씬도 하지 않는다. 10퍼센트 부족한 듯해도 안전하게 아이들과 온전히 즐길 수 있는 원내 물놀이는 빠트리면 섭섭한 7, 8월 대표 이벤트이다.

9월
추석

한복을 입어야 하는 추석, 설날 행사 때는 아이들 짐이 많다. 한복을 집에서부터 입고 올 수도 있지만 버스를 타고 내릴 때의 안전 문제와 오랜 시간 한복 착용이 힘든 아이들의 특성을 감안해 보통은 따로 보내 달라고 요청한다. 한복 행사가 있는 당일 아침, 아이들은 각자 큼직한 쇼핑백을 손에 들고 설레는 얼굴로 등원한다. 시중에서 파는 아동용 한복은 후크와 고무줄 처리가 되어 있어 아이들이 스스로 입고 벗기에 편하다. 하지만 전문 한복점의 한복들은 아동용이지만 이런 배려가 전혀 없어 손이 배로 간다. 고급 한복의 경우 결혼 예단처럼 큰 박스에 한복과 어울리는 여러 가지 액세서리가 함께 보내져 온다. 교사들은 비슷비슷한 색감의 한복과 액세서리들이 바뀌지 않도록 신경을 쓰는데, 실제로 매해 한복 행사 후에는 "바지가 바뀌어 왔어요", "액세서리가 빠졌어요" 하는 전화가 꼭 한두 통씩은 걸려온다.

평소에도 아이 옷을 잘 입히기로 유명한 B의 엄마는 올해는 도령 한복을 선택하고 악세사리로 정교하게 꼬인 빨간 끈을 함께 보내 왔다. 도령 한복의 포인트는 바로 이 끈이라며 아이 고름 위쪽으로 매어 달라는 부탁을 한 번은 전화로 한 번은 메모로 두 번씩이나 해 왔다.

문제는 고정이 되지 않는 끈이 자꾸 미끄러져 내려와, 엄마가 지정해 준 가슴 위치를 벗어나 허리춤에 볼품없이 매달려 있다는 거였다. 담임 교사는 혹시 사진에라도 찍혀 특별히 부탁한 엄마에게 면목이 안 설까 바쁜 와중에도 계속 신경을 써야만 했다.

여자아이들은 머리 장식 때문에 고생을 한다. 엄마가 계속 쓰고 있으라고 했다며 머리가 아파도 꾹 참고 머리 장식을 쓰고 있던 J는 결국 울음을 터트리고 말았다. 담임 선생님이 아프면 빼도 된다고 말렸지만 모범생 J는 머리띠를 손에서 내려놓지 못하고 썼다 벗었다를 반복했다. 한복을 입어야 하는 행사라면 아무리 보기에 좋아도 아이들이 불편해하는 액세서리는 빼는 것이 좋다.

유치원에서 행사가 있는 날의 아이들 옷은 간단하고 움직이기 편해야 한다. 옷을 갈아입어야 하는 경우라면 아이가 스스로 입고 벗을 수 있는 옷을 준비해 보내는 것이 좋다. 엄마의 너무 뛰어난 미적 감각은 아이들의 피곤함으로 이어진다.

반대로 무신경함 때문에 문제가 생기기도 한다. 미리 한복을 입혀 보지 않아, 너무 긴 한복을 그대로 아이 손에 들려 보내는 경우도 있다. 아이는 긴 소매 때문에 물건을 집기도, 긴 치마 때문에 걸음을 걷기도 불편하다. 그럴 땐 고무줄 끈으로 껑충하게 치맛자락을 올려 주고 소매도 접어 줘 버린다. 한창 클 나이라 넉넉한 사이즈를 구입할 수 있지만, 행사 전 아이들에게 미리 입혀 보고 활동하는 데 불편한 부분은 없는지를 확인해 보아야 한다.

아이들이 신나서 한복을 입고 돌아다니는 것은 길어 봤자 한두 시간 정도이다. 여기저기서 따갑고 불편하니 벗겨 달라고들 아우성이다. 점심을 먹을 때쯤 되면 불편해진 아이들은 저고리를 아예 벗고 돌아다니기 시작한다. 완전히 벗겨 주지 못하는 이유는 중요한 사진 촬영이 아직 남아 있기 때문이다. 한번은 심하게 거부하는 아이 고집에 저고리를 못 입히고 단체 사진을 찍은 적이 있었다. 나중에 사진을 본 아이의 엄마는 "얼마나 신경 써서 한복을 준비했는데"라며 허탈해했다.

매해 새로운 아이디어로 흥미로운 이벤트를 만들어 내기 힘든 행사가 추석과 설이다. 명절 행사마다 등장하는 전통 놀이는 투호, 강강술래, 딱지치기, 제기차기, 비석치기 정도로 일단 가짓수가 많지 않다. 매해 같은 놀이가 반복되는 행사는 아이들도 교사들도 재미없어 한다. 추석 행사 전 주에 진행된 교사 회의에서 더 이상 매력적이지 않은 전통놀이 돌려 막기를 그만두고 새로운 기획을 해 보자는 의견이 나왔다. 투표를 거쳐 그해 추석 행사는 야외 공원에서 진행하는 것으로 결정되었고, 화창한 가을 날씨와 맞물려 야외 추석 행사는 대성공을 거두었다. 똑같은 제기였지만 실내에서 차는 것과 야외에서 차는 제기는 확연히 달랐다. 그해 이후 우리 원의 추석 행사는 무조건 외부로 나가는 신나는 운동회가 되어 버렸다.

10월
핼러윈(Halloween)

10월에는 행사의 꽃, 아이들이 가장 신나 하는 핼러윈 데이가 있다. 영어유치원의 이 독특한 문화를 비판하는 목소리도 있지만, 최근에는 유아 학원과 놀이 학교에서도 핼러윈 행사를 빼먹지 않고 챙기는 추세이다. 귀신이 소재인 것은 종교적으로 비판받을 만하고 미국 문화를 그대로 들여온 것은 사대주의로 비난받을 만하다. 그럼에도 불구하고 이 행사를 포기할 수 없는 이유는 단 하나, 아이들이 너무 좋아하기 때문이다. 핼러윈은 캐릭터, 사탕, 변장, 판타지까지 아이들이 열광할 만한 모든 요소를 갖추고 있다. 심지어 학부모들도 이 행사에 흥미를 보이며 참여하고 싶어 한다. 사탕을 나눠주고 싶다며 백설 공주로 분장을 하고 나타난 엄마도 있었고, 한 아빠는 공룡 탈을 쓰고 버스를 배웅하는 센스를 보여 남의 집 아들, 딸들에게 "그 아저씨가 우리 아빠였으면 좋겠다"는 부러움을 사기도 했다. 교사들도 1~2주 전부터 톡톡 튀는 아이디어로 교실과 복도를 꾸미며 즐거워하기는 마찬가지이다. 비판거리도 많지만 핼러윈은 아이와 어른을 막론하고 누구에게나 재미 요소가 가득한 흥미로운 행사인 건 분명하다. 최근에는 지각 있는 시선으로 핼러윈 행사를 재조명하면서 문제점을 덜 부각시키고 장점만을 가져가려는 노력들을 한다. 그래서 귀신 분장보다는 자기가 좋아하는 책의 주인공으로 변신하는 북위크Book week라든지, 여러 나라의 의상을 입고 문화를 체험하는 문화의 날Culture day 행사로 대체해 진행하기도 한다.

핼러윈의 하이라이트는 뭐니 뭐니 해도 온갖 종류의 사탕들이다. 핼러윈 행사 준비는 국내 마트보다는 코스트코 같은 해외 브랜드의 대형 마트가 제격이다. 이국적이면서 재미 요소를 더한 알록달록한 사탕, 젤리, 초콜릿이 시즌에 맞춰 대용량 패키지로 준비되어 있다.

동네 전체가 핼러윈 파티를 즐기는 미국에서는 아이들이 가방을 들고 무작위로 사탕 수집에 나서지만, 한국에서는 만들기 힘든 환경이다. 대신 약간의 센스를 발휘해 사전 준비를 해 둔다. 행사 전날 교사들은 사탕을 종류별로 분류해 근처 상점에 미리 맡겨 놓고, 당일에 동선대로 아이들을 걷게 한다. 고맙게도 주변 상인들은 아이들의 행렬을 반갑게 맞아 주고 뜨거운 호응으로 아이들의 어깨를 으쓱하게 만든다. 이렇게 이웃을 돌며 사탕을 얻어 내는 '트릭 오어 트릿Trick or Treat'은 핼러윈 행사의 꽃이지만 사탕, 초콜릿이 엄마들에게 환영 받지 못하는 관계로 너무 많은 곳을 돌거나 많은 양을 나눠 주지는 않는다. 종종 엄마들이 자발적으로 사탕 기부를 해 오기도 하는데, 평소 아이 간식에 예민한 엄마들도 젤리, 사탕, 초콜릿을 대형 사이즈로 보내 주는 것을 보면 신나 있을 아이들 생각에 하루 정도는 눈감아 주는 분위기이다.

핼러윈 행사를 준비하면서 매년 우려하는 점은 코스튬costume 경쟁이다. "행사를 위해 의상을 일부러 구입하지 마시고, 엄마 아빠의 멋진 아이디어로 아이들을 꾸며 주세요"라는 편지가 일찌감치 나가지만 별 효과는 없다. 유아기 부모의 모범 교과서 같은 C의 부모님은 유치원의 요청에 호응하며 검은 천과 간단한 페이스 페인팅으로 아이를 가오나시(《센과 치히로의 행방불명》에 나오는 캐릭터)로 완벽히 변신시켰다. 아이와 함께 캐릭터를 고르고 검은 천을 구하러 할머니 댁을 일부러 방문했다고 한다. 원 전체에서 의상을 사지 않고 만들어 보낸 유일한 가정이었다. 다른 친구들의 공주 옷이 부러울 만도 한데, 자존감 높은 C는 기죽지 않고 엄마, 아빠의 작품을 무척이나 자랑스러워했다.

W가 〈겨울 왕국〉의 안나 공주 드레스를 입고 땋은 머리 장식을 하고 나타났던 순간은 아직까지 기억에 생생하다. W는 미워할 수 없는 떼쟁이 다섯 살 남자아이다. 자기가 되어 보고 싶은 캐릭터에 대해 엄마와 한참을 이야기한 끝에 스스로 〈겨울 왕국〉의 안나를 선택했다고 한다. 안나의 초록색 드레스를 입고 나타난 W는 평소와는 180도 다른 모습으로 조신한 공주 역할을 훌륭히 해 냈다. 화장실 앞에 서서 어느 쪽으로 들어가야 할지 한참 고민하던 아이의 사랑스러운 모습은 아직도 잊히지가 않는다. 본인의 욕심 대신 아이의 선택과 취향을 존중해 주는 엄마의 내공이 돋보이는 선택이었다.

한번은 동기 부여를 위해 5만원 상품권을 걸고 교사들의 핼러윈 코스튬 대회를 진행한 적이 있었다. 소소한 재미를 위해 시작한 이 작은 행사에 교사들은 진심을 다했다. '수업 준비를 그렇게 좀 열심히 하지'라는 생각이 들 정도로 유치원 비품실을 거덜 내 가며 시간과 정성을 쏟아붓는 모습이었다. 핼러윈이 아이와 어른 모두를 흥분시키는 묘한 매력이 있는 건 사실이다.

20년 전 미국에서 핼러윈을 처음 경험했을 때, 남녀노소 할 것 없이 쏟아져 나온 사람들로 동네 전체가 축제의 장이 되는 모습은 꽤나 인상적이었다. 들어가는 상점들마다 구매 여부와 상관없이 반갑게 인사하며 사탕을 한 줌씩 집어 주었고 두 돌이 갓 지났던 우리 딸은 영문도 모른 채 분위기에 휩쓸려 이날 초인적인 걸음마 능력을 발휘했다. 대단한 코스튬은 아니더라도 센스를 십분 발휘한 우스운 꼴들로 격의 없이 함께 어울리는 모습은 말 그대로 문화 충격이었다. 누군가는 독박을 쓰고 부담을 느껴야 하는 명절이 아니라, 어른들도 아이들도 동심으로 돌아가 함께 즐길 수 있는 놀이 문화가 있다는 건 부러운 일이다.

12월
크리스마스

12월 초가 되면 영어유치원 입구에는 지난해 잘 넣어 두었던 크리스마스 트리가 다시 등장한다. 이전 해에 잘 정리해 두지 않으면 다음 번 사용에 애를 먹기 때문에, 늘 스텝들에게 다음 해를 염두에 두고 깔끔하게 정리해 달라는 잔소리를 하게 된다. 유치원의 한 해가 행사 위주로 돌아가다 보니 창고에는 매달 이벤트에 사용될 물건들이 플라스틱 박스별로 정리되어 차곡차곡 쌓여 있다. 때가 되면 같은 박스에서 준비물을 꺼내 환경을 꾸미고 행사를 준비하는 것이 여러모로 효율적이지만, 매해 같은 내용과 같은 장식은 지루하다.

어느 해인가 각 반별로 크리스마스 장식품을 아이들이 직접 만들어 달면 좋겠다는 아이디어가 나왔다. 4세 반 친구들은 흰색 점토에 손바닥을 꾹 찍어 반짝이를 뿌린 장식품을 만들고, 소근육 발달이 충분히 이루어진 7세 아이들은 오리고 붙이고 꽤 정교한 작품들을 만들어 크리스마스 트리에 직접 달아 주었다. 각 반별로 개성 가득한 아이디어들이 더해져 세상에 단 하나밖에 없는 아주 특별한 크리스마스 트리가 완성되었다.

 트리와 함께 12월이 시작되면 누가 일부러 노력하지 않아도 모두가 온통 크리스마스 분위기에 들뜨고 행복하다. 아침마다 교사들이 틀어 놓는 은은한 캐럴은 온기가 돌기 전 차가운 유치원의 아침 공기마저 따뜻하게 만들어 버린다. 여기에 눈이라도 내리면 유치원 전체가 설레는 마음으로 들썩인다. 눈 오는 12월을 온전히 즐기지 못하는 것은 원장뿐이다. 기사님들이 제시간에 도착해 아이들을 태우고 있는지, 도로 상태가 안 좋아 아이들을 태운 버스가 미끄러지는 것은 아닌지 온통 걱정투성이지만 이 구역 '근심이'는 원장 한 사람으로 족하다. 눈 오는 12월은 아이들에게도 교사들에게도 선물 같은 날이다.
 이렇게 마냥 행복하기만 하면 좋을 유치원의 12월 풍경에 근본 없는 공연 문화가 끼어든 것은 안타까운 일이다. 유튜브에 올라온 한 유치원의 크리스마스 행사에서는 대여섯 살로 보이는 아이들이 LED 자켓을 입고 트로트에 맞춰 신나게 춤을 추고 있었다. 모든 유치원 행사는 교육적 목적이 분명해야 하고, 그 목적이 절대 어른들에게 맞춰져서는 안 된다. 아이들이 행복하고 배움이 있는 행사인가? 아니면 어른들 눈에 보기 좋은 행사인가? 이 기준은 유치원 행사를 진행할 때마다 엄격히 적용되어야 한다. 그래서 아무리 어른들 사이에서 합의가 이루어져도 아이들이 이해하지 못하거나 배움이 없는 행사는 좋은 행사가 될 수 없다.

한번은 이사장의 아이디어로 아이들의 작품을 어른들이 사 주는 경매 행사auction가 진행되었다. 아이들이 경매에 출품할 작품을 만들고, 학부모들은 가격 경쟁을 통해 아이들의 작품을 구매한 다음 수익금을 자선 단체에 기부하는 행사로, 취지도 기획도 완벽해 보였다. 그런데 행사 다음 날, 한 7세 아이가 담임에게 이런 얘기를 전했다. "엄마가 날강도들이래요." 결과적으로 이 이벤트는 아이들의 배움과 연결되지 못한 채 어른들의 눈에만 그럴 듯해 보이는 겉치레용 행사로 끝나 버리고 말았다. 오랜 시간 준비하고 많은 인원이 행사에 동원되었지만 아이들은 정작 자신들이 무엇을 하고 있는지 전혀 이해하지 못했던 것이다.

유치원에서 진행하는 모든 행사의 목적과 과정은 단순하고 명확해서 교사는 물론 아이들, 학부모까지 모든 행사 참가자들이 쉽게 이해할 수 있어야 한다. 참가자들을 단순 구경꾼이 아니라 행사 주체로 만들기 위해서는 목적과 취지를 제대로 이해시키고 동의를 얻는 과정이 반드시 필요하다.

7세 반에서 진행된 또 다른 자선 행사는 꽤나 성공한 크리스마스 행사로 기억된다. 크리스마스를 맞아 자선에 대한 의미를 가르치고 싶었던 미국인 담임 선생님은 남을 돕는다는 의미를 아이들이 어떻게 이해하고 있는지를 우선 파악하기로 했다. 몇 해 전, 한 자선 단체가 원을 방문해 기부에 대해 설명하며 기아의 고통을 얘기 한 적이 있는데 배고픈 경험이 없는 아이들은 전혀 공감하지 못하는 눈치였다. 아이들에게 추상적인 것을 가르칠 때는 경험한 것에 빗대어 현실적인 예시를 들어 주어야 한다. 선생님은 아이들 눈높이에서 아프리카 친구들을 도와야 하는 이유에 대한 구체적인 리스트를 만들었고, 장난감을 구할 수가 없어서 축구공을 직접 만들어서 놀아야 한다는 대목에서 아이들은 아프리카 친구들의 빈곤을 깊이 공감할 수 있었다. 아이들은 장난감이 없는 친구에게 장난감을 보내 주는 것이 자선이라는 결론에 이르렀고, 지구 반대편 아이들에게 축구공을 선물하기 위해 돈을 모을 방법을 고민하게 되었다. 할머니, 할아버지에게 달라고 하면 된다는 현실적인 방법에서부터 길거리 모금, 자기 장난감을 팔아서 돈을 벌겠다는 아이디어까지 꽤 진지하고 귀여운 토론이 진행되었다. 여러 방법 중에서 현실성 있는 몇 가지 아이디어를 골라 한동안 돈 모으기 프로젝트가 진행되었는데, 그중 하나가 크리스마스에 맞춰 열린 벼룩시장flea market이었다.

집에서 쓰지 않는 장난감이나 작아진 옷을 가져오라는 포스터를 자기들 식대로 멋지게 표현해 유치원 안팎에 붙이면서 시작된 7세들의 프로젝트는 어느덧 원 전체 크리스마스 행사가 되어버렸다. 아이들이 행사 주체가 되면 어른들은 쉽게 움직인다. 아이가 벼룩시장에 기부할 물건들을 모으면서 집안 살림을 거덜 내고 있다면서도 부모들은 아프리카 친구들을 돕겠다는 기특한 생각을 갖게 된 아이의 성장을 감격스러워 했다. 아이들은 더 이상 갖고 놀지 않는 장난감을 모았고, 엄마들도 기꺼이 동참해 안 쓰는 물건들을 기부해 주었다. 며칠 지나지 않아 기부된 물건들이 원장실에 산더미같이 쌓이게 되었다. 아이들은 물건을 팔려면 종류별로 분류하고 예쁘게 진열해야 한다며 우르르 몰려와 하루 수업을 빼 줄 것을 당당히 원장에게 요청했다. 그리고 부모님을 정식으로 초대하는 벼룩시장 초대장을 만든 다음, 우체국을 방문해 각자의 주소로 직접 부치고 돌아왔다.

그 후에도 아이들은 짬짬이 물건을 분류하고 돈통을 만들고 상품 표지판을 만들며 행사 준비에 최선을 다했다. 행사에 진심이었던 아이들은 당일, 엄마와 아빠가 진짜 나타나 돈을 지불하고 물건을 사 가자 흥분을 감추지 못했다. 자기가 담당한 물건을 사가라고 소리쳐 대는 아이의 모습에 부모는 어이가 없어 웃으면서도 장사에 소질이 있는 것 같다며 뿌듯함을 감추지 못했다. 유치원 행사 치고는 꽤 큰 돈이 모였고, 아이들은 그 돈을 아프리카 친구들에게 전달할 방법을 찾기 시작했다. 그 과정에서 우리나라에 아프리카 친구들을 돕는 단체들이 많다는 것을 배웠고, 그중 기부할 곳을 아이들이 직접 고르기도 했다. 해당 단체가 보내 준 아프리카 영상을 본 아이들은 자신들이 모은 돈이 이 지역 친구들에게 어떤 도움이 될지를 상상하며 자선의 순기능인 '남을 돕는 행복감'을 직접 느껴 볼 수 있었다. 아이들은 이 긴 프로젝트를 진행하면서 매 단계마다 스스로 아이디어를 내고 결정을 내리며 주도적으로 참여했고, 그 과정에서 행사의 의미와 목적을 100퍼센트 이해할 수 있었다. 그리고 교사는 지혜롭게 이 모든 과정을 아이들 눈높이의 실생활과 연결시키면서 교육 효과를 최대한 끌어내 주었다.

1월
설날

한복을 입는 또 다른 행사는 설날Lunar new year이다. 이미 추석 때 전통 놀이를 경험했기 때문에 큰 이벤트보다는 꼭 필요한 것만 알차게 구성한 오전 행사로 진행한다. 영어유치원에 보내 세배도 못 배워 왔다는 할머니, 할아버지의 타박이 있었다는 이야기를 들은 후로 세배만큼은 시간을 들여서 제대로 교육한다. 아이들에게 세배를 가르치는 것이 쉬운 일은 아니다. 공수라고 하는 손 자세에서부터 남자와 여자의 세배 방법을 나누어 시범을 보이고, 연습하고 또 연습한다. 세배를 받는 숫자만큼 아이들에게 똑같이 세배를 해야 하므로 세배 교육을 담당한 교사는 무릎과 허리가 쑤신다.

설날 행사의 하이라이트는 역시 세뱃돈이다. 세배 후에는 1000원짜리 세뱃돈을 준비해 나눠 주는데, 수고스럽더라도 미리 은행을 방문해 아이들 숫자만큼 신권을 준비한다. 매해 동결된 금액 1000원이지만 아이들은 원장 선생님이 준 빳빳한 세뱃돈을 수표라도 되는 양 소중히 챙겨 자기들이 만든 복주머니에 집어넣는다. 짧은 설 행사는 점심 메뉴로 직접 빚은 만두와 떡국을 먹는 것으로 마무리 된다.

영어유치원에 대한 오해 중 하나는 영어 공부만 하느라 배울 것을 못 배우는 건 아닌가 하는 염려이다. 사용하는 언어가 영어일 뿐, 모든 행사는 이 시기 아이들이 배워야 할 것들을 목표로 진행된다.

2월
졸업식

1년 학사를 마무리 짓는 마지막 행사는 졸업식이다. 원래는 졸업 장을 받고, 훈화를 듣고, 송사 답사를 주고받는 격식을 차려야 하는 행사지만, 최근에는 그 모습이 많이 달라졌다. 유치원에서의 마지막 행사가 너무 딱딱해지지 않도록 축제처럼 진행하는 것이 요즘 졸업식 분위기이다. 7세들이 주인공이지만 후배(?)들의 축하 공연과 의미 있는 이벤트들이 다양하게 추가되면서 유치원 전체 행사가 되기도 한다. 첫 졸업식이라는 의미 때문에 부모는 물론 할머니, 할아버지까지 아이 한 명당 대여섯 명의 축하객이 동원된다. 그래서 유치원 졸업식은 외부인이 참석하는 최대 규모 행사가 된다.

졸업식을 위한 수많은 사전 준비 중에서 가장 신경 써야 할 것은 졸업 사진 촬영이다. 개인 사진과 그룹별 사진, 단체 사진과 야외 사진까지 다양한 사진들을 찍고, 베스트 컷을 골라내 최종 졸업 앨범을 만드는 데까지는 꽤 많은 정성과 시간이 든다. 늦어도 1월 초에는 앨범 작업이 시작되어야 2월 말에 있을 졸업식에 일정을 맞출 수 있다. 스튜디오에 따라 구성이 다르지만 앨범의 메인 페이지에는 연예인 같은 개인별 프로필 사진이 등장하고 밑에는 아이들이 앞으로 하고 싶은 것, 하고 싶은 말이 짧은 글로 함께 소개된다.

우리 아이가 사진에 예쁘게 잘 나왔으면 하는 욕심은 누구나 똑같지만, 특히 딸 가진 부모들은 졸업 사진 촬영에 진심이다. 그 이른 시간 미용실에 들려 머리를 하고 가벼운 메이크업까지 받고 오는 경우도 종종 있다. 졸업 사진을 찍는 날 5, 6세 아이들은 자투리 시간을 활용해 수료 사진을 촬영한다. 개인 수료 사진은 선택사항이지만, 단체 사진에는 반 전체가 참여한다. 늘 찍는 단체 사진이지만 사진 작가의 손길이 닿으면 훨씬 멋진 작품이 된다. 한 컷을 건지기 위해 이날 아이들은 수십 장의 사진을 찍는데 이 중 베스트 컷들이 전달되고 최종 선택은 원장, 원감, 담임 교사들이 상의해 결정한다. 약간의 보정이 필요한 부분들은 사진작가에게 구체적으로 부탁한다. 다소 큰 얼굴에 대해 콤플렉스가 있는 A의 경우 다른 친구들과 함께 찍은 그룹 사진에서 얼굴 사이즈가 너무 튀지 않도록 살짝 축소해 주실 것을, 까만 피부가 콤플렉스인 B는 얼굴 톤을 밝게 인화해 달라는 부탁을 드린다. 가장 잘 나온 사진은 평소 아이의 특징을 잘 담아낸 사진들이다. 어색한 예쁜 미소보다는 자연스럽게 활짝 웃고 있는 사진이 언제나 베스트가 된다. 이쪽 업계에서 아이들 사진을 잘 찍기로 소문난 작가님을 소개 받은 이후, 다행히 결과물에 대한 불만은 한 번도 들은 적이 없다. 이 분의 최대 노하우는 아이들을 활짝 웃게 만들고 그 순간을 포착하는 것인데, 몸을 아끼지 않고 아이들 눈높이의 개그를 시연하며 셔터를 눌러 대는 모습은 진정한 프로였다.

졸업식 당일 행사 하이라이트는 개인별로 편집된 아이들의 영상이다. 평소 교실에서의 생활 모습을 담은 개인별 영상이 준비되어 졸업식 당일 상영된다. 아이들을 보살피는 데 손이 덜 가는 7세 반의 담임은 평소에 조금 수월한 대신, 졸업식을 준비하면서 모든 수고를 몰아서 해야 한다. 바쁜 일정을 쪼개 틈틈이 준비한 영상들은 잔잔한 음악과 어울려 엄마들의 눈시울을 자극한다. 아이들은 해맑게 웃고 있지만 졸업식에 참석한 모든 어른들은 각자 다른 의미로 마음이 뭉클해진다.

이렇게 매달 하나씩 있는 큰 행사를 치르다 보면 어느새 영어유치원의 1년이 훌쩍 지나가 버린다. 교사들은 아이들을 즐겁게 해 주고 싶은 마음으로 열심히 준비하고, 아이들의 설렘과 함박웃음으로 그 보상을 받는다. 아이들의 행복감이 교사들의 에너지로 선순환 될 때 비로소 성공한 행사가 될 수 있다.

05

사소하지만 궁금한 별별 이야기

위생과 전염병

아이들은 항상 아프다. 유치원 안에서는 감기, 수족구, 열병, 뱃병, 눈병이 1년 내내 유행한다. 수업을 하며 아이들과 끊임없이 접촉했던 나는 각종 전염병에 20년 간 휘둘리며 살았다. 한 달이 멀다 하고 나타나던 목감기, 코감기 증세가 어른들과 일하는 직장으로 근무지를 옮긴 후부터는 말끔히 사라졌다. 장담하기는 어렵지만, 매해 유치원 내에서 유행하는 전염병의 확산세와 속도를 볼 때 아이들은 세균 감염에 취약할 뿐 아니라 스스로도 매우 강력한 감염 유발 인자를 갖고 있는 것이 분명하다.

영어유치원에서 근무하는 동안, 전염병이 돌 때마다 유행병 자체에 대한 스트레스보다 부모들의 예민함과 일부 상식을 넘는 행동들로 더 큰 스트레스를 받곤 했다. 그래서 코로나 사태가 터졌을 때

원을 떠나 있음에 무엇보다 감사했다.

　코로나 이전 메르스라는 전염병이 퍼졌을 때, 한 아빠는 스스로 3주간의 방학 기간을 정하고서는 그 기간 동안은 아이를 원에 보낼 수 없다며 환불을 요청했다. 어학원으로 분류되는 영어유치원은 국공립 기관이 아니기 때문에 교육부가 정한 휴원 규정을 따를 법적인 의무는 없다. 하지만 똑같이 어린아이들이 다니는 곳이기 때문에 운영 방침이 국공립 유치원의 운영 테두리 안에서 크게 벗어나지 않는다. 그래서 자연재해와 같은 불가피한 휴원 상황이 되면 보통은 교육 당국의 지침을 따른다. 프랜차이즈 기관일 경우 본사의 규정을 따르고 본사는 교육 당국의 움직임에 따라 결정하는 안전한 방법을 선택한다. 나라의 권고에 따라 휴원했다가 다시 문을 연 지 얼마 되지 않은 시점이었는데, 이 아빠는 당국이 권고한 휴원 시기를 훌쩍 넘긴 애매한 타이밍에 3주를 추가해서 더 쉬어야겠다며 환불을 요구하고 나선 것이다. 공교육 영역에 포함된 교육 기관의 경우 휴업 조치가 취해지더라도 근무자들은 국가 보조금으로 월급을 받을 수 있다. 하지만 사교육 영역에서는 이러한 휴원, 보강, 환불 사태는 그대로 원의 부담이 되고, 규모가 더 작은 학원인 경우 그 손실이 고스란히 교사들에게 전가되기도 한다. 섣부르게 개개인의 요구와 불만 사항을 들어줄 수 없는 이유이다.

　주말 사이 농가진에 걸렸다는 Q를 보고 교사들은 모두 깜짝 놀랐다. 얼굴 곳곳이 부어오르고 입 주변과 눈 주변은 진물과 굳은 고름으로 엉망이었다. Q의 경우 집에 상주하는 이모님이 있었기 때문에 돌봐 줄 사람이 없어 억지로 등원해야 하는 절박한 상황도 아니었다. 의사였던 Q의 엄마는 걱정스러운 눈빛의 버스 선생님에게 아직 완치는 안 됐지만 전염성은 없다며 아이가 집에 있으면 너무 심심할 것 같아 유치원에 보내는 거라고 그 이유를 밝혔다. 아이가 원에 도착한 뒤, 아이의 상태를 확인하기 위해 엄마에게 우선 전화를 걸었다. 아이의 병명을 밝힌 아이 엄마는 전염은 되지 않으니 염려하지 말라고 자신 있게 말했다. 일정 시기가 지나 전염성은 떨어졌는지 몰라도 완쾌가 되었다는 것을 확인해야 했는데 '의료인인 엄마가 어련히 알아서 보냈을까'라는 안일한 생각으로 확인서도 없이 아이를 교실 안으로 들여보내고 말았다. 의사이기 이전에 한 아이의 엄마라는 사실을 간과한 나의 어리석은 실수를 후회했다.

아픈 아이를 무작정 유치원에 보내는 보호자들에게 부족한 것은 배려심이다. 우리 아이는 열만 조금 있을 뿐, 기침만 조금 할 뿐 잘 논다며 등원시키는 행동에는 전염병에 취약한 다른 아이들에 대한 배려가 보이지 않는다. 이런 행동에는 '좋은 게 좋은 거'라는 우리나라의 유치원 문화도 한몫 거든다.

미국에서 온 외국인 교사가 어느 날 원장실을 찾아와 분통을 터트렸다. 자기 반의 아이가 아파서 아이의 엄마에게 전화해 달라는 부탁을 한국인 교사에게 했는데, 오전 내내 전화를 하지 않고 있다는 거였다. 아이는 잔기침을 했고 약간의 미열도 있었다. 그 아이의 경우, 직장에 다니는 엄마 대신 할머니가 아이를 돌보고 계셨는데 중간에 아이를 데려가라고 하면 택시를 타고 오셔야 하는 상황이었다. 이러한 상황을 잘 아는 한국인 선생님은 자기가 보기에 아이 상태가 심각하지 않은데 할머니께 전화를 드리기가 좀 미안하다고 했다. 아이들 열에 예민한 외국인 선생님과 한국적인 정서로 일을 해결하려는 한국인 선생님이 함께 운영하는 영어유치원 교실에서는 이런 문화 차이에서 오는 갈등이 늘 발생한다. 원어민 교사들은 열이 나는 아이를 유치원에 보내는 학부모도, 그런 아이를 교실에 들이는 유치원도 이해하지 못한다.

미국 유치원에서는 코로나 사태 이전부터 아이들 열에 대한 정책 fever policy이 엄격했다. 감기가 유행하면 담임 교사는 교실 앞에 아예 의자를 놓고 앉아서 등원하는 아이들의 체온을 하나하나 확인한다. 그리고 열이 있는 아이들은 교실 안에 발도 못 붙여 보고 바로 집으로 돌아가야 한다. 내 아이가 귀가 조치를 당했다고 해서 기분 상해하는 엄마는 없다. 이런 환경에 익숙한 외국인 교사 눈에는 열이 있는 아이를 당당하게 유치원에 보내는 엄마나, 아픈 아이를 돌려보내지 못하고 쩔쩔매는 원이나 이상하게 보이는 것이 당연하다.

아침부터 아이의 노는 모습이 영 시원치 않으면 담임 교사는 일단 체온을 재 본다. 이때 미열이 감지 되어 엄마와 통화를 하면 십

중팔구 집에서도 아이의 컨디션이 좋지 않다는 것을 이미 알고 있다. 전날 저녁부터 미열이 있었지만 해열제를 먹고 잘 놀았다는 비슷한 대답들이 돌아온다. 보통은 원에서 아이 상태가 좋지 않다는 전화를 먼저 해야 아픈 아이를 다시 데려간다. 많은 아이들이 함께 생활하는 유치원 상황을 먼저 생각했더라면 등원 전 바른 판단을 했을 것이고, 아이가 하루 심심하더라도 여러 사람이 불편한 상황은 피할 수 있었을 것이다.

열이 나거나 아픈 증상은 없지만 유난히 아이의 컨디션이 좋지 않은 날도 있다. 이런 날은 아이가 이유 없이 짜증을 내고 징징거리며 엄마를 지치게 만든다. 엄마는 아이의 상태를 알면서도 일단 유치원에 가면 나아질 거라는 확신으로 꾸역꾸역 유치원 버스에 아이를 태운다. 그러나 아이의 상태는 원에 와서도 크게 달라지지 않는다. 무작정 유치원에 가면 나아질 거라는 생각은 금물이다. 상태가 좋지 않은 아이는 유난히 보채며 교사들을 힘들게 하고, 친구들과 트러블을 만든다. 그러면 당연히 훈육이 들어갈 것이고 아이의 하루는 악순환이 된다. 아이의 컨디션이 눈에 띄게 안 좋을 때는 반나절 정도 아이와 차분히 시간을 보내거나, 아예 하루를 집에서 쉬게 하는 것이 아이에게 도움이 되는 처방이다.

아이의 충혈된 눈, 미열 또는 기침 등으로 전화를 하면 엄마들은 일단 방어적인 태도를 보이는 경우가 많다. 물론 엄마들의 중심이 언제나 자기 아이에게 맞춰져 있는 것은 당연하다. 하지만 품 속의 아이가 공동체 생활을 시작할 정도로 자랐다면, 그에 맞춰 엄마의 중심도 조금은 움직여 주어야 한다. 내 아이로 인해 다른 아이에게 피해가 갈 수 있음을 의식하고 행동하는 것이 좋다.

화장실 이용

4~5세 아이를 둔 부모들과 상담하다 보면 "아직 기저귀를 못 뗐는데 영어유치원 등록이 가능할까요?"라는 질문을 종종 듣는다. 불가능할 건 없지만, 될 수 있으면 기관을 보내기 전에 집에서 화장실 훈련을 충분히 하는 것이 좋다.

평소 화장실 이용에 전혀 문제가 없을 것처럼 보이는 6~7세 아이들도 가끔은 어이없는 실수를 한다. 빠른 생일의 7세인 S는 키도 크고 똑똑해 언제나 리더 역할을 하는 아이였다. 유치원 근처에서 짧은 야외 활동이 있던 날, 아이는 몹시 신나 있었다. 그런데 일정을 마치고 돌아오는 길에 아이에게서 이상한 느낌을 받은 담임 선생님은 처음에는 아이가 다리를 다친 줄 알았다고 한다. 무언가 부자연스럽게 다리를 벌리고 걷는 아이에게 괜찮은지 몇 번을 확인했지만, 아이는 시치미를 뚝 떼고 괜찮다고 했다. 하지만 교사는 얼마 지나지 않아 아이의 대변 실수를 알아챘고, 다른 아이들이 눈치채지 못하게 007 작전을 방불케 하는 빠른 판단과 처리로 아이의 자존심을 지켜 줄 수 있었다.

변비로 고생을 하고 있는 Y는 절대로 집 외의 장소에서는 변을 보지 않아 엄마의 고민이 컸다. 아침부터 집에서 변비로 고생을 하고 왔다는 Y는 배에 찬 가스 때문에 원에 도착해서도 기분이 좋지 않았다. 점심을 먹고 드디어 신호가 오자, 아이가 어쩔 줄 모르고 울기 시작했다. 당황한 담임 교사가 원장실로 뛰어와 도움을 요청했다. 다른 아이들의 점심 식사를 살피기 위해 교실로 돌아간 담임을 대신해 아이를 변기에 앉히고 손을 꼭 잡은 채로 기합을 넣어가며 힘을 주었고, 20분 만에 어마어마한 결과를 보게 되었다. 아이가 유치원에서 변을 봤다는 이야기를 듣고 너무 놀란 엄마는 다음 날 커피를 사 들고 원을 방문했다. 아이가 하원 버스에서 내리자마자 "원장 선생님이 똥 싸는 법을 가르쳐 줬다"며 엄마 없이 변을 본 것을 무척 자랑스러워했다고 한다.

원장실이 화장실 옆에 위치하고 있었기 때문에 "I'm Done(다 했어요)"을 큰 소리로 외치는 아이들에게 강제 호출되어 뒤처리를 맡는 경우가 자주 있었다. 7세 아이들은 대부분 변을 보고 스스로 뒤처리가 가능하지만 5, 6세 아이들은 아직 어른들의 도움이 필요하다. 어느 날은 흐린 날씨 탓인지 네 번이나 호출되어 아이들 뒤처리를 도와주다가 복권을 사야 하는 날인가 진지하게 고민했던 적도 있다.

보통 수업 시간 사이사이에 화장실 시간bathroom time이 정해져 있어서 두 교사가 각각 남자아이, 여자아이로 나눠 화장실 지도를 한다. 담임 교사가 남자인 경우 여자아이들의 화장실 지도는 담당하지 않는다. 화장실은 아이들이 배변 실수를 하기도 하고 물장난을 치기도 하며 늘 사건 사고가 많은 장소이므로 어른들의 동행이 필수이다. 하지만 6~7세가 되면 수업 시간 중에 화장실에 가겠다는 아이들을 매번 쫓아다닐 수 없어 종종 예외 상황을 두기도 한다. 담임이 동행하는 정규 화장실 시간이 아니면 둘 이상 함께 화장실에 가지 않도록 하고, 예상보다 오래 걸린다 싶으면 돌발 상황이 생기지 않았는지 재빠른 확인이 필요하다.

각 가정의 화장실 문화에 따라 남자아이들의 소변 보는 법도 다양하다. 어린이용 스탠딩 소변기가 익숙하지 않아 꼭 좌식 변기에 앉아 소변을 보는 아이들도 있고, 아빠처럼 긴 변기에 소변보는 것을 자랑스러워하며 집에서 배운 대로 자기 엉덩이를 두 번 치며 마무리하는 아이, 소변기 앞에서 다양한 장난을 고안해 내는 아이들까지 변기 사용 레벨도 다양하다. 여자아이들은 6세 정도가 되면 대부분 스스로 화장실 뒤처리가 가능해 남자아이들 보다 빠른 편이다. 4~5세 아이들은 어떤 경우라도 혼자 화장실에 보내지 않는다. 누구든 꼭 따라가 아이가 안전하게 일을 볼 수 있도록 끝까지 지켜보고 마무리를 돕는다. 기저귀를 아직 못 뗀 3, 4세를 영어유치원에 보내는 경우라면 기저귀 교환대 같은 관련 시설이 마련되어 있는지를 꼭 확인해야 한다. 변기 훈련이 완전히 끝나지 않은 4~5세들의 경우, 팬티형 기저귀를 차고 생활하기도 하는데, 아이 개인의 위생을 위해서라도 기본적인 화장실 훈련을 마치고 유치원 생활을 시작하는 것을 추천한다.

성교육

H가 어느 날 버스 선생님에게 L이 자꾸 배꼽을 보여 달라고 한다는 제보를 했다. 아이 셋을 키운 버스 선생님은 그냥 넘길 문제가 아님을 감지하고 그 자리에서 두 아이에게 주의를 주는 동시에 바로 담임에게 보고해 주셨다. 일단 두 아이를 불러 사건의 전말을 들었고, 내 몸의 소중한 부분들을 보여 달라고 하거나 보여 주는 건 잘못된 행동이라는 점을 확실히 말해 주었다. 이런 경우, 무슨 일이 있었는지를 유치원 측에서 학부모에게 먼저 전달하는 것이 좋다. 그래야 아이를 통해 이야기를 듣고 불안해 하거나 더 큰일로 오해하는 것을 막을 수 있다. 보통 이런 일이 발생하면 남아와 여아 학부모의 반응에는 온도 차이가 난다. "그냥 장난이었겠죠"라며 대수롭지 않게 여기는 반응과 필요 이상으로 근심스러워하는 반응이다.

자주는 아니지만 일 년에 한두 번씩은 꼭 성적 호기심과 관련된 사건이 일어난다. 하루는 소아 자위를 하는 아이를 발견하고 담임 교사가 상담을 위해 원장실로 찾아왔다. 남자아이들의 경우 바지 안에 손을 넣고 장난치는 일은 자주 있는 일이다. 너무 집중하거나 또는 지루해도 이런 행동들을 한다. 젊은 선생님들도 크게 당황하지 않고 관심사를 돌리든지 "손 빼자"라고 부드럽게 말하면서 자연스럽게 대처한다. 하지만 여자아이들의 자위는 자주 출현하지는 않지만 일단 눈에 띄면 교사들을 당황하게 만든다. 보통은 책상 모서리 또는 바닥에 밀착해 마찰을 하는 행동인데, 몰랐을 때는 모르지만 일단 포착이 되면 계속 신경이 쓰일 수밖에 없다. 엄마와 오빠와의 관계에서 스트레스가 있었던 5살 B는 한동안 이런 행동이 심해져 땀까지 뻘뻘 흘리며 집중했고, 처음에는 눈치채지 못했던 교사가 같은 행동이 반복되자 당황해 원장실로 달려온 것이다. 소아 자위는 4~6세 사이 유아들에게 나타나며 너무나 자연스러운 현상이므로 색안경을 끼고 볼 필요도, 너무 과민 반응을 할 필요도 없다. 깜짝 놀라거나 혼을 내는 등의 부정적인 반응은 전혀 도움이 되지 않는다. 그 시간이 자연스럽게 흘러갈 수 있도록 주의를 환기시키고 관심을 돌려 주는 것이 가장 적절한 대응이다. 재미있는 놀이로 생각하고 B의 행동을 흉내 내는 친구가 있어서 잠깐 긴장하기도 했지만 다행히 오래 가지 않았고 B의 행동도 다른 놀이에 정신이 팔리면서 자연스럽게 사라지게 되었다.

유치원에서의 성 관련 문제는 보통 아이들의 호기심, 해프닝으로 끝나곤 하지만 부모들의 반응에 따라 큰 사건으로 확대되기도 한다. 여섯 살 여자아이들 P, K, J는 성향이 비슷한 친구들로 늘 붙어 다니는 단짝들이다. 한창 과학 실험 수업이 진행되는 동안 P가 먼저 화장실에 가겠다고 했고, K와 J도 줄줄이 화장실을 가겠다며 손을 들었다. 이때 보통은 첫 번째로 손을 든 아이만 진짜 화장실에 가고 싶은 경우이고 나머지는 가짜일 가능성이 크다. 그런데 한창 화산 폭발 실험 중이던 담임 선생님이 그만 방심하고 아이들 셋을 함께 화장실에 보내는 실수를 하게 되었다. 이 세 명의 여자아이들은 세면대에 붙어 손을 씻다가 '똥침 놀이'를 시작하게 되었고, 처음엔 깔깔대며 서로에게 똥침을 놓았지만 반복되는 동안 점점 강도가 세져 마지막 아이가 아프다고 울음을 터트리며 일이 커지게 되었다. "화장실에서 P가 똥꼬를 찔러서 울었다"는 K의 말을 전해 들은 부모는 노발대발하며 원을 찾아왔다. 상황 설명을 듣고 유치원 측의 사과도 받았지만, 평소 덩치 큰 P에게 자기 아이가 괴롭힘을 당한다고 의심해 오던 K의 엄마는 이번에도 P가 연루되었다는 데 분노했고 부모들의 다툼으로 번지면서 맞고소가 언급되는 심각한 상황까지 가게 되었다. 결국은 P의 엄마가 유치원을 떠나기로 결정하면서 마무리되었지만, 좁디좁은 신도시는 한동안 영어유치원 성추행 소문으로 시끄러웠다.

이런 문제가 발생하지 않도록 유치원에서 미리미리 성교육을 하면 되지 않느냐는 말도 나오지만, 성교육에 따른 부작용 또한 만만치 않다. 한번은 인형극으로 성교육을 진행한 적이 있었다. 이때도 아이들의 스펀지 같은 습득 능력이 어김없이 발휘되면서 한동안 모든 놀이와 대화의 주제가 '성'으로 집중되는 바람에 학부모들의 걱정 어린 항의 전화를 받아야 했다.

개인적인 경험으로 봤을 때, 유아교육 기관에서 마음먹고 하는 본격적인 성교육은 권장하고 싶지 않다. 그때그때 문제가 되는 행동이나 장난이 발견될 때마다 가볍게 또는 무겁게 잘못을 지적하고 부연 설명을 해 주는 것이 훨씬 안전하고 효과적인 눈높이 성교육이 될 수 있다.

영어유치원 노란 버스

　큰 규모의 대형 유치원을 빼고는 버스를 소유하고 기사를 직접 고용하는 경우는 매우 드물다. 보통 영어유치원들은 복잡한 보험, 차량 관리, 고용 문제를 피하기 위해 지입차량을 이용한다. 지입차량은 차량 소유주인 기사 분들과 유치원이 특정한 시간에 운행을 약속하는 형태로 계약된다. 지입차량은 유치원 통학만 전담하는 차량이 아니어서 새벽이나 저녁 시간에는 근처 회사의 셔틀버스로도 이용되고, 시간이 비는 사이사이 근처 피아노 학원이나 미술 학원 아이들을 실어 나르기도 한다. 이 분들은 여러 학원의 스케줄에 맞춰 움직이는 분들이라 누구보다 시간에 예민하다. 안전과 직결되므로 시작 또는 마지막 버스 스케줄은 기사분들이 이동하시기에 너무 촉박하지 않아야 한다. 아이들을 예뻐하시고 점잖으신 기사님들을 만나는 건 좋은 교사를 만나는 것 만큼이나 행운이다. 운전이 주업무이지만 밝은 표정과 따뜻한 인사 한마디로 엄마들의 신뢰를 얻고 인기를 누리는 기사님들도 계시다. 버스 스케줄이 바뀌고 아이가 타던 버스가 변경되면 정이 들었다며 예전 기사님 버스로 배정해 주시면 안 되겠냐는 부탁을 하는 엄마들도 생긴다.

영어유치원의 버스 운행에 동석하는 버스 선생님들은 아르바이트를 하시는 이모님들인 경우가 많다. 안정적인 근무 여건이 아니다 보니 짧게 근무하다 개인적인 일이 생겼다며 그만두는 경우가 잦다. 아이들을 사랑하고 이해하는 책임감 있는 분들을 만나는 건 둘째 치고, 그만두겠다는 갑작스러운 통보에 당장 버스 동승자를 찾지 못해 발을 동동 구르게 되는 경우도 적지 않다. 유치원 근처에 사시는 황 선생님은 지루한 일상에 규칙적인 일을 하고 싶었고 무엇보다 아이들을 너무 좋아하는 마음에 버스 선생님에 지원하게 되셨다고 했다. 시간 약속도 잘 지키시고 접수된 학부모 불만 사항도 없어서 안심하던 찰나에 황 선생님이 대형 사고를 치셨다. 하원 버스 안에서 할머니들이 시골집 마루에서 손주들에게 해 주듯이 옛날이야기를 들려주기 시작했는데 흥미진진한 이야기 보따리가 바닥나자 귀신 이야기까지 등장하게 되었다. 7살짜리 한 녀석이 객기를 부리며 "에이, 시시해. 하나도 안 무서워" 하는 바람에 스토리의 강도는 점점 세졌고 급기야 무덤을 파내서 "내 다리 내놔" 하는 대목까지 이르게 되었다. 아이들 입에서 버스 타기가 무서워 유치원에 못 가겠다는 말이 나왔고 버스 탑승 교사를 바꿔 달라는 엄마들의 항의가 거세게 일었다.

좋은 탑승 교사를 찾는 것만큼 힘든 건 버스 노선에 대한 엄마들의 요구 사항이다. 아예 자기 아이가 타는 버스의 노선을 직접 짜

오는 엄마도 있었다. 엄마들에게는 버스를 얼마나 오래 타는지 탑승 시간도 중요하지만 내리는 순서도 중요하다. 공평성을 위해 학기가 바뀔 때마다 무조건 이 전 학기의 역방향 순서로 버스 스케줄을 짜 보기도 했지만, 역시 최선은 현장을 잘 아시는 버스 기사님과 버스 선생님들의 의견을 참고해 합리적인 노선을 짜는 것이다.

원장도 담임도 자세한 노선, 신호등 위치, 유턴 위치를 알지 못한다. 버스 탑승 선생님은 엄마의 눈으로 노선을 보고 기사님은 안전성, 시간 스케줄 관점에서 노선을 보면 완벽하다. 충분한 협의 후 노선이 결정되면 원장과 원감은 특별히 문제될 노선은 없는지, 지난번 학부모 컴플레인 내용은 반영됐는지를 이중으로 체크한다. 문제 제기한 학부모의 불만이 타당하다면 당연히 다음번 노선에 반영된다. 버스 노선을 짤 때 최선의 기준은 다수의 행복이어야 한다. 내 아이만 생각하는 좁은 시선에서 나온 불평이라면 서로의 정신 건강을 위해 유치원 버스 보다는 개인 차량 이용이 맞는 선택이다.

반대로 엄마 입장에서 버스 노선이 내 아이에게 부당한 것 같아 신경 쓰이고 도저히 받아들일 수 없다면 참고 있을 필요는 없다. 아이의 버스 탑승 시간을 줄여 주고 싶다는 단순한 이유가 아니라, 노선 자체가 불합리하다면 혼자 끙끙 앓기 보다는 유치원 측에 일단 표현하는 게 맞다. 사람이 하는 일이라 실수가 나올 수 있고 담당자가 생각 없이 짜 놓은 스케줄 때문에 아이들이 쓸데없는 고생을 하는 경우도 종종 있기 때문이다. 언제나 그렇듯이 서로의 입장을 확인하는 과정 속에서 생각보다 문제가 쉽게 해결될 수 있다.

아동용 통학 차량의 조건은 까다롭다. 스탑stop이라는 푯말을 장착해야 하고, 차 문 아래에는 낮은 발판을 설치해야 한다. 눈에 잘 띄는 조명도 추가로 설치해야 하고, 차 안에서 잠든 아이를 깜빡 잊고 내리지 않도록 알람 시스템도 갖추어야 한다. 운행 기사의 필수 안전 교육도 더욱 강화되었고 버스 교사 동승과 안전벨트 착용은 기본이라 더 이상 원장이 잔소리할 필요도 없다.

그렇다고 결코 무심하게 바라봐서는 안 되는 것이 아이들의 노란색 스쿨버스다. 아이를 유치원 버스에 태워 등·하원 시킬 예정이라면 우리 아이가 타는 통학 차량이 너무 노후되지는 않았는지, 운전하시기에 너무 나이 든 기사님은 아닌지를 따져봐야 한다. 실제 면접을 보러 온 기사님들 중에는 칠십 중반을 훌쩍 넘긴 분들도 계셨다. 외모로는 그 나이대로 보이지 않더라도 노화와 함께 나타나는 시력 저하나 반사 신경 감소 때문에 아이들이 타고 있는 차량 운전을 맡기기에는 불안하다.

스쿨버스에 태우는 것이 못 미더워, 원에서 가는 소풍이나 견학에 아이를 아예 안 보내는 경우도 더러 있다. 안전에 대한 개개인의 강도가 다르므로 극도의 불안감이 있다며 보내지 않는 것도 하나의 선택이 될 수 있다. 하지만 아이에게 나만 못 간다는 상실감을 안겨 주기 보다는 개인 차량으로 부모가 직접 데려다 주는 것도 고려해 볼 만하다. 외부 활동 당일 지각하는 엄마들이 종종 쓰는 방법이기도 한데, 유치원 버스 안전에 대한 걱정에 아이를 소풍에 못 보낼 정도라면 직접 데려다 주고 기다렸다가 데려오는 수고로 불안한 마음도 해결하고 아이를 필드 트립field trip에 참여 시킬 수 있다.

영어유치원 먹거리

원 운영에 있어서 관리자들이 가장 까다롭게 신경 써야 할 부분은 역시 아이들의 먹거리이다. 영어유치원 운영자들은 음식 전문가가 아니기에 좋은 주방 선생님 또는 케이터링 업체를 잘 선택해야 한다.

5년간 주방 선생님으로 함께 일했던 송 여사님은 센스 있는 소스 개발과 맛깔난 손맛으로 아이들뿐 아니라 교사들에게도 인기가 많았다. 자신의 요리와 주방 운영 능력에 큰 자부심을 갖고 있던 송 여사님께도 한 번의 큰 위기가 찾아왔다. 한 학부모가 우리 원 주방 선생님이 마트에서 쇼핑하는 모습을 지켜봤는데, 과일 코너 한쪽에 썩고 흠이 있어 따로 모아 놓은 땡처리 사과들을 사더라는 소문이 순식간에 퍼져 나갔다. 점심 식재료는 아침마다 가락시장에서 직송하는 식자재 업체를 이용했지만, 가끔은 빠진 물건이나 아이들 간식거리를 사기 위해 주방 선생님이 직접 주변 마트에서 장을 보는 경우도 있었다. 비싼 점심 식대를 따로 받으면서 아이들에게 썩고 상한, 싸구려 과일을 먹여 왔던 거냐며 여러 명의 학부모들이 함께 원장실을 항의차 방문했다.

송 여사님은 많이 억울해하며 5세 반에서 사과로 모양 찍기 놀이를 하는데 사과가 필요하다며 맛도 모양도 크게 상관없으니 가장 저렴한 사과를 사다 달라는 담임 교사의 부탁을 받았다고 했다. 다행히 마트 쇼핑 다음 날 사과 물감 찍기 놀이를 한 사실이 확인됐고, 오해는 풀렸지만 주방 선생님의 자존심에는 큰 상처가 남고 말았다. 여사님은 자신은 손주들 먹이는 마음으로 음식을 한다고 하셨다. 공장에서 이미 만들어진 소스도 많지만 방부제를 먹이고 싶지 않아 손수 만드시고, 아이들이 좋아하는 소시지나 어묵 같은 가공 음식이 재료일 때는 미리 뜨거운 물에 데쳐 불순물을 빠지게 한 후 조리한다며 울먹이셨다.

높은 집값과 교육 수준을 자랑하는 강남의 한 지역에서 영어유치원 교사로 일하고 있을 때였다. 옆 반 담임 선생님이 아이들이 즐겁게 식사하는 모습이라고 찍어 올린 사진 한 장 때문에 원 전체가 발칵 뒤집힌 일이 있었다. 식사 전 사진 속에는 두툼하긴 했지만 계란말이가 고작 한 개씩 그리고 나머지 반찬 칸에도 결코 푸짐하다고 볼 수 없는 양의 반찬들이 배식되어 있었다. 화가 난 엄마들의 대책 마련 요구에 바로 다음 주부터 학부모 모니터링(Mom's Lunch duty) 제도가 생겼고, 당번인 엄마들이 돌아가며 교실에서 배식을 돕고 아이들과 함께 점심을 먹게 되었다. 명분은 점심시간 교사들의 일손을 도와주는 엄마들의 자원봉사였지만, 가장 정신 없는 시간에 학부모 감시까지 받으며 점심을 먹어야 하는 교사들에게는 전혀 반갑지 않은 도움이었다. 계란말이 사건 이후 원장님은 밥이든 반찬이든 점심 배식은 차고 넘치게 주라는 지시를 내렸고, 점심이 끝나고 교실에서 나오는 잔반통은 두 배나 더 무거워졌다.

유치원에서 일어나는 여러 사고 가운데 음식 관련 사고는 언제나 중대하고 그 여파가 오래간다. 잘나가던 유치원을 한 방에 무너뜨릴 수 있는 것도 바로 음식과 관련된 사고다. 5세 반 담임 교사는 아침부터 배가 아프다고 징징거리는 아이에게 온통 신경을 뺏기고 있었다. 아이가 등원한 지 얼마 되지 않은 오전 시간이었는데도 벌써 몇 차례나 구급상자가 있는 원장실을 들락거리며 아이의 체온을 재고 따뜻한 매실차를 먹이며 부산히 움직이고 있었다.

아이들은 자신의 상태를 말로 정확히 전달하는 데 한계가 있다. 그래서 뭉뚱그려 "배 아파요"라는 말로 종종 자신의 심리적 또는 신체적 불편함을 표현한다. 등원 전 아침에 엄마에게 혼나고 기분이 나쁠 때도, 전날 잠을 설쳐 컨디션이 안 좋을 때도, 아까 웃으며 헤어진 엄마가 다시 보고 싶을 때도 아이들은 쉽게 배가 아프다고 표현한다. 이 증상은 일단 일과가 시작되고 친구들과 놀면서는 대부분 언제 그랬냐는 듯 사라지기 때문에 아이가 배가 아프다고 할 때마다 수선을 피우지는 않는다(물론 진짜 배가 아픈 경우도 있기 때문에 연륜을 바탕으로 한 판단이 필요하다). 원장의 눈에는 곧 사라질 뱃병이었지만 신입 교사는 아이가 아프다는 말에 근심이 가득했다. 점심시간 10분 전 아이 엄마에게 겨우 연락이 닿자, 교사는 일단 아픈 아이의 귀가를 위해 가방을 챙겨 놓고 다른 아이들의 점심 배식 준비를 서둘렀다. 그런데 공교롭게도 이날의 점심 메뉴는 아이가 제일 좋아하는 짜장밥이었다. 냄새를 맡은 아이는 어느새 말짱해져서 자기도 짜장이 먹고 싶다며 가방에서 도시락 통을 다시 꺼내 배식을 기다렸다. 엄마는 이미 도착해 문 앞에서 기다리는 상황이었지만, 마음 약한 신입 교사는 배가 고프다는 아이의 말을 무시하지 못하고 아이 도시락에 밥과 짜장 그리고 나름의 판단하에 기름진 반찬과 아이가 싫어하는 나물 등을 빼고 단무지 몇 조각만 넣어 집에 가는 아이 편에 들려 보내는 실수 아닌 실수를 하게 되었다. 그날 아이가 가져간 부실한 도시락은 오해의 불씨가 되었고, 후폭풍은 어마어마했다.

100퍼센트 단정은 위험하지만, 영어유치원 점심 관련 이슈는 작은 오해와 불신에서 와전된 해프닝인 경우가 많다. 대부분의 영어유치원들은 프리미엄이라는 이름에 걸맞게 식단에도 프리미엄 효과를 주려고 노력한다. 부모들이 우려하는 극단적인 음식 사고가 일어나기는 어려운 환경이다.

어학원으로 등록되어 있는 영어유치원에서는 실내 조리 자체가 불법이라 조리를 하기 위해서는 서류상 따로 사업장을 내는 등 복잡한 절차를 거쳐야 했다. 그래서 세 번째로 근무한 원에서는 고민 없이 케이터링 서비스를 이용하게 되었다. 최근에는 케이터링 업체 측에서 음식을 차갑게 또는 따뜻하게 보관할 수 있는 냉온장고를 함께 빌려 주기도 해 겨울에도 아이들에게 갓 지은 듯 따뜻한 점심을 제공할 수 있다. 무엇보다 원장과 교사들도 아이들과 같은 음식을 먹게 되므로 음식의 질과 신선도에 대한 객관적인 모니터링이 매일 이루어진다는 장점이 크다. 아이들을 대상으로 하는 케이터링 업체의 음식은 간이 세지 않고 재료 손질이 잘다. 국이나 김치를 제외하고 3~4찬이 기본인데, 이 중 하나는 육류나 생선으로 메인 반찬이 된다. 여러 곳을 비교하고 신중을 기해 업체를 선정하지만, 오랫동안 같은 조리사의 음식을 먹다 보면 그 맛이 그 맛인 듯 질리는 때가 온다. 보통은 1년 단위 계약이므로 아이들과 교사들의 의견을 반영해서 다른 업체로의 변경도 쉽게 가능하다.

한동안 영어유치원들이 프리미엄을 강조하기 위해서 유기농 식단을 앞다투어 마케팅 도구로 활용한 적이 있다. 하지만 자세히 들여다보면 그날 나온 여러 반찬 가운데 한두 가지 재료만 유기농일 뿐인데 마치 전체 식단이 유기농인 것처럼 포장하는 경우가 많다. 가정에서조차 전체 식단을 유기농으로 바꾸는 건 쉽지 않다. 검증되지 않은 유기농 식단보다 더 중요한 것은, 아이들이 자기의 양을 스트레스 없이 맛있게 먹을 수 있는 점심 시간을 확보하는 것이다. 학부모들의 적절한 모니터링과 원장 및 조리사의 책임감이 서로 조화를 이룰 때 우리 아이들의 건강하고 행복한 점심 시간이 완성된다.

교사부터 시작해 원장으로 재직한 지난 20여 년의 기간 동안, 교육보다는 간식이나 점심 메뉴에 대한 컴플레인을 훨씬 많이 받아 왔다. 엄마들이 유치원에서 나오는 음식에 이렇게 예민하게 반응하는 이유는 그동안 아이들의 먹거리로 장난을 친 비양심적인 인간들과 일부 유치원들의 관리 소홀 때문이다. 부실 급식과 관련한 문제들이 여러 차례 매스컴을 타면서 한국 사회에서는 아이들의 먹거리에 대해 집단적인 트라우마가 생겨 버렸다. 다행히 최근에는 여러 감시 제도가 갖춰지고, 관리자들의 의식 또한 높아지고 있기 때문에 지나친 걱정은 내려놓아도 좋을 것 같다.

안전 사고

아이들을 보살피는 입장에서 한 해가 무난했는지 아니었는지에 대한 기준은 그해에 발생한 병원 치료비로 판단할 수 있다. 크고 작은 사고는 늘 일어나는데, 대부분은 아이들이 넘치는 에너지를 주체 못하고 스스로 뛰다가 넘어지거나 부딪히는 경우이다.

한 번은 서로 달려오던 두 아이가 부딪히는 사고가 일어났다. 1차적인 책임은 달리는 것을 미리 막지 못한 교사에게 있지만 이런 사고들은 항시 말릴 틈도 없이 찰나에 일어나므로 교사 탓으로만 돌릴 수도 없다. 유명 블로거였던 당사자 엄마는 아이의 멍을 도드라지게 찍은 사진을 원 이름과 함께 게시하고 원에서 이렇게 다쳐 온 게 처음이 아니라는 긴 글을 공공 사이트에 게시했다. 아이들을 대상으로 하는 모든 사업체들은 상해 보험에 가입이 되어있고, 꼭 보험이 아니더라도 대부분의 원들은 치료비에 대한 책임을 통감한다. 그런데 이 엄마는 급기야 뛰다가 다친 네 살배기 아이의 정신적 피해 보상을 해 내라는 요구를 하고 나섰다.

　기억에 남는 또 하나의 사건은 아이들이 현장 학습으로 실내 동물원을 방문했을 때의 일이다. 한쪽에 마련되어 있던 놀이터에서 신나게 놀던 아이가 넘어지면서 잘못 짚어 팔에 금이 가는 부상을 당했다. 나머지 아이들은 담임 교사와 현장 학습을 계속 진행해야 했기에, 원장인 나는 연락을 받자마자 현장으로 달려가 다친 아이를 근처 정형외과로 데리고 갔다. 그 시간 직장에 있던 엄마에게 연락해 아이의 상태를 있는 그대로 알렸고, 일단 병원에서 하라는 대로 조치하는 것에 동의를 얻었다. 반차를 내고 병원으로 달려온 엄마에게 반깁스를 한 아이를 안겨 주는데, 아이의 엄마는 뜻밖에도 고생하셨다며 나를 위로했다. 그리고 놀랐을 담임 선생님 걱정을 했다. 하루 종일 동동거리며 가슴 졸였던 나는 이 젊은 엄마의 포용력에 그만 눈물이 핑 돌고 말았다.

　영어유치원 원장을 오래 하다 보니 주위에서 "유치원이나 어린이집에서 아이가 다쳤어요. 어떻게 해야 할까요?"라는 질문을 종종 받는다. 하루는 지인이 아이 귀에 큰 멍이 든 사진을 보내왔다. 유치원의 해명은 여러 번 못하게 했는데도 아이가 자꾸 의자에 올

라가 뛰어내렸고, 교사가 뒤돌아 있는 순간 다시 의자에 기어올라
간 아이가 혼자서 굴러 떨어졌다는 것이었다. 멍은 귀에서부터 시
작해 눈 아래쪽까지 들어 있었다. 이런 경우에는 어떻게 해야 할까?
먼저 아이가 말을 할 수 있는 나이라면 다치게 된 과정을 아이의 입
으로 직접 확인하는 것이 첫 번째 순서이다. 이때 부모가 너무 흥분
하거나 평소와 다른 모습을 보이면 아이들은 분위기에 압도되어 쉽
게 입을 열지 못하거나 없는 이야기를 상상해 내기도 한다. 아이가
하는 말이 교사의 설명과 일치하면 적어도 부모들이 걱정하는 일은
일어나지 않았음에 감사해야 한다.

다친 정도가 심각하다고 판단되면 병원에 데려가 내부 기관이 상
하지 않았는지 직접 확인해야 한다. 다만 작은 타박상에 너무 성급
하게 엑스레이, CT 촬영을 진행하지는 않아도 된다. 하룻밤 정도
지켜보고 아이가 토를 하거나, 징징거리거나, 밤잠을 설치는 등 이
상 증세를 보이면 그때 바로 검사 받기를 권한다. 사고가 난 경위를
정확히 파악한 후, 의심 가는 정황이 없고 아이도 크게 다친 것 같
지 않다면 다음에는 이런 일이 다시 안 벌어졌으면 좋겠다는 강한
메시지와 함께 깔끔하게 마무리 짓는 것이 좋다.

생일 파티

생일은 아이들에게 최고로 신나는 날이지만 부모들에게는 부담
스러운 숙제가 아닐 수 없다. 생일을 기다리며 들떠 있는 아이의 모

습을 보면서, 부모는 수년 전 돌잔치를 멋지게 해냈던 것처럼 또 한 번의 멋진 이벤트를 만들어 주고 싶어 한다. 한 재벌가 아이의 생일 이벤트는 오랫동안 교사들 사이에서 큰 화제였다. 요리사를 보내와 원내 모든 아이들과 교사들에게 즉석요리를 대접했다. 재벌은 아니었지만 또 다른 학부모는 개인적으로 삐에로를 섭외해 생일 파티 시간에 맞춰 헬륨 풍선을 가득 안고 교실로 입장하는 이벤트를 준비하기도 했다. 아이들은 즐겁고 행복한 시간을 보냈지만 소식을 전해들은 다른 학부모들의 마음은 마냥 편하지 않았던 모양이다. 유난스럽게 진행되는 개인 생일 행사는 자제시켜야 한다는 건의 사항이 원장에게 은밀히 전달되었다. 꼭 학부모들의 원성이 아니더라도 이렇게 갈등을 조장할 수 있는 행동은 유치원 입장에서도 반갑지 않다. 유치원도 하나의 사회인지라 튀는 행동 뒤에는 꼭 뒷말이 나오게 되어 있다. 아이들도 마음껏 즐기고 어른들에게도 부담이 되지 않는 생일 파티를 만들기 위해 원에서도 부단히 애를 쓴다. 하지만 넘치는 자식 사랑은 무죄인지라 가이드라인만 줄 수 있을 뿐 강제하기는 힘들다.

요즘 아이들 생일 파티에서 빠질 수 없는 것 중 하나는 구디 백 goody bag이다. 생일을 맞은 아이들이 축하해 준 친구들에게 나눠주는 일종의 답례품이다. 구디 백은 대개 5000원에서 만 원 선에서 아이들이 가지고 놀 수 있는 저렴한 장난감과 학용품, 간식거리로 구성된다. 엄마들의 센스 있는 아이템 선정은 비용도 줄이고 아이들을 신나게 만들어 줄 수 있는 생일 파티의 비밀 무기가 된다. 보통 생일 파티는 반별로 진행되는데, 이 구디 백을 원 전체에 돌리며 판을 키우는 학부모들도 종종 있다.

 V의 엄마는 아이의 생일 당일에 거대한 카트를 밀고 나타났다. 전체 원생에게 돌리는 어마어마한 양의 구디 백을 만들어 온 것이다. 물론 부모의 정성에는 박수를 보내지만, 한 가지 문제는 같은 반에 V와 생일이 같은 친구가 또 한 명 있었다는 점이다. 아이들 숫자가 많은 대형 유치원의 경우, 같은 달에 생일인 친구들을 모아 공동 파티를 열기도 한다. 하지만 보통 한 반이 열 명 내외인 영어유치원에서는 개인 생일 파티를 선호하는 부모들이 많다. 공동 파티는 진짜 생일과 시간차가 있을 뿐 아니라, 우리 아이만의 특별한 날이 될 수 없기 때문이다. 이런 이유로 며칠 사이로 생일이 붙어 있어도 대부분 개인 생일 파티로 진행되는데, 이 날은 두 친구의 생일 날짜가 똑같은 바람에 여지없이 같은 날 생일 파티를 해야 했다. 그런데 생일 당일 V의 엄마가 유치원 전체에 선물을 돌리고 나서자 다른 한쪽은 당황할 수밖에 없었다. V와 공동 생일을 진행했던 아이 엄마는 다음 날 눈물까지 보이며 자신이 얼마나 초라했고, 아이도 얼마나 기가 죽었을까 하는 속상한 마음을 원장에게 털어놓았다. 사소한 것들이라도 주위를 둘러보고, 다른 학부모들과 키높이를 맞추는 배려가 필요한 곳이 바로 영어유치원이다.

정답은 없지만, 생일 파티를 진행할 때에는 아이가 좋아하는 캐릭터 케이크를 준비하는 것이 기본이다. 이때 인원수를 고려해 모두가 조금씩 맛볼 수 있는 사이즈면 된다. 교사들이 선호하지 않는 케이크는 해외 대형 마트의 사각 케이크이다. 너무 작아도 안 되지만 이 사각 케이크는 사이즈가 너무 커서 뒤처리가 힘들기 때문이다. 동네 제과점의 케이크가 성에 차지 않는 부모들은 유명한 케이크 전문점에서 주문 제작하기도 하는데, 안타깝게도 아이들의 반응은 시큰둥하다. 고급 케이크답게 심플하고 세련된 장식과 건강한 맛을 자랑하는 유기농 케이크의 가치를 알아보기에 아이들이 아직 너무 어리다. 아이들이 좋아하는 건 역시 프랜차이즈 빵집의 캐릭터 케이크이다. 여기에 너무 달지 않은 주스 그리고 개별 과일컵 정도면 아이들이 생일 파티에서 먹기에 충분한 양이 된다.

첫 단추의 무게

30년 전 첫 출간된 로버트 풀검의 《내가 정말 알아야 할 모든 것은 유치원에서 배웠다》라는 책 제목은 그 철학적인 깊이가 대단하다. 개인적으로는 역사에 손꼽힐 작명 센스라고 생각한다. '기초'나 '처음'이라는 단어를 직접적으로 사용하지 않고서 한 문장 안에 모든 의미를 충분히 담아냈다.

책 제목을 고민한 끝에 '첫 단추'라는 단어를 떠올리고는 기초의 의미와 무게를 곱씹게 되었다. 출간 소식을 듣고 책 제목을 물어 오는 외국인 지인들에게 First Button이라는 단어를 얘기하자 갸우뚱한다. 바로 이어 First Step(첫 걸음)이라고 설명하자 고개를 끄덕인다. 조금 덜 글로벌해도 책 제목에 '첫 단추'라는 단어를 고집하게 된 이유는 한국인들에게 이 단어가 주는 강력한 메시지 때문이다.

유아기 영어교육이 중요한 이유는 기초를 만들어 내는 시기이기 때문이다. 늦었다고 조급해 할 필요도, 지나친 욕심으로 아이를 고생시킬 필요도 없다. 맨 처음, 시작 단계에 튼튼한 그릇을 만들어 놓은 후에는 얼마든지 그 안에 차곡차곡 쌓아 올릴 수 있다. 물론 그 그릇은 깊고 단단해야 한다. 기초 작업 없이 처음부터 쌓는 데만 주력한다면 중간에 무너지기 십상이다.

아이가 단단한 그릇을 쌓아 올리려면 영어에 대한 호감과 자신감이 필수다. 시간이 조금 더 걸려도 빠르고 얕은 기술을 가르치며 다그치기 보다 영어를 서서히 흡수하고 즐길 수 있는 환경을 먼저 만들어 주어야 한다. 부모가 나무가 아닌 숲을 보고 안내할 수 있다면 모든 아이들은 스트레스 없이 성공적인 영어 첫 단추를 끼워 낼 수 있다. 이 책이 첫발을 내딛는 부모들에게 부족함 없는 숲 안내서가 되기를 기대해 본다.

내 아이 영어 첫 단추

1판 1쇄 인쇄 2022년 8월 15일
1판 1쇄 발행 2022년 8월 20일

지은이 김은희
펴낸이 이윤규

펴낸곳 유아이북스
출판등록 2012년 4월 2일
주소 (우) 04317 서울시 용산구 효창원로 64길 6
전화 (02) 704-2521
팩스 (02) 715-3536
이메일 uibooks@uibooks.co.kr

ISBN 979-11-6322-076-3 03370
값 16,800원